高校思政课教学方法
"理"与"实"研究

周方遒　等著

西安电子科技大学出版社

内 容 简 介

　　教学方法在高校思政课教学中发挥着桥梁和中介作用，是加强新时代高校思政课建设、实现高校思政课教学创新的助推力。本书结合新时代大学生的思想现状和心理发展特征，从"理"和"实"两个层面，对高校思政课教学方法进行理论和应用研究。在对高校思政课教学方法的学理阐释、实践旨归、实施原则、遵循规律进行理论阐述的基础上，本书结合实体课堂场域、实践教学场域和虚拟学习场域三个场域维度，以及当前高校思政课的教学实际，论述了当前高校思政课教学常用的教学方法以及高校思政课教学方法运用的艺术，旨在不断完善和优化高校思政课教学方法，提升高校思政课的思想性、理论性和亲和力、针对性。

　　本书适用于高校思政课教师的教学与实践，以及不同层次的思想政治教育专业学生的学习与研究。

图书在版编目（CIP）数据

　高校思政课教学方法"理"与"实"研究 / 周方遒等著. -- 西安 ：
西安电子科技大学出版社, 2025. 4. -- ISBN 978-7-5606-7593-0

　Ⅰ. G641

　中国国家版本馆 CIP 数据核字第 2025DW4872 号

策　　划　陈　婷
责任编辑　陈　婷
出版发行　西安电子科技大学出版社（西安市太白南路 2 号）
电　　话　（029）88202421　88201467　　　邮　　编　710071
网　　址　www.xduph.com　　　　　　　　电子邮箱　xdupfxb001@163.com
经　　销　新华书店
印刷单位　陕西天意印务有限责任公司
版　　次　2025 年 4 月第 1 版　　　　2025 年 4 月第 1 次印刷
开　　本　787 毫米×1092 毫米　1/16　　　印　　张　11
字　　数　256 千字
定　　价　35.00 元
ISBN 978-7-5606-7593-0
XDUP 7894001-1

*** 如有印装问题可调换 ***

前　言

　　高校思想政治理论课(以下简称"思政课")是落实立德树人根本任务的关键课程，是对大学生进行思想政治教育的主渠道、主阵地。教学方法是高校思政课教学过程的重要组成要素，是连接诸多教学要素的桥梁和中介。高校思政课教学方法连接着教师的教和学生的学，在整个教学过程中发挥着不可或缺的重要作用。从特定意义上说，高校思政课教学方法选择和运用得如何，直接决定和影响着高校思政课的教学效果。

　　近年来，高校思政课的教学方法不断优化，从单向度的"注入式"到多维度的"启发式"、从封闭的理论讲授到开放的多样化教学、从传统的课堂教学到现代信息化教学，这些变化有力推动了高校思政课教学的创新发展。进入新时代，社会发展的需要和教育环境的变化对高校思政课教学提出了新的更高的要求。中华民族伟大复兴的战略全局与世界百年未有之大变局相互交织的宏观教学环境，互联网应用于社会生活各个方面的中观教学环境，以及学校、家庭、社区等众多的微观教学环境，既给高校思政课教学的创新发展带来了机遇，也使高校思政课教学面临着诸多挑战。如何运用科学有效的教学方法，提升高校思政课教学的思想性、理论性和亲和力、针对性，是当前加强高校思政课建设亟待解决的重要问题。

　　本书基于新时代高校思政课的关键地位和不可替代作用，结合新时代大学生思想和心理发展实际，顺应国家和社会发展对加强新时代高校思政课建设的新要求，深化传统教学方法，细分实践教学方法，丰富网络教学方法，以增强高校思政课教学方法教学与研究的适应性。本书注重高校思政课教学方法的理论研究与应用研究，并将系统阐述和专题研究相结合。在框架设计上，以理论研究为逻辑起点，以具体的应用研究为实证，以提升教学方法艺术为旨归；在逻辑思路上，全书的八章内容既是一脉相承的系统论述，又可作为单独的专题研究，呈现出经纬交织的研究逻辑和"理""实"结合的研究特色。

本书以问题意识为导向，结合当前高校思政课教学方法运用存在的问题，遵循思想政治教育规律、高校思政课教学规律和大学生身心发展规律，提出了在实体课堂场域、实践教学场域和虚拟学习场域中多种教学方法的具体运用。在研究过程中，本书坚持理论与实践相统一、继承与创新相统一，在多学科视角下拓宽了高校思政课教学方法的研究视域，丰富了高校思政课教学方法的具体应用，具有较强的针对性、实操性。本书亦是浙江省"十四五"第二批研究生省级教学改革项目"需求导向·理实融合·能力提升：马克思主义理论专业课'三育一体'教学模式探索与实践"(项目编号 JGCG2024200)的研究成果。

全书内容共分八章，由周方逌负责设计体例框架、撰写主要内容并统改定稿。第一章由周方逌、赵赛格撰写；第二、三章由周方逌撰写；第四章由周方逌、李阳撰写；第五章由周方逌、朱怡卿撰写；第六章由周方逌撰写；第七章由廖晴蓝、李雅婷、曹富俊、周方逌撰写；第八章由周方逌撰写。

本书参考和借鉴了许多专家学者的研究成果，在本书出版之际特向他们表示最诚挚的谢意和敬意！

本书的出版得到了 2024 年度浙江省高校思想政治工作研究文库项目、浙江省"十四五"第二批本科和研究生省级教学改革项目及杭州电子科技大学马克思主义学院学科建设基金的资助，同时也得到了西安电子科技大学出版社的大力支持和帮助，在此一并表示感谢！

周方逌

2025 年 1 月

目 录

第一章

高校思政课教学方法的学理阐释

高校思政课教学方法是教师在思政课教学过程中所使用的手段和技巧，是思政课教师专业能力的具体体现。在高校思政课教学过程中，教学方法是连接诸多教学要素的桥梁和中介，是提升高校思政课教学效果的关键因素。习近平总书记在中国人民大学考察时指出："思政课的本质是讲道理，要注重方式方法，把道理讲深、讲透、讲活，老师要用心教，学生要用心悟，达到沟通心灵、启智润心、激扬斗志。"[①]这一重要论述明确指出了思政课的根本性质，以及教学方式方法对于讲好思政课的重要性，为新时代加强高校思政课建设和创新提供了根本遵循和行动指南。思政课作为"落实立德树人根本任务的关键课程"[②]，要将其"讲深、讲透、讲活"，选择和运用科学的教学方法是至关重要的一环。本章立足于高校思政课在高等教育人才培养中的独特地位和作用，从理论层面阐释高校思政课教学方法的内涵，梳理高校思政课教学方法的发展变化，把握高校思政课在不同教学场域中的教学方法样态。

一、高校思政课的地位和作用

高校思政课通过对大学生进行马克思主义理论教育，使大学生能够运用马克思主义的立场、观点、方法来认识问题、分析问题、解决问题，树立正确的世界观、人生观、价值观，成为能够担当民族复兴大任的时代新人。高校思政课是落实立德树人根本任务的关键课程，是对大学生进行思想政治教育的主渠道、主阵地，是开展高校思想政治工作的"灵魂课程"，发挥着不可替代的重要作用。下面分别从高校思政课的课程性质、课程设置、课程特点三个维度解读高校思政课的地位和作用。

（一）立德树人的重要地位

1. 高等教育法的明确规定

《中华人民共和国高等教育法》明确规定："国家坚持以马克思列宁主义、毛泽东思想、

---

① 习近平：《习近平在中国人民大学考察时强调 坚持党的领导传承红色基因扎根中国大地 走出一条建设中国特色世界一流大学新路》，《人民日报》2022 年 4 月 26 日。

② 习近平：《习近平：用新时代中国特色社会主义思想铸魂育人 贯彻党的教育方针落实立德树人根本任务》，《人民日报》2019 年 3 月 19 日。

邓小平理论为指导，遵循宪法确定的基本原则，发展社会主义的高等教育事业。""高等教育必须贯彻国家的教育方针，为社会主义现代化建设服务、为人民服务，与生产劳动和社会实践相结合，使受教育者成为德、智、体、美等方面全面发展的社会主义建设者和接班人。"高校思政课属于德育课程，对于坚持社会主义办学方向，培养德智体美劳全面发展的中国特色社会主义的建设者和接班人，具有重要意义。高校思政课旨在培养大学生形成正确的世界观、人生观、价值观，成为"立大志、明大德、成大才、担大任"的时代新人。它以鲜明的政治底色、深刻的理论阐释、纵深的历史跨度，让当代大学生理解中国共产党为什么能、马克思主义为什么行、中国特色社会主义为什么好，从而使大学生牢固树立"四个意识"，坚定"四个自信"，成为能够担当民族复兴大任的时代新人。因此，高校思政课在大学生的成长成才中、在高校的人才培养体系中被赋予了独特的地位，发挥着不可替代的作用。

2. 课程性质的明确要求

高校思政课是我国高等院校开设的公共必修课，反映了社会主义大学的本质要求，体现出社会主义大学的鲜明底色。1950 年 7 月，中华人民共和国政务院第 43 次政务会议通过了教育部《关于实施高等学校课程改革的决定》，其中明确指出："全国高等学校应根据共同纲领的第 41 条和 47 条的规定，废除政治上的反动课程，开设新民主主义的革命的政治课程，借以肃清封建的、买办的、法西斯主义的思想，发展为人民服务的思想。"①这就明确规定了高校思政课的课程性质，即为社会主义的中国服务、为人民服务。党和国家高度重视通过高校思政课对大学生进行思想政治教育。进入 21 世纪以来，党和国家更是从建设社会主义现代化国家、从中国特色社会主义事业永续发展的高度，从"培养什么人、怎样培养人、为谁培养人"出发，连续出台多个加强大学生思想政治教育的政策文件，确立高校思政课在高等教育人才培养体系中的重要地位。2004 年 8 月，中共中央、国务院颁布了《关于进一步加强和改进大学生思想政治教育的意见》(简称《意见》)。《意见》明确指出："高等学校思想政治理论课是大学生思想政治教育的主渠道。思想政治理论课是大学生的必修课，是帮助大学生树立正确的世界观、人生观、价值观的重要途径，体现了社会主义大学的本质要求。"②这是国家首次明确提出"思想政治理论课是大学生思想政治教育的主渠道"。2005 年 2 月，中宣部、教育部印发的《关于进一步加强和改进高等学校思想政治理论课的意见》中再次明确指出："高等学校思想政治理论课承担着对大学生进行系统的马克思主义理论教育的任务，是对大学生进行思想政治教育的主渠道。充分发挥思想政治理论课的作用，用马克思列宁主义、毛泽东思想、邓小平理论和'三个代表'重要思想武装当代大学生，是党的教育方针的具体体现，是社会主义大学的本质特征，是党和国家事业长远发展的根本保证。"③这些政策文件的出台，进一步明确了高校思政课的特殊性质和独特地位，以及在大学生思想政治教育中的重要作用。

---

① 教育部社会科学司主编《普通高校思想政治理论课文献选编(1949—2006)》，中国人民大学出版社，2007，第 4 页。

② 教育部社会科学司主编《普通高校思想政治理论课文献选编(1949—2006)》，中国人民大学出版社，2007，第 204 页.

③ 教育部社会科学司主编《普通高校思想政治理论课文献选编(1949—2006)，中国人民大学出版社，2007，第 213 页。

3. 铸魂育人的特殊要求

进入新时代以来，党中央高度重视思政课建设和创新发展，为此作出一系列重大决策部署，思政课建设在改进中不断加强，课堂教学状况显著改善，大学生学习思政课的获得感显著提升。2015年7月，中宣部、教育部印发的《普通高校思想政治理论课建设体系创新计划》提出："思想政治理论课是巩固马克思主义在高校意识形态领域指导地位，坚持社会主义办学方向的重要阵地，是全面贯彻党的教育方针，培养中国特色社会主义事业合格建设者和可靠接班人，落实立德树人根本任务的主干渠道，是进行社会主义核心价值观教育、帮助大学生树立正确世界观人生观价值观的核心课程。"[①]2018年4月，教育部印发的《新时代高校思想政治理论课教学工作基本要求》强调："思想政治理论课承担着对大学生进行系统的马克思主义理论教育的任务，是巩固马克思主义在高校意识形态领域指导地位、坚持社会主义办学方向的重要阵地，是全面贯彻党的教育方针、落实立德树人根本任务的主干渠道和核心课程，是加强和改进高校思想政治工作、实现高等教育内涵式发展的灵魂课程。"[②]并进一步提出要"把高校思想政治理论课教学工作摆在更加突出的位置，更加重视加强和改进教学管理，更加重视提升教学质量，不断提升思想政治理论课的亲和力和针对性"[③]。出台这些文件充分表明，党和国家对高校思政课的建设和发展提出了更高的要求，不仅对思政课的重要地位、课程性质、培养目标的表述进行进一步阐释，还为新时代加强高校思政课建设、改革和创新提供了遵循，也再次明确了高校思政课在高等教育人才培养体系中的独特地位和重要作用，即高校思政课是巩固马克思主义意识形态在高校的指导地位，帮助大学生树立正确的世界观、人生观和价值观的关键课程，更加凸显出高校思政课的本质属性。

2019年3月18日，学校思想政治理论课教师座谈会在北京召开，习近平总书记亲自主持并发表重要讲话，这是新中国成立以来党中央第一次召开的以学校思想政治理论课为主题的座谈会。习近平总书记就"为什么要办好思政课""如何办好思政课"等一系列问题作出重要指示。习近平总书记强调："思想政治理论课是落实立德树人根本任务的关键课程""思政课作用不可替代""办好思想政治理论课，最根本的是要全面贯彻党的教育方针，解决好培养什么人、怎样培养人、为谁培养人这个根本问题"[④]。习近平总书记高瞻远瞩、高屋建瓴地指出了思政课的重要地位和不可替代的作用，为高校思政课创新发展指明了方向，提供了遵循和指导。为了贯彻、落实学校思想政治理论课教师座谈会讲话精神，2019年8月，中共中央办公厅、国务院办公厅印发的《关于深化新时代学校思想政治理论课改革创新的若干意见》进一步强调："思政课是落实立德树人根本任务的关键课程，发挥着不可替代的作用。""办好思政课，要放在世界百年未有之大变局、党和国家事业发展全局中来看

① 中共中央宣传部、教育部：《中共中央宣传部 教育部关于印发〈普通高校思想政治理论课建设体系创新计划〉的通知》，http://www.moe.gov.cn/srcsite/A13/moe_772/201508/t20150811_199379.html。

② 教育部：《教育部关于印发〈新时代高校思想政治理论课教学工作基本要求〉的通知》，http://www.moe.gov.cn/srcsite/A13/moe_772/201804/t20180424_334099.html。

③ 同上。

④ 习近平：《习近平：用新时代中国特色社会主义思想铸魂育人 贯彻党的教育方针落实立德树人根本任务》，《人民日报》2019年3月19日。

待，要从坚持和发展中国特色社会主义、建设社会主义现代化强国、实现中华民族伟大复兴的高度来对待。"①这是从"百年未有"之国际态势和"民族复兴"之国内背景，从中国特色社会主义事业永续发展，从实现社会主义现代化强国的奋斗目标和中华民族伟大复兴等方面，确立学校思政课"铸魂"的地位和"育人"的使命。

(二) 不可替代的重要作用

1. 传播马克思主义意识形态

高校思政课作为大学生思想政治教育的主渠道和主阵地，是对大学生进行马克思主义理论教育、传播马克思主义意识形态的重要途径和载体，因此高校思政课具有鲜明的意识形态属性。意识形态工作是党的一项极端重要的工作。习近平总书记在全国宣传思想工作会议上的讲话指出，新时代要"建设具有强大凝聚力和引领力的社会主义意识形态"，这不仅是"宣传思想战线必须担负起的一个战略任务"，更是高校思政课强烈的责任担当。正如习近平总书记在学校思想政治理论课教师座谈会上的讲话强调："办好思想政治理论课，最根本的是要全面贯彻党的教育方针，解决好培养什么人、怎样培养人、为谁培养人这个根本问题。新时代贯彻党的教育方针，要坚持马克思主义指导地位，贯彻新时代中国特色社会主义思想，坚持社会主义办学方向，落实立德树人的根本任务，坚持教育为人民服务、为中国共产党治国理政服务、为巩固和发展中国特色社会主义制度服务、为改革开放和社会主义现代化建设服务，扎根中国大地办教育，同生产劳动和社会实践相结合，加快推进教育现代化、建设教育强国、办好人民满意的教育，努力培养担当民族复兴大任的时代新人，培养德智体美劳全面发展的社会主义建设者和接班人。"②习近平总书记提出的推动思政课改革创新的"八个相统一"，其中"坚持政治性和学理性相统一"，就是指高校思政课具有的政治属性即意识形态属性是建立在科学、系统、严密的理论体系之上的，这也为高校思政课传播马克思主义意识形态提供了理论依据。

2. 提供科学的价值引领

推动高校思政课改革创新"要坚持价值性和知识性相统一，寓价值观引导于知识传授之中"③。高校思政课不仅是一门知识性课程，更是一门价值性课程。与其他的知识性课程一样，高校思政课不仅要向大学生传授马克思主义理论知识，提升大学生运用马克思主义理论分析和解决问题的能力，而且更重要的是要培养大学生形成正确的世界观、人生观和价值观。高校思政课只有在完成知识传授的基础上，为大学生提供科学的价值引导才能对其价值观塑造和行为养成产生实质性的成效，促进大学生的全面发展，以此回答好和解决好"培养什么人、怎样培养人、为谁培养人"这个根本问题。习近平总书记强调："我们党立志于中华民族千秋伟业，必须培养一代又一代拥护中国共产党领导和我国社会主义制度、

---

① 中共中央办公厅、国务院办公厅：《中共中央办公厅 国务院办公厅印发<关于深化新时代学校思想政治理论课改革创新的若干意见>》。https://www.gov.cn/zhengce/2019-08/14/content_5421252.htm。

② 习近平：《习近平：用新时代中国特色社会主义思想铸魂育人 贯彻党的教育方针落实立德树人根本任务》，《人民日报》2019 年 3 月 19 日。

③ 同上。

立志为中国特色社会主义事业奋斗终身的有用人才。"①高校思政课提供科学的价值引导，就是要培养出具有坚定马克思主义和共产主义信仰、坚定中国特色社会主义信念、坚定实现中华民族伟大复兴的信心的新时代的大学生，使之成为符合未来社会发展需要的社会主义事业的合格建设者和可靠接班人。

3. 培育积极的社会心态

马克思指出："人的本质不是单个人所固有的抽象物，在其现实性上，它是一切社会关系的总和。"②大学生作为高校思政课的教学对象，社会属性是其本身所固有的根本属性。因此，培养大学生积极的社会心态，引导他们适应社会生活，并且运用科学理论解决社会生活中的实际问题，也是高校思政课教学的目标和任务。培养大学生积极的社会心态包括知、情、意、行四个方面，即培养大学生对社会的正确认知观念、积极的情绪情感、坚定的意志品质以及良好的行为与表现。人的思想品德的形成和发展与心理密不可分。人的思想品德是由知、情、意、行四个要素构成的，高校思政课的教学过程是对大学生进行思想政治教育的过程，也是培养大学生的知、情、意、行协调发展的过程。或者可以说，大学生知、情、意、行的发展内化于高校思政课的教学过程之中。一般来说，大学生知、情、意、行的形成是逐步递进、逐步深化的过程。知是情、意、行的基础和先导，行是知、情、意的外部表现和价值归宿。培育大学生积极的社会心态应从培养大学生对社会的积极认知入手，以外化为学生良好的行为作为落脚点和目标。大学生只有具备积极的社会心态，才能塑造出相对稳定、持续发展的积极的心理品质，从而促进大学生心理健康发展。

(三) 不断完善的课程体系

1. 根据社会发展需要完善课程设置

在党和国家的高度关注下，随着我国经济社会的不断发展以及国家对人才培养的新要求，高校思政课的课程设置不断完善。改革开放以来，我国高校思政课程的设置从改革开放之初恢复马克思主义理论课程开始，经历了"85 方案""98 方案""05 方案"的推陈出新，形成了比较完备的高校思政课的课程体系，对于提升大学生的思想政治素质，形成正确的世界观、人生观和价值观，成为符合国家和社会发展需要的全面发展的高素质人才，发挥着不可或缺的重要作用。

1985 年 8 月 1 日，中共中央发布《中共中央关于改革学校思想品德和政治理论课程教学的通知》，对大中小学的思想品德和思想政治理论课程进行总体规划，并提出高校设置四门马克思主义理论课程，即"中国革命史""中国社会主义建设""马克思主义原理""世界政治经济与国际关系"(文科开设)，以及四门思想教育课程，即"法律基础""大学生思想修养""人生哲理""职业道德"，简称"85 方案"。"85 方案"的课程设置符合当时我国改革开放初期社会发展实际，既突出马克思主义理论的整体性，又强调马克思主义理论教育是高校思想政治教育的基础，凸显了思政课在高校思想政治教育中的作用。"85 方案"的实施大

---

① 习近平：《习近平：用新时代中国特色社会主义思想铸魂育人　贯彻党的教育方针落实立德树人根本任务》，《人民日报》2019 年 3 月 19 日。

② 中共中央马克思恩格斯列宁斯大林著作编译局主编《马克思恩格斯选集(第 1 卷)》，中共中央马克思恩格斯列宁斯大林著作编译局译，人民出版社，2012，第 135 页。

大推进了高校思想政治理论课程建设和思想政治教育学科建设，奠定了马克思主义理论教育的基础。

1995 年，国家教育委员会发布《关于高校马克思主义理论课和思想品德课教学改革的若干意见》，把高校马克思主义理论课和思想品德课置于一体，简称"两课"。1997 年召开的党的十五大，把邓小平理论与马克思列宁主义和毛泽东思想一同确立为党的指导思想，教育部决定对"两课"的课程设置作出新的调整，决定单独开设"邓小平理论概论"课程。进入 90 年代以后，我国开始全面建设和完善社会主义市场经济体制，为适应改革开放和社会主义建设时期的新要求，1998 年 4 月，中共中央决定在普通高校开设"马克思主义哲学原理""马克思主义政治经济学原理""毛泽东思想概论""邓小平理论概论""当代世界政治经济与政治"(文科开设)、"思想道德修养""法律基础"和"形势政策"课程(即"7＋1")，简称"98 方案"。"98 方案"的课程设置层次鲜明、重点突出、结构严谨、脉络清晰，全面而科学地概括了马克思主义基本理论、马克思主义中国化的实践结晶，以及用马克思主义的立场、观点、方法分析国际形势和发展趋势，这三个层面突出了马克思主义基本原理教育和马克思主义与中国实际相结合的教育。

进入 21 世纪，随着改革开放和社会主义市场经济的深入发展，党和国家对人才培养提出了更高的要求。大学生作为中国特色社会主义事业的接班人，加强和改进大学生的思想政治教育非常必要，这就迫切需要一个纲领性的文件予以指导和引领。2004 年 8 月，中共中央、国务院颁布了《关于进一步加强和改进大学生思想政治教育的意见》(即"16 号文件")，明确了加强和改进大学生思想政治教育工作的指导思想、基本原则和主要任务，创造性地提出了加强大学生思想政治教育的有力举措，提出要充分发挥课堂教学在大学生思想政治教育中的主导作用。"在实施马克思主义理论研究和建设工程中，把高校思想理论建设、高校思想政治教育和高校思想政治理论课程建设融为一体，形成了全面推进高校思想政治理论课改革的强大态势"[1]。2005 年 2 月，中宣部、教育部发布《关于进一步加强和改进高等学校思想政治理论课的意见》(简称《意见》)，正式提出新的思想政治理论课程设置。《意见》指出："高等学校思想政治理论课课程设置，要体现马克思主义与时俱进的理论品格，更好地适应时代发展的要求；要突出重点，更好地吸收理论和实践发展的最新成果；有利于更好地用马克思主义理论武装大学生的头脑。"[2]此后，高校思政课设置"马克思主义基本原理""毛泽东思想、邓小平理论和'三个代表'重要思想概论""思想道德修养和法律基础""中国近现代史纲要""形势与政策"五门课程为必修课，"当代世界经济与政治"为选修课。此课程设置简称"05 方案"。"05 方案"正式用"思想政治理论课"替代原来"两课"的各门课程，既彰显了马克思主义理论的整体性和与时俱进的特点，又突出了中国化马克思主义理论发展的最新成果。此外，"05 方案"增加的"中国近现代史纲要"丰富和突出了爱国主义教育的内容，很好地适应了进入 21 世纪以来面临的新形势、新情况对高校思政课教学的迫切要求。"05 方案"出台后高校思想政治理论教育教学改革呈现快速发展的趋势。

---

① 顾海良：《思想认识新基点教育创新新平台》，《教学与研究》2006 年第 6 期。

② 教育部社会科学司主编《普通高校思想政治理论课文献选编(1949—2006)》，中国人民大学出版社，2007，第 215 页。

2. 契合时代发展实现课程体系创新

进入新时代，党和国家高度重视高校思政课建设。习近平总书记在全国教育大会、高校思想政治工作会议、学校思想政治理论课教师座谈会等多个场合发表重要讲话，推进了新时代高校思政课的改革和创新。2019 年 8 月，中共中央办公厅、国务院办公厅印发的《关于深化新时代学校思想政治理论课改革创新的若干意见》提出，要"调整创新思政课课程体系""加强以习近平新时代中国特色社会主义思想为核心内容的思政课课程群建设"。高校思政课设置"马克思主义基本原理概论""毛泽东思想和中国特色社会主义理论体系概论""中国近现代史纲要""思想道德修养与法律基础""形势与政策"五门为必修课程，并要求在全国重点马克思主义学院率先全面开设"习近平新时代中国特色社会主义思想概论"课程。2020 年 12 月，中宣部、教育部印发的《新时代学校思想政治理论课改革创新实施方案》提出了思想政治理论课改革创新的基本要求，其中之一为"完善课程教材建设机制，优化教材内容，创新教学方法，推动思政课在改进中加强、在创新中提高"，同时提出"各高校结合本校实际，统筹校内通识类课程，围绕马克思主义经典著作，党史、新中国史、改革开放史、社会主义发展史，中华优秀传统文化、革命文化、社会主义先进文化、宪法法律等，开设本科及高等职业学校专科选择性必修课程，确保学生至少从'四史'中选修 1 门课程"①。这个实施方案突出、拓展和深化了高校思政课的主题，凸显了新时代马克思主义理论与中国特色社会主义实践发展的最新理论成果，即习近平新时代中国特色社会主义思想，作为当代马克思主义和 21 世纪的马克思主义，要写进教材、走进课堂、进入学生的头脑和心灵，使之内化于心、外化于行，全面提升大学生思想政治理论素养，以思政课的生动呈现促进大学生知行合一的协同发展，从而实现新时代高校思政课的创新发展。

二、高校思政课教学方法释析

教学方法是高校思政课教学过程的重要构成要素，它不仅连接着思政课的其他教学要素，也激活和调动着其他教学要素参与到思政课的教学过程中来，并直接影响着思政课的教学效果。教学方法是高校思政课诸多教学要素中最外显和最丰富的要素，是思政课教学改革最根本的落脚点和关注点。科学有效的教学方法，能够丰富高校思政课教学内容的表现形式，促进思政课教学目标的完美实现。下面分别从高校思政课教学方法的概念、特点、样态入手，从理论上对高校思政课教学方法进行阐释。

(一) 高校思政课教学方法内涵

1. 方法

《现代汉语词典》对"方法"的解释是"关于解决思想、说话、行动等问题的门路、程序等"②。在社会实践活动中，人们总要通过一定的方法来认识世界、改造世界，这就使得方法成为连接人们的思想与行动之间的中介和桥梁，包括人们在社会实践中为达到认识世

---

① 中共中央宣传部、教育部：《中共中央宣传部　教育部关于印发〈新时代学校思想政治理论课改革创新实施方案〉的通知》，http://www.moe.gov.cn/srcsite/A26/jcj_kcjcgh/202012/t20201231_508361.html。

② 中国社会科学院语言研究所词典编撰室主编《现代汉语词典(第 5 版)》，商务出版社，2007，第 383 页。

界和改造世界的目的而运用的所有的方式、途径和手段。正如列宁认为：方法"是在主体方面的某个手段，主体方面通过这个手段和客体相联系"①。人类的实践活动丰富多彩，认识世界和改造世界的方法也要不断发展和变化。在实践活动中，人们总是要选择和运用一定的方法才能实现自己的目标。选择的方法要有针对性，要能够解决实际问题；要具有动态性，要随着实践活动的变化而变化；要有综合性，要最大限度地综合运用各方面条件和因素。毛泽东曾经对方法进行了形象比喻："我们不但要提出任务，而且要解决完成任务的方法问题。我们的任务是过河，但是没有桥或没有船就不能过。不解决桥和船的问题，过河就是一句空话。不解决方法问题，任务也只能瞎说一顿。"②因此，当目标和任务确定之后，如何选择有效的方法非常重要。

2. 教学方法

教学方法是教学论的基本概念和重要内容。《教育大辞典》对"教学方法"有以下两种解释："一是作为某种教学理论、原则和方法及其实践的统称。可运用于一切学科和年级。二是指师生为完成一定教学任务，在共同活动中所采用的教学方式、途径和手段。"③第一种解释通常是指宏观上的"大方法"，也可以称之为"教学模式"；第二种解释是指在特定的教学活动中采用的具体的方法。20世纪70年代，美国教育家克拉克和斯塔尔认为，教学方法是教师为达到教学目标而组织和使用教学技术、教材、教具和教学辅助材料的方法，它分为教学策略和教学手段两个部分。这个表述体现了对教学方法的"大方法"和"具体方法"之分。20世纪80年代，苏联学界则认为，教学方法是为达到教育目标而调整教师和学生相互联系的活动方式。教学方法是教学活动的重要构成要素，教学方法的选择和运用受到特定的教学目标、教学内容、教学对象、教学条件和教师个人特质等因素的影响。因此，不同教师在教学活动中选择和运用的教学方法会有所不同，并体现出明显的个人教学风格。

受传统教育理念的影响，教学方法一直以教师的"教"为中心，一切教学方法的选择与运用都着眼于教师的"教"，这是与传统的教学理念相匹配的单向度的教学活动的结果。现代教学论认为，任何教育过程都是一个复杂的系统，系统内部是由诸多要素构成的相互联系、相互作用的有机统一体，教育者、受教育者、教学目标、教学内容、教学方法、教学载体、教学环境、教学评价等要素都是相互联系、相互作用、相互影响的。其中，教育者和受教育者是教学活动的主体，教学目标是教学活动的指南，教学内容是教学主体的对象化产物，教学方法是实现教学目标的手段，教学载体是实现教学目标、传达教育内容的中介，教学环境是开展教学活动的外部要素，教育评价是评判教学活动的结果。在教学活动中，教育者要根据教育目标的要求，在特定的教育环境中，借助一定的教育载体，把教育内容通过特定的教学方法传递给学生，再通过教育评价评判教学效果怎么样。教学过程中的任一要素都是在教育者和受教育者的双向互动下发挥作用的，整个教学过程是一个完整的链条，各个教学要素都是链条上的重要环节，既相互独立又相互影响，缺一不可，整个

---

① 中共中央马克思恩格斯列宁斯大林著作编译局主编《列宁全集(第55卷)》，中共中央马克思恩格斯列宁斯大林著作编译局译，人民出版社，1990，第189页。

② 中共中央毛泽东选集出版委员会主编《毛泽东选集(第1卷)》，人民出版社，1991，第139页。

③ 顾明远主编《教育大辞典：增订合编本(上册)》，上海教育出版社，1998，第713页。

教学过程的有序开展就是通过多种教学方法的连接而实现的。

事实上，一切教学都是教育者和受教育者的双向互动过程，这就使得教学方法"既包括教师教的方法，也包括学生学的方法，是教法和学法的统一"①。这种"统一"不是教师的教法和学生的学法二者的简单叠加，也不是二者的截然分开，而是教师教和学生学之间相互作用于共同的教学目标之下的双向互动。"教师的教法必然要通过学生的学法，从而体现教法的作用；而学生的学法，在教学过程中，实际上是在老师的指导下(或影响下)的学法，尽管有时学生的学习是以自学的形式进行的，但它不同于校外青年的自学，而是在教师的直接或间接的教育影响下的学习活动。"所以，"教学法是教法与学法的辩证统一。"②教学活动作为人类教育活动的重要形式，它所采用的教育方法一直都是教师和学生共同运用、不断探索和创新的结果，都要落实在特定的、具体的教学活动中。

教学领域有"教学有法，但无定法，贵在得法"一说。"教学有法"之"法"是指教学规律，即教学有一定的教学规律且要遵循这一规律；"但无定法"之"法"是指教学规律不是僵化的、一成不变的，教师要根据特定的"教学任务(目标)、内容、过程、原则、方法、形式评价等"③进行动态调整；"贵在得法"之"法"指的是教学活动中教育者遵循教学规律，根据特定的教学目标和教学内容，为完成特定的教学任务而采用的具体的教学方式、途径和手段。人类的实践活动丰富多彩，教学活动亦应具有创新性和创造性，这就使得教学方法的选择和运用要根据教学活动中的诸多因素进行动态调整。

基于此，本书认为，教学方法是指在教学活动中，教师为实现教学目标、完成教学任务而采用的具体的教学方式、途径和手段。即前文所述的具体的教学方法。在教学活动中，教学方法是教育者和受教育者双方相互作用、共同运用的，它既要体现出教师的教育思想和教育观，也要充分发挥学生的学习主体地位和作用。

3. 高校思政课教学方法

在思政课教学领域，学者从不同角度对高校思政课教学方法进行了界定。有学者认为："高校思想政治理论课教学方法是在教学过程中，教师和学生为实现高校思想政治理论课程教学目的，完成高校思想政治理论课程教学任务，所采取的教和学的方式或手段的总称。"④还有学者认为："思想政治理论课教学方法为思想政治理论课教师在教学过程中运用各种教学媒介和工具与学生围绕教学内容所进行的双向交流活动。"⑤一般而言，高校思政课教学方法是由教师主导的，是教师在教学过程中运用方式、途径和手段的总和。但大学生是高校思政课学习的主体，所以教学方法的选择和运用要充分考虑大学生的接受程度，只有大学生参与到教学方法的运用中来才能共同完成教学目标。因为师生双方在课堂教学中围绕教学内容展开的所有教学活动都要有恰当的教学方法贯穿其中，所以高校思政课的教学方法是多样而丰富的。

---

① 刘舒生主编《教学法大全》，经济日报出版社，1990，第 1 页。

② 同上。

③ 顾明远主编《教育学大辞典：第 1 卷》，上海教育出版社，1990，第 179 页。

④ 骆郁廷：《高校思想政治理论课程论》，武汉大学出版社，2006，第 202 页。

⑤ 佘双好：《思想政治理论课程教学法探析》，中国人民大学出版社，2018，第 235 页。

　　高校思政课的教学活动通常可分为课上和课下，即第一课堂和第二课堂，相应的教学方法也会因此有所不同。课上(第一课堂)是指课堂教学，通常以教师为主导，通过师生之间的双向互动，共同完成思想政治理论课的教学过程，其运用的教学方法即是前文所述的具体课程的教学方法。课下(第二课堂)是课堂教学的辅助，通常通过多种实践教学法，深化学生对马克思主义理论知识的理解和感悟，提升他们在社会实践中认识、分析和解决问题的能力。高校思政课特殊而独特的地位和作用，使高校思政课教学过程要融合课上和课下多种教学方法，其教学方法的选择和使用呈现出多元化的态势。在具体的教学活动中，在不同的教学场域，高校思政课教师要有针对性地选择不同的教学方法。基于此，本书阐释的高校思政课教学方法，是指为了更好地落实立德树人的根本任务，培养大学生树立正确的世界观、人生观和价值观，在高校思政课的教学活动中所采用的所有的教学方式、途径和手段的总称，包括师生双方在课上(第一课堂)、课下(第二课堂)等不同教学场域运用的所有教学方法。

　　2018年4月，教育部印发的《新时代高校思想政治理论课教学工作基本要求》指出："要鼓励思想政治理论课教师结合教学实际、针对学生思想和认知特点，积极探索行之有效的教学方法，自觉强化党的理论创新成果的学理阐释，努力实现思想政治理论课教学'配方'先进、'工艺'精湛、'包装'时尚。"[①]这是对高校思政课教学方法创新提出的新要求。高校思政课教学要综合运用多种大学生喜闻乐见的教学方法，向大学生传授马克思主义基本理论、中国化时代化的马克思主义理论，使大学生在纷繁复杂的社会生活中学会用马克思主义的立场观点方法来认识问题、分析问题和解决问题，树立正确的世界观、人生观和价值观，成为德智体美劳全面发展的中国特色社会主义事业的合格建设者和可靠接班人，成为"有理想、敢担当、能吃苦、肯奋斗的新时代好青年"。

　　大学生的思想是在不断的学习和实践中逐渐形成和发展的，外部社会环境也是发展变化的，其对大学生思想的影响也呈现出复杂性。因此，采用单一的或不变的教学方法往往很难达成思政课教学目标。高校思政课是对大学生进行思想政治教育的主渠道和主阵地，在高等教育的课程体系和课程设置中具有"不可替代"的地位，高校思政课教学方法也因其课程的"不可替代"而具有独特性。中国特色社会主义进入新时代，高校思政课要更好地发挥主渠道、主阵地的作用，就要探索行之有效的教学方法，不断创新课堂教学方法，不断探索实践教学方法，不断融合网络教学方法，让思政课"有意义""有意思""有意蕴"，要引导学生深入理解和内化马克思主义理论，让大学生真学、真懂、真信，入耳、入脑、入心，推动高校思政课教学质量和水平不断提升。

(二) 高校思政课教学方法特点

　　高校思政课的课程目标是"重点引导学生系统掌握马克思主义基本原理和马克思主义中国化理论成果，了解党史、新中国史、改革开放史、社会主义发展史，认识世情、国情、党情，深刻领会习近平新时代中国特色社会主义思想，培养运用马克思主义立场观点方法分析和解决问题的能力；自觉践行社会主义核心价值观，尊重和维护宪法法律权威，识大

[①] 教育部：《教育部关于印发〈新时代高校思想政治理论课教学工作基本要求〉的通知》。http://www.moe.gov.cn/srcsite/A13/moe_772/201804/t20180424_334099.html。

局、尊法治、修美德；矢志不渝听党话跟党走，争做社会主义合格建设者和可靠接班人"。①
按照教育部印发的《新时代学校思想政治理论课改革创新实施方案》，高校思政课包括六门
必修课和一系列选修课，是政治性与学理性、科学性与真理性、系统性与逻辑性相统一的
课程体系，要依据课程目标及不同课程的要求，有针对性地选择和运用多样化的教学方法，
更好地发挥高校思政课教学方法的实践性、多样性、主体性、创新性特点。

1. 实践性

实践性是高校思政课教学方法的首要特点。理论联系实际历来是高等教育教学应遵循
的基本原则。高校思政课着重对大学生进行马克思主义理论教育，但其教学目标不只是让
学生掌握马克思主义理论知识。高校思政课的教学活动是通过教师系统地讲授马克思主义
基本理论和中国化时代化的马克思主义理论成果，把科学的理论内化到大学生心中，并结
合当下中国社会发展实际和大学生成长成才的要求，使之外化为大学生的行为方式。这一
转化的过程需要通过实践才能得以完成，进而实现大学生从"要我做"向"我要做"和"我
在做"的转变，这个转变是大学生知、情、意、行发展的过程，是实现知行合一的过程，是
理论运用于社会实践的过程。人的认识是以实践为基础的不断发展的过程，是经过实践—
认识—实践的循环往复而由低级向高级不断发展的过程。高校思政课教学目标的实现、教
学任务的完成、教学效果的呈现，是要通过实践且必须通过实践检验的。因此，实践性是
高校思政课教学方法的首要特点。这种实践性主要是指通过课堂实践教学法、课程实践教
学法、校园实践教学法和社会实践教学法的综合运用，使大学生能够超越主观经验的局限
性，通过身体力行的直接经验，了解国情、社情、民情，自觉把个体发展前途与国家和社
会的需要紧密相连，从而实现高校思政课的教学目标。

2. 多样性

多样性是指高校思政课的教学方法不是一成不变的，要根据不同的课程、不同的教学
内容、不同的学情和教学环境选择不同的教学方法。目前，高等教育本科阶段开设的"思
想政治理论课"必修课程为"马克思主义基本原理""毛泽东思想和中国特色社会主义理论
体系概论""习近平新时代中国特色社会主义思想概论""中国近现代史纲要""思想道德与
法治""形势与政策"，以及"四史"等系列选修课程，共同构成了高校思政课的课程体
系。不同课程的教学内容不同，选择和运用的教学方法也会相应进行调整。列宁在《怎么
办》一书中提出了著名的"灌输"理论，认为科学社会主义思想不能从工人中自发产生，必
须从外面灌输。依托于"灌输"理论确立的课堂理论讲授法仍然是当前高校思政课使用的
最普遍、最广泛的教学方法。随着现代科学技术的发展和学生学情的变化，需要教学方法
与时俱进、改革创新。在理论讲授法的基础上，结合不同课程的教学内容，综合运用多种
教学方法，已经成为高校思政课教学方法改革的趋势。这些方法包括探究教学法、叙事教
学法、案例教学法、互动式教学法、专题式教学法、小组合作学习法、多媒体教学法、实
践教学法等。多样化教学方法的运用，增添了课堂理论讲授法的生动性和感染力，增加了
大学生对高校思政课的获得感，增强了高校思政课的教学方法艺术。

---

① 中共中央宣传部、教育部：《中共中央宣传部 教育部关于印发<新时代学校思想政治理论课改革创新实
施方案>的通知》，http://www.moe.gov.cn/srcsite/A26/jcj_kcjcgh/202012/t20201231_508361.html。

3. 主体性

主体性是指高校思政课教学方法的选择和运用要充分发挥师生双方"教"与"学"的主体地位。在教学领域，关于"主体性"的探讨经历了"主客体说""双主体说""主体间性说"的发展历程。"主客体说"源于教师是教育者，学生是受教育者，所以在高校思政课教学过程中，教师为主体，学生是客体，教育教学活动以教师为中心。"主客体说"容易忽略学生在教学活动中发挥的作用，因此出现了"双主体说"。"双主体说"认为，教学活动是在师生之间进行的，是教师的"教"和学生的"学"共同发挥作用，即教师是教学活动的主体，学生是学习活动的主体，教学活动中也要充分调动学生学习的积极性和主动性。"主体间性说"基于西方哲学的"主体间性"理论，更着眼于教学过程中师生双方之间的关系。"主体间性说"认为，教育教学活动是在师生双方平等交往的基础上完成的，师生双方同为教学活动中平等的交往主体，教学过程是在相互尊重、平等对话、互动交流中完成的。这三种观点反映了教学"主体性"的不断发展。无论哪种观点，都是以达成教学目标为指向，以教学活动中师生双方的角色定位为参照，以提升教育教学效果为旨归的。习近平总书记指出："思政课教学离不开教师的主导，同时要加大对学生的认知规律和接受特点的研究，发挥学生主体性作用。"[①]高校思政课的特殊地位和作用，决定了教师在教学过程中的主导作用要贯穿于思政课教学全过程，即用马克思主义基本理论及中国化时代化的马克思主义理论武装学生头脑，向大学生系统传授和阐释科学的理论，并进行正面教育和引导。在这一过程中，教师要充分尊重学生，调动学生学习的积极性和主动性，在符合学生思想和身心发展及教育教学规律的前提下，以发挥学生主体性为目标指向，不断创新教学方法。如通过小组合作学习法使大学生参与到学习中，体验由"学"向"讲"的角色转变；通过案例教学法或探究教学法，创造民主宽松的讨论氛围，并在参与讨论中适时回应学生提出的各种问题，为大学生答疑解惑；通过实践教学法，组织大学生针对特定的主题开展社会调查，并撰写调查研究报告，或利用寒暑假组织大学生参与大学生志愿服务西部计划、大学生暑期三下乡和所在社区的志愿服务活动，在服务社会的过程中不断把理论应用于实践、把思想付诸行动，推动高校思政课由知识教育与价值教育向实践的转化，在实践中理解理论的知识性与价值性。

4. 创新性

教学方法是高校思政课教学过程的重要构成要素，是展现课堂教学内容的手段和途径，是连接师生之间教学活动的中介。不同的教学内容、不同的学情、不同的教师特质和教学环境需要运用不同的教学方法，才能提升课堂教学效果。高校思政课教学方法不是一成不变的，无论多么好的教学方法也不能永远适用所有的教学内容，所以高校思政课教学方法要根据社会发展实际、大学生思想和心理发展状态，不断完善和创新。现代科学技术的快速发展和互联网的广泛使用，使人类的社会生活环境处于信息高度开放的时代，依托于互联网的新媒体、自媒体等平台，拓宽了大学生接收信息的渠道，加大了高校思政课教学资源的开放度。同时，高校思政课教学对象的变化也要求教学方法不断推陈出新。当前

---

① 习近平：《习近平：用新时代中国特色社会主义思想铸魂育人 贯彻党的教育方针落实立德树人根本任务》，《人民日报》2019 年 3 月 19 日。

高校的大学生多为"00 后"，他们思维活跃、求知欲强、个性开放、积极上进、主体意识强，对国家和社会事务有自己的独立见解，但同时他们也追求自我、崇尚个性、抗挫折能力较弱。高校思政课要结合大学生的这些思想实际和心理发展特点，改变单一的、单向度的"灌输"，加强教学方法的人文性和启发性，运用灌输性和启发性相结合的教学方法，在"理直气壮讲好思政课"的基础上，运用大学生喜欢的、感兴趣的、新颖的教学方法，启迪大学生的思想、涵养大学生的情怀、建构大学生的理想信念。比如，坚持将显性教育方法和隐性教育方法相结合，寓价值观引导于知识传授和能力培养之中，将大学生的价值塑造、知识传授和能力培养三者融为一体。互联网技术的深入发展和广泛普及，为高校思政课的教学方法创新提供了技术和平台，思政课教师可以依托互联网，发挥大学生网络"原住民"的优势，拓宽思政课教学内容的传播渠道，丰富思政课教学资源，以新颖的、具有时代气息的、多样化的网络教学方法，提高思政课的"参与率""抬头率""点头率"。

(三) 高校思政课教学方法样态

高校思政课教学方法的研究一般包括三个层次："一是宏观哲学层面的方法观，即方法论意义上的教学方法，主要指教学方法的指导思想、理念、原则等；二是教学层面的教学方法，即一般教学方法，它研究的是各科教学的共同规律、方法；三是分科教学法，它研究的是某一学科的教学基本原理和方法等。"[①]进入新时代以来，为了更好落实立德树人根本任务，高校思政课建设不断加强，教学方法的研究也不断深入，但大多是在提升高校思政课的教学效果层面，聚焦于一般教学方法和具体教学方法的研究和应用。同时，现代教育技术和教学手段在高校思政课教学中的广泛运用，使高校思政课教学方法呈现出丰富的样态，现实与虚拟的混合发展、显性与隐性的相互统一、课程思政与思政课程的同向同行、课堂教学与社会实践的共同发力，共同推动着高校思政课教学方法的创新发展。

2022 年 7 月，教育部等十部委印发的《全面推进"大思政课"建设的工作方案》从建设"大课堂"、搭建"大平台"、建好"大师资"等方面，对高校思政课教学改革创新提出明确要求："善于采用多样化的教学方法，注重发挥学生主体性作用，积极运用小组研学、情景展示、课题研讨、课堂辩论等方式组织课堂实践"[②]，以创新思政课的教学方法。本书在借鉴学界已有研究成果的基础上，立足于教学方法运用的不同场域和载体，把高校思政课教学方法分为一般的教学方法和具体的教学方法。其中，一般的教学方法分为课堂教学方法、实践教学方法和网络教学方法，在这三种教学方法的视角下，根据不同的教学目标、教学内容、教学环境等要素，形成了多样化的具体的教学方法。

1. 课堂教学方法

课堂是教学的首选场所，课堂教学是教学的中心环节，课堂教学方法是主要的教学方法。高校思政课的课堂教学方法是指思政课教师为了达成教学目标、完成教学任务而采用的所有方式、手段和途径的总称。课堂教学方法依托特定的教学空间来传授特定的教学内

① 郭凤志、热合木江·巴拉提：《关于高校思想政治理论课教学方法改革的思考》，《思想理论教育》2015年第 1 期。
② 余双好、汤婉丽：《新时代高校思想政治理论课教学方法的创新发展与展望》，《思想理论教育导刊》2023年第 3 期。

容，一直以来是高校思政课一以贯之的教学方法。高校思政课常用的课堂教学方法主要包括理论讲授法、案例教学法、探究教学法、小组合作学习法、叙事教学法等。现代意义上的教学源于课堂，因此高校思政课课堂教学方法是其他多样化教学方法得以有效运用的基础。

理论讲授法是高校思政课教学中最广泛、最普遍、最常用的一种教学方法，是所有教学方法的依托和基础。高校思政课理论讲授法，通常是指思政课教师通过口语表达的形式，向大学生叙述事实、阐释概念、论证原理，引导大学生掌握马克思主义理论知识，形成科学的世界观、人生观和价值观的一种具体的教学方法。理论讲授法是一种直接、正面的教学方式，以其严密的逻辑性，全面、完整、系统地传授马克思主义理论，使大学生掌握马克思主义理论的系统性，理解马克思主义理论的科学性，坚信马克思主义理论的真理性。这种方法更有利于教师把马克思主义理论讲清楚、讲透彻、讲明白。理论讲授法不是对学生进行简单的、生硬的、单向度的理论灌输，在其具体的运用过程中，要注重"灌输与启发相结合""理论与实践相结合"。教师在运用理论讲授法的过程中，既要阐释马克思主义的科学性、真理性、指导性，也要注入自己的情感因素和生活体验，真正做到以理服人、以情感人。马克思指出："批判的武器当然不能代替武器的批判，物质力量只能用物质力量来摧毁；但是理论一经掌握群众，也会变成物质力量。理论只要说服人，就能掌握群众；而理论只要彻底，就能说服人。所谓彻底，就是抓住事物的根本。"[①]理论讲授法的魅力在于能够充分发挥教师在课堂教学中的教学主导和思想引导的作用，通过严谨的逻辑论证帮助大学生真学、真懂、真信、真用马克思主义理论，使之内化于心、外化于行，从而在课堂教学中实现"有意义的学习"。

案例教学法是教师通过创设特定的教学情境，引导学生对案例材料进行讨论，进而形成自己的看法和认识的一种教学方法。教师运用案例教学法进行教学，要注意案例教学不等于课堂中举例子，或者是简单的案例堆砌，而是为了帮助学生更深入地理解和掌握理论知识，培养学生运用所学知识分析和解决实际问题的能力。精心选取案例—引导学生思考—深入探讨案例—形成自己的认识，是案例教学法运用的四个步骤。案例选取要贴合教学内容和学生实际，以案例创设的情景引导学生独立思考，积极参与研讨，大胆发表自己看法。教师要营造宽松愉悦的学习氛围，促使学生参与其中，并帮助学生形成系统化的认识，提高学生运用知识与解决问题的能力。

讨论式教学法是一种传统的、较为常见的教学方法。在中国古代，大教育家孔子就特别善于运用讨论式教学法。《论语》就是记录孔子与弟子交谈对话的语录文集，也可以看作讨论式教学法在我国最早运用的实录。在古希腊时期，苏格拉底以"精神助产术"的形式启迪人们思考问题，在双方的问答过程中，不断揭示对方谈话中自相矛盾之处，从而逐步将个别的感性认识上升到普遍的理性认识。讨论式教学法后来逐步发展成为探究教学法，就是"在教师的指导下，以问题为中心，以学生的自主学习为基础，通过师生和学生之间的互动，共同探讨、研究教学的重点难点与热点问题，达到深化学生对教学内容的认识与理解，锻炼学生的学习与研究能力的目的的教学方法"[②]。这种教学法打破了"一言堂"的教

① 中共中央马克思恩格斯列宁斯大林著作编译局主编《马克思恩格斯选集(第1卷)》，中共中央马克思恩格斯列宁斯大林著作编译局译，人民出版社，2012，第9页。

② 佘双好：《思想政治理论课程教学法探析》，中国人民大学出版社，2018，第251页。

学模式，调动学生参与课堂学习的积极性，让学生在师生互动和生生互动中产生思想上的碰撞。探究教学法以其鲜明的问题意识、师生与生生之间的合作、鼓励学生自主性学习、重视和强调过程性评价等特点，创建了一个平等、和谐、民主的教学环境，符合大学生的身心发展特点，因而成为当前高校思政课大力倡导的课堂教学方法。

2. 实践教学法

习近平总书记在学校思想政治理论课教师座谈会上的讲话指出："要坚持理论性和实践性相统一，用科学理论培养人，重视思政课的实践性，把思政小课堂同社会大课堂结合起来，教育引导学生立鸿鹄志，做奋斗者。"[①]高校思政课实践教学作为课堂教学的延伸，发挥着课堂理论教学不可替代的作用。高校思政课实践教学法是"寓教于'行'的教学过程和教学方法，是以理论知识为依据，以强调创造性和实践性的主体活动为形式，以激励学生主动参与和主动思考为特征，通过引导学生有目的地参加课内与课外、校内与校外的各种实践活动，对社会现实生活广泛参与和体验，使其主观世界得到感性的再教育和主体能力得到优化的过程和方法"[②]。以课堂教学为参照分为课上与课下实践，以实践场域为参照分为校内实践和校外实践。实践教学以实践育人为目的，以与学生密切相关的现实生活问题为主题，以学生能动地参与为主要途径，有计划地为学生创设一定的教学情境，寓教育于实践之中。实践教学法通常包括课程实践教学、校园文化活动、社会实践等类型。

课堂教学通常被称为高校思政课的第一课堂，实践教学被称为高校思政课的第二课堂。实践教学是深化课堂教学的重要环节。为强化实践教学，高校思政课设置了专门的实践教学环节，结合特定的实践主题，以社会调查报告、思政微课、视频制作、学术研究等多种形式形成实践成果，课时通常是两个教学周。实践教学是在教师课堂理论讲授的基础上，促进大学生深化理论知识、提升综合能力的重要途径。

校园文化活动是学校长期形成的，并为广大师生认同的校园精神、校园文化环境以及师生员工文化生活的总和。校园文化活动是开展大学生思想政治教育的有效途径和载体，是提升高校思政课教学效果的重要形式。作为一种群体性的文化形式，校园文化活动以大学生为主体，开展多样化的课外文化活动，涵养优良的校风、教风和学风，营造良好的育人环境，提升大学生的思想道德修养，促进大学生成长成才。高校校园文化活动要体现社会主义大学的特点和时代风貌，通过营造特有的校园文化氛围，增强大学生对课堂理论知识的深入理解，进而发挥校园文化活动的价值导向、群体凝聚、行为规范、情感陶冶、实践锻炼等多种功能。

高校社会实践是大学生思想政治教育的重要环节，也是高校思政课教学的重要补充。高校社会实践是按照高等教育培养目标的要求，让在校大学生有计划、有组织、有目的地深入社会生活，促进大学生了解社会、锻炼意志、培养品格、增强社会责任感的实践活动方式。通常，社会实践活动贯穿于大学生学习和生活的全过程，如组织低年级的大学生开展军事训练、社会调查、志愿服务、公益活动、科技发明等形式的活动，组织高年级的大学

---

① 习近平：《习近平：用新时代中国特色社会主义思想铸魂育人　贯彻党的教育方针落实立德树人根本任务》，《人民日报》2019年3月19日。

② 柳礼泉：《论思想政治理论课实践教学的形式》，《思想理论教育导刊》2007年第3期。

生开展与专业学习、勤工俭学、服务社会、择业就业、创新创业等多种形式相结合的实践活动。不同形式的实践活动可以从多个角度提升大学生理论联系实际的能力。高校也可以借助重大活动、重要节庆日、标志性的事件和大学生的寒暑假，开展形式多样的主题实践活动，实现思政课教学内容与社会生活实践有机结合。在社会实践中育人，不仅是马克思主义理论教育的重要内容，也是大学生理论联系实际的重要途径。

3. 网络教学方法

随着多媒体技术和网络运用于教育教学，网络教学成为课堂教学的有益补充。依托网络形成的网络教学方法，是当前高校思政课教学方式方法改革的重要途径，是高校思政课主动适应当前大学生的学习特点、应对信息时代挑战的重要举措。"00 后"大学生被称为是网络的原住民，他们熟悉和喜欢网络，网络已经渗透到他们学习和生活的方方面面。高校思政课运用网络教学方法，可以增加课程的吸引力和感染力，丰富课堂教学资源，提高大学生学习思政课的兴趣。因此，借助网络信息技术创新网络教学方法，可实现高校思政课传统的课堂教学方式与现代的信息技术有机结合。概括地说，网络教学方法分为线上教学和线上线下混合教学两大类型。线上教学方法主要包括慕课、微课等，线上线下混合教学是运用多媒体技术实现课堂教学与网络教学有机结合的教学方法，主要有翻转课堂教学、混合教学等。

慕课，是一种以互联网为载体的大规模开放在线课程。慕课最早出现于 2008 年，2011 年以后在国际教育界掀起了浪潮，并于 2013 年传至中国。慕课源于远程教育和视频课程，是一种运用网络技术与环境开展的教学模式和学习行为，是现代信息技术、互联网与教育的深度融合。[①]将慕课融入高校思想政治理论课堂之中，突破了传统课堂在时间和空间上的局限性，学生可以通过用户终端，随时随地开展课堂学习。慕课集中了优秀的教师和丰富的教学资源，制作形成课程质量相对较好的课堂教学视频，并且通过开放式的教学平台让这种相对优质的教学视频为成千上万的大学生服务，有利于整合高校思政课教学资源。慕课可以与线下教学相结合，如教师通过慕课视频进行教学，然后结合小组讨论和课堂测验等形式形成混合式的课堂，能够提升大学生参与课堂学习的有效性。

微课作为一种线上教学方法，最早是 2008 年由美国圣胡安学院高级教学设计师戴维·彭罗斯提出的，2010 年传入我国。微课通常是录制成 5～15 分钟的视频，它将传统的45 分钟左右的课堂教学时间，拆分成若干不同且独立的单元分开进行教学。微课以其精简短小、形式多样、内容多元等特点迎合了大学生灵活自主学习的需要，极大地克服了大学生因为长时段单一学习产生的懈怠心理，大大提升了高校思政课教学的形象性和生动性。以视频为主要载体的微课，能够突破大学生学习的时空限制，使学习不再拘泥于课堂中，满足了学生自主化的学习需要。学生在进行微课视频学习时，往往只是对一个知识点进行学习，能够实现思政课教学的精简化。目前国内较为知名的微课平台，包括全国高校微课教学平台、乐而思、思政微课 app 等。微课在教学方法的选择和运用上也十分灵活，可以在课堂教学中与理论讲授法、讨论式教学法、案例教学法等多种教学方法相结合。

"翻转课堂"最早出现在美国，是使用录制软件录制演示文稿的播放和授课录音，帮助缺席的学生补课的一种教学形式。现代意义上的翻转课堂教学"一般是指将传统的课堂

---

① 余双好：《思想政治理论课程教学法探析》，中国人民大学出版社，2018 年，第 269 页。

讲授为主的教学方式调整为课堂内外的全方位教学。在这一教学模式中，学生需要更主动地在课前通过视频、讲座、听播客、主动阅读、网络讨论等方式围绕教学主题和研究问题完成自主学习。教师则采用讲授法和协作法来满足学生的需要和促成他们的个性化学习。"①翻转课堂教学最重要的创新就是颠覆了传统课堂教学模式，将本来在课堂中讲授的内容通过视频呈现出来，让学生可以在家学习；将本来课后深化的环节搬到课堂中，由师生共同完成，这就使教师和学生的角色都发生了改变，教师从主导课堂的讲授者转变为学生学习的参与者和指导者，学生从被动的知识接受者转变为主动的学习者和探究者，极大增进了师生之间的交流与互动，使学生能够更加深入地学习与理解课堂教学的内容，大大提升了认识、分析和解决问题的能力。

线上线下混合教学(又称混合式教学)是在线上教学的基础上，以网络虚拟技术和环境为载体，融合思政课线上教学和线下教学的教学时空、教学方式、教学资源、教学内容、教学环境、教学评价等方面的优势，形成"学生为主，教师主导"的一种新的教学模式。目前，高校思政课混合式教学呈现出"课堂＋在线"的高位搭配状态，如各种形式的微课、慕课、"翻转课堂"、在线课程等，都是常用的混合教学方式。近年来，随着我国互联网和数字技术的进一步发展，线上教育资源日益丰富，为混合式教学的拓展和应用提供了技术支持。现代教育理念强调以学生为中心，开展个性化学习和终身学习，混合式教学恰好符合这些理念。随着我国高等教育教学的创新发展，高校混合式教学改革层出不穷，成为深受广大学生喜欢的一种教学方式。

三、高校思政课教学方法发展沿革

高校思政课教学方法是随着我国高校思政课课程体系的形成与发展而逐渐改革和创新的。新中国成立以来，我国经历了社会主义革命与建设、改革开放、进入新时代的社会历史发展时期，基于此可以将高校思政课的发展历程分为四个时期，即初步发展期(1949—1976)、稳定发展期(1976—1992)、全面发展期(1992—2012)和创新发展期(2012至今)。

(一) 初步发展期(1949—1976)

1949 年至 1976 年，是高校思政课形成和初步发展阶段。新中国成立之初，为肃清资产阶级和一切反动阶级的思想毒瘤，我国开始在各级各类学校开设相应的马克思主义理论和思想品德类课程，并逐步形成高校本科生和研究生的思政课课程体系。

1949 年 9 月，中国人民政治协商会议第一届全体会议通过的《中国人民政治协商会议共同纲领》指出："中华人民共和国的文化教育为新民主主义的，即民族的、科学的、大众的文化教育。人民政府的文化教育工作，应以提高人民文化水平，培养国家建设人才，肃清封建的、买办的、法西斯主义的思想，发展为人民服务的思想为主要任务。"②《共同纲领》同时提出："中华人民共和国的教育方法为理论与实际一致。人民政府应有计划有步骤

---

① 王向明、张廷广：《高校思想政治理论课"翻转课堂"的理论与实践》，《思想教育研究》，2018 年第 12 期。

② 教育部社会科学司主编《普通高校思想政治理论课文献选编(1949—2008)》，中国人民大学出版社，2008年，第 1 页。

地改革旧的教育制度、教育内容和教学法。"①在文件精神指导下，高校思政课开始有序在全国各地开设。1949 年 10 月，华北人民政府高等教育委员会颁布了《华北专科以上学校一九四九年度公共必修课过渡时期实施暂行办法》，将"辩证唯物论与历史唯物论"(包括"社会发展史")和"新民主主义论"(包括"近代中国革命运动史")两门课程作为该年度各年级必须开设的课程。同年 12 月，教育部副部长钱俊瑞在第一次全国教育工作会议上的讲话提出："理论学习必须密切结合学生的思想实际""必须抓住重点。解决主要的思想问题""发扬自主思考，善于民主启发，正确运用批评与自我批评""应当与自己参加劳动生产，参加群众斗争，参观解放军或工厂等活动结合起来"②。该讲话对开展高校政治理论课教学活动提供了切实的方法支持。

　　1951 年 8 月，教育部在《关于各校拟定 1951 年度教学计划时应注意的几项原则的指示》中提出："政治课是各系科的基本课程，与其他业务课程一样，应着重于系统的理论知识的讲授，同时结合实际有重点地解决学生的主要思想问题。"③9 月，教育部在《关于华北区各高等学校 1951 年度上学期进行"辩证唯物论与历史唯物论"等课教学工作的指示》中指出，要把思想政治课作为业务课的重要部分，并取消"政治课"名称，将"社会发展史"改为"辩证唯物论与历史唯物论"，与"新民主主义论""政治经济学"共同作为独立的课程。

　　1952 年 10 月，教育部印发了《关于全国高等学校马克思列宁主义、毛泽东思想课程的指示》，将全国高校政治理论课程主要设置为"辩证唯物论与历史唯物论""新民主主义论"和"政治经济学"三门课程，还指出各类院校要计划在 1953 年度开设"马列主义基础"课程。该《指示》的发布标志着我国高校马克思主义理论课程体系建设初步形成。之后，中央人民政府高等教育部又分别于 1953 年 6 月和 1954 年 7 月颁发了《关于改"新民主主义论"为"中国革命史"及"中国革命史"的教学目的和重点的通知》和《关于工、农、医二年制专修科二年级开设政治理论课程的通知》，对政治理论课程设置进行调整。1956 年 9 月，中华人民共和国高等教育部发布了《关于高等学校政治理论课程的规定(试行方案)》，确定将高校政治理论课程设置为"马列主义基础"(一年级开设)、"中国革命史"(二年级开设)、"政治经济学"(三年级开设)和"辩证唯物主义和历史唯物主义"(四年级开设)四门课程，并规定讲授和课堂讨论学时按照四比一或五比一的比例来安排。

　　1957 年 2 月，毛泽东在最高国务会议第十一次(扩大)会议上发表《关于正确处理人民内部矛盾的问题》重要讲话，指出："不论是知识分子，还是青年学生，都应该努力学习。除了学习专业之外，在思想上要有所进步，政治上也要有所进步，这就需要学习马克思主义，学习时事政治。没有正确的政治观点，就等于没有灵魂。"④讲话强调了加强知识分子和青年学生思想政治工作的重要性。1957 年 12 月 10 日，中华人民共和国高等教育部、教育部发出的《关于在全国高等学校开设社会主义教育课程的指示》规定："在全国高等学校

① 教育部社会科学司主编《普通高校思想政治理论课文献选编(1949—2008)》，中国人民大学出版社，2008 年，第 1 页。
② 教育部社会科学司主编《普通高校思想政治理论课文献选编(1949—2008)》，中国人民大学出版社，2008 年，第 4 页。
③ 佘双好：《思想政治理论课程教学法探析》，中国人民大学出版社，2018 年，第 128 页。
④ 中共中央文献研究室主编《毛泽东文集(第 7 卷)》，人民出版社，1999，第 226 页。

各年级普遍开设'社会主义教育'课程,全体学生和研究生必须无例外地参加学习"[1],"应有计划地指导学生精读文件,并组织自由和充分讨论、辩论。讨论和辩论时,应当坚持团结——批评——团结的原则,用摆事实、讲道理的方法把各种事实和观点摆出来"[2]。1958年9月,中共中央、国务院下发的《关于教育工作的指示》,肯定了建国九年来我国教育工作取得的成就,强调了高校政治理论课的重要性。《指示》强调:"党的教育工作方针,是教育为无产阶级的政治服务,教育与生产劳动结合""在一切学校中,必须进行马克思列宁主义的政治教育和思想教育,培养教师和学生的工人阶级的阶级观点(同资产阶级进行斗争),群众观点和集体观点(同个人主义观点进行斗争),劳动观点即脑力劳动与体力劳动结合的观点(同轻视体力劳动和体力劳动者和主张劳心劳力分离的观点进行斗争),辩证唯物主义的观点(同唯心主义和形而上学的观点进行斗争)""在一切学校中,必须把生产劳动列为正式课程"[3]。

1961年,教育部发布《改进高等学校共同政治理论课程教学的意见》,提出高校共同政治理论课程包括"马克思列宁主义基础理论"和"形势与任务"两门。关于"马克思列宁主义基础理论"课程,文科各专业一般设置为四门,即"中共党史""马克思列宁主义基础"(主要学习毛泽东同志的政治学说)"政治经济学"和"哲学";理工农医各专业和艺术、体育院校一般开设两门,即"中共党史"和"马克思列宁主义概论"(包括马克思主义三个组成部分);专科学校一般开设一门,即"马克思列宁主义概论"。另外,《意见》还对政治理论课程教学方法做出了指示,指出:"教师要着重帮助学生理解经典著作和阅读教科书,并注意引导学生运用理论分析实际问题。讲授要抓重点。讨论要有教师指导,要真正做到摆事实,讲道理,以理服人。提倡认真读书、刻苦钻研和在学术问题上的自由争辩。"[4]随着研究生数量不断增长,1963年8月,教育部下发了《试行"关于高等学校研究生政治理论课的规定"(草案)的通知》,对研究生政治理论课的教学内容、学习时间、阅读书目和考试方式等都进行了明确的规定。将研究生的政治理论课设置为"马克思列宁主义理论"和"思想政治教育报告"两门课程,这为之后规范开展研究生思想政治教育奠定了基础。

1964年10月,中共中央宣传部、高教部党组、教育部临时党组联合发布的《关于改进高等学校、中等学校政治理论课的意见》指出:要"贯彻执行启发式的教学法,高等学校政治理论课的教学,可考虑采取以下四个步骤:① 启发报告。由教师提出问题,指出要解决的矛盾,指定阅读的教材或讲授提纲,调动学生学习的主动性、自觉性。② 读书。引导学生自己带着问题去读书、思考,养成认真读书、钻研问题的习惯。③ 讨论。在认真读书和独立思考的基础上,开展自由讨论。教师要引导学生敢于敞开思想、发表自己的

---

① 教育部社会科学司主编《普通高校思想政治理论课文献选编(1949—2008)》,中国人民大学出版社,2008,第31页。

② 同上。

③ 教育部社会科学司主编《普通高校思想政治理论课文献选编(1949—2008)》,中国人民大学出版社,2008,第38页。

④ 教育部社会科学司主编《普通高校思想政治理论课文献选编(1949—2008)》,中国人民大学出版社,2008,第42页。

见解。讨论题目，要从学生中来。④ 总结或解答。教师根据学生在学习过程中提出的问题，和讨论中争论的问题，经过研究，结合基本理论，作出有分析性的总结或解答，提高大家的认知水平"①。《意见》推动了高校政治理论课启发式教学法在教学实践中的运用和发展。

1971 年 4 月 15 日至 7 月 31 日，由毛主席亲自批准召开的全国教育工作会议在北京召开，会后发布的《全国教育工作会议纪要》指出："要坚决地改革旧的教学方法""教学方法不改革，一批生动活泼的工农子弟仍然有学用脱节或者啥也没有真正学会、身体搞垮了的危险。因此，必须废止注入式，采用启发的、研究的、实验的方法。开展'官教兵、兵教官、兵教兵的群众练兵运动'。教师应发讲义或讲授提纲，提倡自学"②。《纪要》明确指明了改革教学方法的重要性以及开展启发式教学的改革方向。

(二) 稳定发展期(1976—1992)

1976 年至 1992 年是高校思政课的稳定发展阶段。"各级各类学校恢复了马克思主义理论课，而且根据时代发展变化特点，增添了新的课程(思想品德课)及教学内容"③，形成了逐渐相对完备的课程体系。

1978 年 4 月，邓小平同志在全国教育工作会议上发表重要讲话，强调"学生把坚定正确的政治方向放在第一位，这不仅不排斥学习科学文化，相反，政治觉悟越是高，为革命学习科学文化就应该越加自觉，越加刻苦"④。邓小平同志的讲话重新阐述了政治觉悟和科学文化学习之间的辩证关系，在此影响下，为充分发挥理论课对转变学生思想的作用，培养又红又专的人才，教育部办公厅发布了《关于加强高等学校马列主义理论教育的意见》，指出："马列主义理论课，主要是联系学生对当前党的方针、政策、路线的认识实际""课堂讲授是教学的主要环节""自学、课堂讨论或小组讨论也是必要的教学环节。要提倡认真看书学习，深入钻研原著。课堂讨论或小组讨论是为了加深学生对基本原理的理解和运用，要启发学生独立思考，提出问题，充分准备，热烈讨论""马列主义理论课学习成绩的评定，要按实际考试、考查的结果，不是按政治表现"⑤。《意见》提出了马列主义理论课在教学方法上还亟需解决理论联系实际、抓好教育环节和如何评定学习成绩等三个问题，对于转变思政课教学方式，加强理论联系实际起到了重要的推动作用。

1982 年 10 月，教育部发布的《关于在高等学校逐步开设共产主义思想品德课程的

---

① 教育部社会科学司主编《普通高校思想政治理论课文献选编(1949—2008)》，中国人民大学出版社，2008，第 52 页。

② 教育部社会科学司主编《普通高校思想政治理论课文献选编(1949—2008)》，中国人民大学出版社，2008，第 63 页。

③ 佘双好：《思想政治理论变化发展的晴雨表——新中国六十年来高校思想政治理论课程发展轨迹》，《学校党建与思想教育》，2009 年第 29 期。

④ 教育部社会科学司主编《普通高校思想政治理论课文献选编(1949—2008)》，中国人民大学出版社，2008，第 66 页。

⑤ 教育部社会科学司主编《普通高校思想政治理论课文献选编(1949—2008)》，中国人民大学出版社，2008，第 72-73 页。

通知》，把共产主义思想品德课纳入教学计划，并作为一门必修课。同时指出，共产主义思想品德课"教学的方法要灵活多样，除课堂讲授外，可以组织专题讨论、参观访问、社会调查和运用各种形象化的教学手段"①。《通知》的发布被认为是全国高校全面开设思想品德课程的起点，也为之后各高校逐步开设思想品德课并进行教学方法改革提供了参考。1984 年，教育部又印发了《关于高等学校开设共产主义思想品德课的若干规定》的通知，指出该课程的教学还要坚持理论联系实际的方针，将课堂讲授与生动活泼的教育相结合，引导学生进行自我教育，对共产主义思想品德课教学方式方法做了进一步规范。

1985 年 8 月，"为了适应社会主义现代化建设的需要，适应现代科学技术和现代经济政治的巨大发展变化，适应新时期青少年心理发展的具体状况，以及各方面改革的需要"②，中共中央发布了《关于改革学校思想品德和政治理论课程教学的通知》，即"85"方案，指出："我国现行的以马克思主义为指导的思想品德和政治理论课(从小学的思想品德课、中学的思想政治课、到高等学校的马克思主义理论课)的课程设置、教学内容、教学方法也必须进行认真的改革。"③《通知》还对大中小学马克思主义思想品德和政治理论课的主要内容和要求做了总体规划，指出在大学本科阶段要对学生进行以中国革命史为中心的历史教育、马克思主义基本理论教育、中国社会主义建设和改革的理论、政策和实际知识的教育的同时，还要有分析、有比较地介绍当代其他社会思潮，激发学生为社会主义事业而奋斗的献身精神；研究生阶段的思想理论教育，应该在大学本科基础上继续提高。并再次强调："要改变注入式的教学方法，尽量实行启发式的教学方法""讲课应当用丰富而生动的事实来引出和论证有关的观点，而不能简单地灌输抽象的概念""要精心组织学生进行自由活泼的课堂讨论，积极组织学生参加丰富的切实的社会实践和社会调查"④。此后，国家为加强高校思政课建设又相继发布了一系列文件，如《在高等学校开设"法律基础课"的通知》《关于对高等学校学生深入进行形势政策教育的通知》《关于在高等学校马克思主义理论课(公共课)教学中旗帜鲜明地坚持四项基本原则反对资产阶级自由化的通知》《关于进一步改革高等学校马克思主义理论课(公共课)教学的意见》等，这些文件有力地推动了高校思政课建设进入稳定发展的态势。

1987 年 6 月，国家教育委员会下发的《关于高等学校研究生马克思主义理论课(公共课)教学的若干规定》指出："研究生的马克思主义理论课，是《中华人民共和国学位条例暂行实施办法》中规定的硕士、博士研究生必修的学位课程之一""对所有的硕士研究生都要开设'科学社会主义的理论与实践'课(课内安排 36 学时)""对文科各专业的硕士研究生还

---

① 教育部社会科学司主编《普通高校思想政治理论课文献选编(1949—2008)》，中国人民大学出版社，2008，第 93 页。
② 教育部社会科学司主编《普通高校思想政治理论课文献选编(1949—2008)》，中国人民大学出版社，2008，第 106 页。
③ 教育部社会科学司主编《普通高校思想政治理论课文献选编(1949—2008)》，中国人民大学出版社，2008，第 106 页。
④ 教育部社会科学司主编《普通高校思想政治理论课文献选编(1949—2008)》，中国人民大学出版社，2008，第 107 页。

要开设'马克思主义经典著作选读'课(课内安排 70 学时)""对理工农医科各专业的硕士研究生还要开设'自然辩证法概论'课(课内安排 54 学时)"①;"对文科各专业的博士研究生开设'马克思主义与当代社会思潮'课程""对理工农医科各专业的博士研究生开设'现代科学技术革命与马克思主义'课程"②。而且"研究生的马克思主义理论课,自始至终要贯彻理论联系实际的方针,专题讲授要采取启发式、研究式,避免简单灌输抽象理论或单纯注释""对于有争论的或正在探索的理论问题,教师应当在坚持四项基本原则的前提下,用严谨、科学的态度介绍不同的学术观点和自己的见解,同学生一起探讨""采取有效措施鼓励和支持研究生在接触社会实际的过程中学习和运用马克思主义"③。这对于进一步规范研究生思想品德和政治理论课教学起到了指导性的作用,使得研究生阶段的马克思主义理论课教学也呈现出了稳定发展的态势。1987 年 10 月 20 日,国家教育委员会发布了《关于高等学校思想教育课程建设的意见》,提出有必要根据高校思想政治教育实践以及学生普遍关心的形势政策、道德民主等方面的问题,有计划地开设一些思想政治教育课程。并对开设的五门课程做出了如下的规定:"形势与政策"(每学期均开设,课时数根据需要由各校自行安排)和"法律基础"(课时为 30 学时)两门为必修课;"大学生思想修养"(一年级实施)、"人生哲理"(二年级实施)和"职业道德"(三年级实施)三门课可因校制宜有选择地开设。同时还指出:"思想教育课程应该注重教学质量和教学效果。各门课程可根据不同的教育内容采取不同的教学形式和方法进行。教学要采取启发式、讨论式"④。至此,以上一系列文件的出台和发布,标志着我国从小学到博士阶段的思想政治理论课课程体系基本形成并趋于成熟。

(三) 全面发展期(1992—2012)

1992 年至 2012 年,我国高校思政课进入了全面发展阶段。以 1992 年邓小平南方谈话为标志,为了适应深化改革、扩大开放和加快社会主义现代化建设的新形势和新要求,进一步加强和改进学校德育工作,1994 年 8 月,中共中央下发了《关于进一步加强和改进学校德育工作的若干意见》,指出:"面对新的形势和要求,学校德育工作还很不适应。必须解放思想,实事求是,有紧迫感。要以邓小平同志建设有中国特色社会主义理论为指导,全面贯彻党的教育方针,坚持社会主义办学方向。"⑤同时指出,要"按照不同学科特点,促进各类学科与课程同德育的有机结合。借鉴国外包括发达国家在这方面的经验和做法,在教

---

① 教育部社会科学司主编《普通高校思想政治理论课文献选编(1949—2008)》,中国人民大学出版社,2008,第 129 页。
② 教育部社会科学司主编《普通高校思想政治理论课文献选编(1949—2008)》,中国人民大学出版社,2008,第 130 页。
③ 教育部社会科学司主编《普通高校思想政治理论课文献选编(1949—2008)》,中国人民大学出版社,2008,第 130 页。
④ 教育部社会科学司主编《普通高校思想政治理论课文献选编(1949—2008)》,中国人民大学出版社,2008,第 134 页。
⑤ 教育部社会科学司主编《普通高校思想政治理论课文献选编(1949—2008)》,中国人民大学出版社,2008,第 152 页。

育改革中积极探索，总结经验，并及时加以规范，形成稳定的机制""重视校园文化建设。要大力开展学生喜闻乐见的丰富多彩、积极向上的学术、科技、体育、艺术和娱乐活动，建设以社会主义文化和优秀的民族文化为主体、健康生动的校园文化。""加强实践环节""各级各类学校都要把组织学生适当参加一定的物质生产劳动作为一门必修课，列入教学计划，统筹安排，各级教育行政部门要进行具体督促检查。""学校教育、家庭教育、社会教育紧密配合。学校要主动同家长及社会各方面密切合作，使三方面的教育互为补充、形成合力"[①]。《意见》对新形势下学校德育工作提出了更高的要求，为丰富新形势下学校德育课程的教学方式方法提供了遵循。

　　在社会主义现代化建设的实践中，我们党在不断推动理论创新，而党的创新理论也不断丰富着高校思政课的教学内容。1997 年,中国共产党第十五次全国代表大会(党的十五大)将邓小平理论、马克思列宁主义和毛泽东思想一起确立为党的指导思想。为了积极贯彻宣传党的十五大精神，进一步落实好邓小平理论进教材、进课堂、进学生头脑(以下简称"三进")的主要任务，1998 年 4 月，中宣部、教育部发布了《关于普通高等学校开设"邓小平理论概论"课的通知》，要求"从 1998 年秋季开始，普通高校都要以《中国社会主义建设》课程为基础，开设邓小平理论课"[②]。同时指出:"讲授好邓小平理论课必须认真贯彻落实理论联系实际的原则，学以致用""要采取读原著、讲课和研讨相结合的方法进行教学，同时要组织学生参观调查、观看《邓小平》等有关文献专题影视片、开展讨论、请领导同志和专家作有关方面的专题报告等辅助教学形式，使学生生动活泼地进行学习，注重提高教学效果"[③]。6 月，中宣部、教育部又印发了《关于普通高等学校"两课"课程设置的规定及其实施工作的意见》，即"98 方案"，对高校"两课"课程设置进行了重新调整，要求在二年和三年制专科和本科阶段都开设"邓小平理论概论"课程，并要求教师在改革实践中不断地总结经验，积极采用读书、讲课、研讨相结合的方式进行教学，努力提高"两课"的教学质量。"98"方案的发布，体现出高校思政课的教学内容紧跟党的理论创新的步伐，高校思政课的教学方法也随着课程教学内容的发展而不断丰富和完善，除了常用的理论讲授法、讨论式教学法和案例教学法之外，各高校还十分重视实践教学法的运用，这都为以后的教学方法改革提供了宝贵的经验和借鉴。

　　2002 年，中国共产党第十六次全国代表大会(党的十六大)将"三个代表"重要思想与马克思列宁主义、毛泽东思想和邓小平理论确立为中国共产党必须长期坚持的指导思想。为了在高校"两课"教育教学中全面贯彻党的十六大精神，进一步深化"三个代表"重要思想的"三进"工作，2003 年 2 月，教育部发布的《关于进一步深化"三个代表"重要思想"三进"工作的通知》提出:"将《邓小平理论概论》课调整为《邓小平理论和'三个代表'重要思想概论》课。各高校从 2003 年秋季开学开始，应普遍开设《邓小平理论和'三个代

① 教育部社会科学司主编《普通高校思想政治理论课文献选编(1949—2008)》,中国人民大学出版社,2008,第 154 页。

② 教育部社会科学司主编《普通高校思想政治理论课文献选编(1949—2008)》,中国人民大学出版社,2008,第 180 页。

③ 教育部社会科学司主编《普通高校思想政治理论课文献选编(1949—2008)》,中国人民大学出版社,2008,第 181 页。

表'重要思想概论》课。"①并要求:"要积极开拓'三个代表'重要思想'三进'工作的新途径。充分发挥第二课堂、学生理论社团的作用,支持、指导学生研究'三个代表'重要思想,到社区、村镇中宣讲'三个代表'重要思想,在实践中深化对邓小平理论和'三个代表'重要思想的理解""发扬理论联系实际的学风,努力改进教学方法"②"要注意抓好读(原著)、听(专题报告)、讲(系统讲授)、谈(讨论交流)、看(录像)、走(社会实践)、写(调查报告、读书心得、学术论文)等教学环节,特别要重视发挥社会实践教育的作用和现代教育技术的作用,力争在教学方法和手段上有新的突破"③。该《通知》为"三个代表"重要思想进课堂、进教材、进学生头脑工作的开展提供了重要依据,还对高校"两课"的教学内容、教学方法和教师队伍建设等都作出了重要指示,为高校深入贯彻学习党的十六大精神指明了方向。

2004年8月,中共中央、国务院《关于进一步加强和改进大学生思想政治教育的意见》指出:"高等学校思想政治理论课是大学生思想政治教育的主渠道""要联系改革开放和社会主义现代化建设的实际,联系大学生的思想实际,把传授知识与思想教育结合起来,把系统教学与专题教育结合起来,把理论武装与实践育人结合起来,切实改革教学内容,改进教学方法,改善教学手段"④。为了深入贯彻《意见》精神,2005年2月,中宣部、教育部下发了《关于进一步加强和改进高等学校思想政治理论课的意见》,即"05方案"。该方案将四年制本科的思想政治理论课课程设置为"马克思主义基本原理""毛泽东思想、邓小平理论和'三个代表'重要思想概论""中国近代史纲要"和"思想道德修养与法律基础"四门必修课,同时开设"形势与政策"课,另外还开设"当代世界经济与政治"等选修课。

"05方案"还对切实改进高校思政课教学方式方法提出了明确的要求。第一,"要充分发挥教师的主导作用,提高马克思主义理论的说服力和感染力。充分发挥学生学习的主体作用,激发学生学习的积极性和主动性。教学方式和方法要努力贴近学生实际,符合教育教学规律和学生学习特点,提倡启发式、参与式、研究式教学。要研究分析社会热点。要多用通俗易懂的语言、生动鲜活的事例、新颖活泼的形式,活跃教学气氛,启发学生思考,增强教学效果"⑤。第二,"要精心设计和组织教学活动,认真探索专题讲授、案例教学等多种教学方法,积极推广名师大班讲授和小班辅导的教学经验,大力推进多媒体和网络技术的广泛运用,实现教学手段现代化。建立教学资源数据库,实现资源共享"⑥。第三,"要

① 教育部社会科学司主编《普通高校思想政治理论课文献选编(1949—2008)》,中国人民大学出版社,2008,第193页。
② 教育部社会科学司主编《普通高校思想政治理论课文献选编(1949—2008)》,中国人民大学出版社,2008,第194页。
③ 教育部社会科学司主编《普通高校思想政治理论课文献选编(1949—2008)》,中国人民大学出版社,2008,第195页。
④ 教育部社会科学司主编《普通高校思想政治理论课文献选编(1949—2008)》,中国人民大学出版社,2008,第204页。
⑤ 教育部社会科学司主编《普通高校思想政治理论课文献选编(1949—2008)》,中国人民大学出版社,2008,第216页。
⑥ 教育部社会科学司主编《普通高校思想政治理论课文献选编(1949—2008)》,中国人民大学出版社,2008,第216页。

加强实践教学""要建立和完善实践教学保障机制，探索实践育人的长效机制""加强组织和管理，将实践教学与社会调查、志愿服务、公益活动、专业课实习等结合起来，引导大学生走出校门，到基层去，到工农群众中去。要通过形式多样的实践教学活动，提高学生思想政治素质和观察分析社会现象的能力，深化教育教学的效果"①。第四，"要改进和完善考试方法。采取多种方式，综合考核学生对所学内容的理解和实际表现，力求全面、客观反映大学生的马克思主义理论素养和道德品质"②。

2005 年 12 月 23 日，教育部下发了《关于调整增设马克思主义理论一级学科及所属二级学科的通知》，决定在《授予博士、硕士学位和培养研究生的学科、专业目录》中增设马克思主义理论一级学科及其所属二级学科。将"新增设的马克思主义理论一级学科，暂设置于'法学'门类内，下设五个二级学科，即：马克思主义基本原理、马克思主义发展史、马克思主义中国化研究、国外马克思主义研究、思想政治教育""政治学一级学科下的'马克思主义理论与思想政治教育'二级学科调整到马克思主义理论一级学科下，分别归入'马克思主义基本原理'和'思想政治教育'二级学科"③。2008 年 4 月 2 日，国务院学位委员会、教育部又下发了《关于增设"中国近现代史基本问题研究"二级学科的通知》，决定在马克思主义理论一级学科下增设"中国近现代史基本问题研究"二级学科，与原有的五个二级学科平行。这两个《通知》不仅标志着马克思主义理论学科体系的发展和完善，也为加强高校思政课程体系建设提供了学理支撑。

这一时期，高校思政课建设主要是将马克思主义中国化的最新理论成果融入课程教学内容，相应的高校思政课教学方法的改革也呈现出多样化的发展趋势。

(四) 创新发展期(2012 至今)

自 2012 年发展至今，是我国高校思政课的创新发展阶段。中国特色社会主义进入了新时代，中国特色社会主义建设开启了新篇章，高校思政课也随之进入创新发展的新时期。

2012 年 3 月，教育部又下发了《关于全面提高高等教育质量的若干意见》，提出加强和改进思想政治教育，要"创新教育教学方法，倡导启发式、探究式、讨论式、参与式教学""创新网络思想政治教育，建设一批主题教育网站、网络社区""加强爱国、敬业、诚信、友善等道德规范教育，推动学雷锋活动机制化常态化""推进全员育人、全过程育人、全方位育人，引导学生自我教育、自我管理和自我服务"④。《意见》为高校思政课教学方法改革提供了多元选择，促进了灵活多样的思政课教学方法的推广和运用。

2015 年 7 月，中宣部、教育部联合印发的《普通高校思想政治理论课建设体系创新计划》指出，虽然过去几年高校思政课取得了一系列成就，但是当前思政课自身建设还存在着许多不足，如"一些地方和高校对思想政治理论课重视仍然不够""统筹推进教材修订完

---

① 同上。

② 同上。

③ 教育部社会科学司主编《普通高校思想政治理论课文献选编(1949—2008)》，中国人民大学出版社，2008，第 222 页。

④ 教育部：《教育部关于全面提高高等教育质量的若干意见》，http://www.moe.gov.cn/srcsite/A08/s7056/201203/t20120316_146673.html。

善、教师队伍建设、教学方法改革的意识不强""改革创新的手段不多，制约思想政治理论课针对性实效性的瓶颈亟待突破"①等。因此，在教材体系建设上，"以统编教材为基础，建设思想性、科学性和可读性相统一的思想政治理论课立体化教材体系"；在教学人才体系建设上，"切实提高专职教师整体素质，建设专兼结合、结构合理的思想政治理论课教学人才体系"；在课堂教学体系建设上，"积极培育和推广优秀教学方法，建设理念科学、形式多样、管理有效的思想政治理论课教学体系"；在第二课堂教学体系建设上，"努力强化实践教学，建设与课堂教学相互促进的思想政治理论课第二课堂教学体系"；在学科支撑体系建设上，"努力建强马克思主义理论学科，形成以马克思主义理论学科为引领、相关学科为补充的思想政治理论课学科支撑体系"；在综合评价体系建设上，"坚持管理与激励并重，建设导向明确、系统完善的思想政治理论课综合评价体系"；在条件保障体系建设上，"切实加强统筹协调，建设有利于形成合力的思想政治理论课条件保障体系"②。这些举措为高校思政课创新发展指明了方向。特别是在思政课教学方法上，《创新计划》指出要"改革教学方法，创新教学艺术，倡导集体备课和名师引领，强化问题意识和团队攻关，注意发挥教与学两个积极性，形成第一课堂与第二课堂、理论教学与实践教学、课堂教学与网络教学相互支撑、理念手段先进、方式方法多样、组织管理高效的思想政治理论课教学体系"③，由此开启了高校思政课教学方法创新发展的新时代。

2018年4月，教育部印发了《新时代高校思想政治理论课教学工作基本要求》，明确提出为了全面推动习近平新时代中国特色社会主义思想的"三进"工作，引导大学生树立正确的世界观、人生观和价值观，高校思政课要"科学运用教学方法。要鼓励思想政治理论课教师结合教学实际、针对学生思想和认知特点，积极探索行之有效的教学方法，自觉强化党的理论创新成果的学理阐释，努力实现思想政治理论课教学'配方'先进、'工艺'精湛、'包装'时尚。要加大对优秀教学方法的推广力度，注重用点上的经验带动面上的提升。课堂教学方法创新要坚持以学生为主体，以教师为主导，加强生师互动，注重调动学生积极性与主动性。实践教学作为课堂教学的延伸拓展，重在帮助学生巩固课堂学习效果，深化对教学重点难点问题的理解和掌握。要制定实践教学大纲，整合实践教学资源，拓展实践教学形式，注重实践教学效果。网络教学作为课堂教学的有益补充，重在引导学生学习基本知识、基本理论等内容。要深入研究网络教学的内容设计和功能发挥，不断创新网络教学形式，推动传统教学方式与现代信息技术有机融合"④。该《要求》符合新时代我国高校思政课发展的现实情况，明确了用什么样的教学方法来推动习近平新时代中国特色社会主义思想的"三进"工作，为高校思政课教学方法创新发展提供了理论支撑和政策支持。

① 中共中央宣传部、教育部：《中共中央宣传部 教育部关于印发<普通高校思想政治理论课建设体系创新计划>的通知》，http://www.moe.gov.cn/srcsite/A13/moe_772/201508/t20150811_199379.html。
② 同上。
③ 中共中央宣传部、教育部：《中共中央宣传部 教育部关于印发<普通高校思想政治理论课建设体系创新计划>的通知》，http://www.moe.gov.cn/srcsite/A13/moe_772/201508/t20150811_199379.html。
④ 教育部：《教育部关于印发<新时代高校思想政治理论课教学工作基本要求>的通知，http://www.moe.gov.cn/srcsite/A13/moe_772/201804/t20180424_334099.html。

2019 年 3 月 18 日，习近平总书记在北京主持召开了学校思想政治理论课教师座谈会，在会上强调"办好思想政治理论课，最根本的是要全面贯彻党的教育方针，解决好培养什么人、怎样培养人、为谁培养人这个根本问题""推动思想政治理论课改革创新，要不断增强思政课的思想性、理论性和亲和力、针对性"①，并指出了办好思想政治理论课要坚持"八个统一"，即"坚持政治性和学理性相统一""坚持价值性和知识性相统一""坚持建设性和批判性相统一""坚持理论性和实践性相统一""坚持统一性和多样性相统一""坚持主导性和主体性相统一""坚持灌输性和启发性相统一""坚持显性教育和隐性教育相统一"。②这"八个统一"指明了加强思想政治理论课建设应遵循的原则，为新时代高校思政课教学方法的持续创新提供了方法论指导。

中国特色社会主义进入新时代以来，高校思政课教学方法除了上述取得的发展之外，在教学内容、教学形式等方面也取得了创新发展。例如，2014 年 3 月，教育部印发关于《完善中华优秀传统文化教育指导纲要》的通知，提出"要充分发挥中小学德育课和高校思想政治理论课的重要作用，促进思想政治教育与中华优秀传统文化教育的紧密结合，以爱国主义教育为核心，深入挖掘中华优秀传统文化中蕴含的丰富思想政治教育资源，进一步丰富中小学德育课和高校思想政治理论课的教学内容，创新教学方法和手段，提升教学效果"③。2022 年 8 月，教育部等十部门印发了《全面推进"大思政课"建设的工作方案》的通知，提出要"坚持开门办思政课，强化问题意识、突出实践导向，充分调动全社会力量和资源，建设'大课堂'、搭建'大平台'、建好'大师资'"，要求善用社会大课堂，构建实践教学工作体系、落实思政课实践教学学时学分、组织开展多样化的实践教学、建好用好实践教学基地。同时要"创新课堂教学方法""善于采用多样化的教学方法，注重发挥学生主体作用，积极运用小组研学、情景展示、课题研讨、课堂辩论等方式组织课堂实践"④，以及"四史"融入思政课教学、课程思政建设、大中小学思政课一体化建设等。这些教学内容和教学形式的创新发展为高校思政课教学方法的创新发展提供了新思路和新选择，促进了教学方法多元化研究和多样化发展。

---

① 习近平：《习近平：用新时代中国特色社会主义思想铸魂育人　贯彻党的教育方针落实立德树人根本任务》，《人民日报》2019 年 3 月 19 日。

② 同上。

③ 教育部：《教育部关于印发〈完善中华优秀传统文化教育指导纲要〉的通知》，http://www.moe.gov.cn/srcsite/A13/s7061/201403/t20140328_166543.html。

④ 教育部：《教育部等十部门关于印发〈全面推进"大思政课"建设的工作方案〉的通知》，http://www.moe.gov.cn/srcsite/A13/moe_772/202208/t20220818_653672.html。

第二章

高校思政课教学方法的实践旨归

高校思政课教学方法的实践旨归是教学法创新的实践指向、现实价值和目的所在。高校思政课教学过程是由一系列教学要素构成的，包括教学目标、教学内容、教学方法、教育者、受教育者、教学载体、教学环境等，这些教学要素相互协调、共同作用于整个思政课教学过程。其中教学方法的选择和运用，连接着诸多教学要素，直接影响着高校思政课教学目标的实现，对于提升高校思政课的针对性、增强高校思政课教师的教学能力、涵养新时代大学生的思想道德素养，具有重要的实践价值。

一、提升高校思政课的教学效果

高校思政课教学效果是指教师在教学过程中通过对大学生进行马克思主义理论教育而呈现出来的教学成效，这种教学成效要通过大学生的思想和行为表现出来。高校思政课教学通过运用多样化的教学方法使大学生内化马克思主义理论知识，进而将其外化为自己的思想和行为，实现思政课的教学目标。下面分别从提升针对性、增强亲和力、彰显艺术性三方面，阐述如何通过恰当的教学方法，提升高校思政课的教学效果。

(一) 提升高校思政课教学的针对性

1. 提升高校思政课课堂教学的针对性

高校思政课课堂教学是教师针对课程的教学目标、具体的教学内容、大学生的身心发展特点和需求进行教学设计的，而教师要完美地呈现教学设计则需要运用恰当的教学方法才能实现。高校思政课教学目标是高校思政课教学活动预先设定的教育结果，是培养大学生掌握马克思主义理论知识，形成正确认识、分析和解决问题的能力和提升马克思主义素养等方面的规格性要求。高校思政课教学目标具有主导性、方向性、整体性和超越性等特点，影响和制约着高校思政课教学过程。

在课堂教学中，不同教学目标的达成需要运用不同的教学方法和教学手段，教学方法的选择和运用也需要以特定的教学目标为指向。如课堂理论讲授法是高校思政课课堂教学最基本的方法，教师通过有计划、有目的地讲授马克思主义基本理论和中国化时代化的马克思主义理论知识，帮助大学生树立科学的世界观、人生观和价值观，进而达成思政课的知识目标。如案例教学法、探究教学法、小组合作学习法等，则是教师结合社会现实中真实发生或存在的问题，引导大学生思考、讨论、探究，激发他们的发散思维，再通过大学生之间不同观点和意见的交流和碰撞，促使他们进一步思考问题形成的原因，寻找解决问题的办法，深化大学生对马克思主义理论的理解和掌握。如情境教学法、叙事教学法、实践教学法等，都是通过教师创设真实的教学情境，让大学生仿佛身临其境般地感受中国共产党波澜壮阔的历史，感受中国特色社会主义实践的伟大成就，在历史与现实的对比中进一步增强大学生对中国共产党和中国特色社会主义的政治认同、思想认同、理论认同、情感认同。

"00后"的大学生思想活跃、个性独立、朝气蓬勃、善于接受新鲜的事物。高校思政课的教学内容大多具有较强的理论性，如果教师只运用理论讲授法授课，难免会使大学生感觉思政课枯燥乏味。教师可以通过有针对性地选择多样化的教学方法，满足"00后"大学生的学习偏好，活跃课堂气氛，从而创造和谐的课堂教学氛围。尤其是在现代信息技术的加持下，高校思政课可以借助视频播放、实物场景、沙盘模型等，通过课堂演讲辩论、知识竞赛、线上线下混合教学，或者结合微电影、纪录片等开展有针对性的教学，让思政课既有益又有趣，真正"活起来""火起来"。积极的课堂氛围能使教与学的双方共生愉悦舒畅之感，促使大学生精神焕发、思维活跃、灵感迸发，从而积极参与课堂教学，达成教学目标要求。

2. 提升高校思政课实践教学的针对性

高校思政课实践教学是教师在课堂理论讲授的基础上，基于社会现实生活和学生的直接经验，通过设计和实施一系列让大学生亲历亲为的体验性活动，加深大学生对马克思主义理论的理解和运用，将抽象思辨的理论知识转化为大学生综合能力的一种教学方法。2018年4月，教育部印发的《新时代高校思想政治理论课教学工作基本要求》指出："实践教学作为课堂教学的延伸拓展，重在帮助学生巩固课堂学习效果，深化对教学重点难点问题的理解和掌握。要制定实践教学大纲，整合实践教学资源，拓展实践教学形式，注重实践教学效果。"[①]文件指明了高校思政课实践教学的作用并提出了明确的要求。在实践教学中，运用多种实践教学方法能够充分调动大学生参与学习的积极性、主动性、创造性，培养大学生正确认识问题、分析问题和解决问题的能力，培养大学生创新思维和创新能力，促进大学生个性和才能的全面发展。

高校思政课实践教学包括课内实践教学和课外实践教学。课内实践教学包括课堂实践教学和课程实践教学。实践教学可以结合特定的时间节点，如将建党百年、新中国成立70周年、改革开放40年等作为实践教学的主题。以建党百年为例，可以通过开展党史教育实践教学，通过生动的党史故事和鲜活的党史人物，创新党史教育形式，强化大学生的积极情感。如组建多种类型的红色文化社团，传播党史经典、展演红色文艺作品；开展党史学习训练营，通过课题式任务分配，推出短视频党课矩阵；开展红色主题辩论、制作红色文创产品、排练红色演出情景剧；开展大学生党史演讲比赛活动等。还可以结合重大节日开展红色文化主题活动，如红色歌曲联唱、革命家书朗诵、红色故事分享、革命历史宣讲、红色论坛活动等，使大学生在党史学习中身临其境地感受到中国共产党人为实现理想的激情

---

① 教育部：《教育部关于印发〈新时代高校思想政治理论课教学工作基本要求〉的通知》，http://www.moe.gov.cn/srcsite/A13/moe_772/201804/t20180424_334099.html。

与豪迈，勇于拼搏和敢于斗争的执着和坚毅，体会深入骨髓的革命情操和为理想而奋斗的情怀，进而产生情感上的共鸣和思想上的共振。大学生在实践中能够更深入地了解我党百年奋斗的丰功伟绩，更深入理解"中国共产党为什么能"的精神密码，坚定作为时代新人的理想信念和责任担当。

课外实践教学通过校园文化活动和社会实践活动等形式，促进大学生理论联系实际和知行合一。如通过参观革命纪念场馆，开展"行走的思政课堂"，把大学生在课堂教学中学习理论延伸到在社会实践中感受理论，这是大学生加深理论认知、形成正确价值观的重要途径。可以利用暑期开展大学生暑期三下乡和大学生志愿服务西部计划等志愿活动，如到红色革命老区开展大学生暑期三下乡活动，通过组织大学生红色文化宣讲团或党史支教团讲述党史故事，组成红色传承访问团走访老红军、战斗英雄，听他们讲述亲历战争的所见所闻，让大学生接受红色文化的滋养和浸润，使大学生在实践中了解国情社情、增长才干、锤炼意志、砥砺品格。也可以通过开展红色研学活动，让大学生参与到志愿服务西部计划活动中。西部丰富的山水人文资源和古朴淳厚的民风民俗，包含丰富的红色文化资源，如铁道兵博物馆、狮子山烈士陵园、中国核动力研究院 909 基地等，能够让大学生在旅途中不仅感受到祖国的山河之美、人文之美，更能体会到革命前辈在艰苦卓绝的环境中，百折不挠、坚贞不屈的革命意志，以及艰苦奋斗、发愤图强的拼搏精神，领悟到他们为祖国、为人民的奉献情怀。还可以组织大学生开展户外拓展训练活动，如开展以"重走长征路"为主题的大学生拓展训练活动，模拟红军长征中的"四渡赤水、巧渡金沙江、强渡大渡河、飞夺泸定桥、征服冰山雪岭、穿越沼泽草地"，设计不同类型的拓展训练让大学生参与其中，从而体验当年红军长征"一不怕苦，二不怕死"的革命精神，不畏强敌、勇夺胜利的英雄气概，迎难而上、舍我其谁的意志品质，培育大学生锤炼坚强内心、克服困难、顽强拼搏的勇气。

社会实践活动要依托特定的社会实践教学基地来完成。社会实践教学基地是高校与地方政府、企业或社会团体共建，有计划地组织大学生参与社会生产和生活实践，对大学生进行思想政治教育的特定场所。社会实践教学可以丰富大学生思政课的教学内容，提高大学生参与社会实践的能力，发挥社会资源办学、协同育人的功能。针对特定的教学目标和教学内容，可以建立不同类型、发挥不同作用的实践教学基地。对于高校思政课而言，最有效的实践教学基地莫过于展现中国革命、建设和改革进程的各类纪念场馆，如党史馆、博物馆、革命纪念地、领袖人物故居、烈士陵园等，这些纪念性建筑是党和国家的红色基因库，是爱国主义教育和革命精神教育的主战场、主阵地，能够让大学生近距离感悟中国共产党人的精神气质，升华起对革命前辈、英雄人物"天地英雄气，千秋尚凛然"的崇拜和敬仰之情，激发大学生在心灵深处感受中国共产党人百年以来为国家独立、民族复兴、人民幸福而进行的不懈努力，进一步激发大学生的爱国心、报国情、强国志。

3. 提升高校思政课分层教学针对性

分层教学是在了解学生已有的知识和能力的基础上，根据学生的个性差异进行分组教学的一种教学方法，是我国古已有之的"因材施教"教学方法在当下的最新运用。在高校思政课教学改革的当下，传统单一的教学理念、教学模式已无法精准适应"00 后"大学生的学习需求，采用分层教学法能够根据大学生的特点和个性差异，更有针对性地进行精准思政课教学，在先天遗传因素、心理因素和社会文化因素等方面存在差异的基础上，根据学生的思维方式、接受理解能力、学习兴趣等，制定不同的学习目标并施以不同的教学方法，让不同学情的学生获得知识、能力和素养的均衡提升，为学生的个性发展提供广阔的空间。

"世界上没有两片完全相同的树叶。"高校思政课教学的实践表明，大学生个体之间的差异是客观存在的，思政课教师要承认、尊重、关注和正视学生的差异，激发每个学生学习的主观能动性。分层教学原则上是"分层备课、分别侧重、分类评价"。教师根据学生学情和能力设计风格不同的个性化教学方案，包括确定教学目标、选择教学内容、设计课堂提问、选择教学方法等，其中教师对教学方法的选择事关分层教学的成败。而运用有针对性地教学方法，能让不同层次的学生获得不同的收获，表现在学生思想提高的幅度、认识问题的角度、创新思维形成的维度等多个方面。

小组合作学习是分层教学的有效形式，教师通过了解和观察同一教学班学生的学习状况、知识水平、特长爱好、专业背景等，将学生按照不同特点分成小组，一般以4~8人为一个学习小组。根据小组成员的实际情况分配不同主题的学习任务，然后以小组为单位在课堂上进行学习分享，为每个学生创造参与学习的机会，充分发挥师生之间、生生之间的互动和激励作用。此外，思政课教师还可以在课堂提问中进行分层教学，针对不同层次的学生设计难度适中的问题，引导不同层次的学生对所学知识进行深入思考；在教学内容上进行分层教学，对不同层次的学生在时间和知识分配上要符合学生的实际情况，让悟性较高、精力充沛的学生进行深层次探究，让对学习有抵触情绪的学生能够端正学习态度，增强不同层次学生参与学习的积极性。

(二) 增强高校思政课教学的亲和力

习近平总书记在学校思想政治理论课教师座谈会上强调："推动思想政治理论课改革创新，要不断增强思政课的思想性、理论性和亲和力、针对性。"[①]通过创新高校思政课教学方法，可以增强思政课教师的亲和力、话语的亲和力和教学内容的亲和力，让大学生更加亲近思政课、接受思政课，进而提升高校思政课教学的实效性。

1. 增强高校思政课教师的亲和力

从一定意义上说，高校思政课的亲和力来源于教师的亲和力。只有大学生在心理和情感上认同思政课教师，才能心悦诚服地接受和认同教师讲授的理论。这种接受和认同会在大学生心中产生亲近感，这种亲近感又会使他们在思政课的教学中，以更加积极的态度主动地参与到学习中来，并以思政课所学知识作为自己人生观、价值观的指导。高校思政课教师的亲和力来自于教师具备的深厚的理论功底、丰富的教学语言艺术和高尚的人格修养。

"师者，所以传道授业解惑也。"高校思政课教师丰富的知识储备、深厚的理论功底是提升思政课教师亲和力的内在要求。习近平总书记指出："传道者自己首先要明道、信道。高校教师要坚持教育者先受教育，努力成为先进思想文化的传播者、党执政的坚定支持者，

---

① 习近平：《习近平：用新时代中国特色社会主义思想铸魂育人 贯彻党的教育方针落实立德树人根本任务》，《人民日报》2019年3月19日。

更好担起学生健康成长指导者和引路人的责任。"[1]高校思政课教师要娴熟地运用多样化的教学方法,展现出马克思主义理论的系统性和逻辑性,增强大学生对思政课教师的心理和情感认同;要掌握马克思主义基本理论、中国化的马克思主义理论、21世纪的马克思主义理论,深刻把握马克思主义的精髓,"在马言马""讲马信马",在教学中以丰富的学识展现出马克思主义特有的理论魅力和难以抗拒的吸引力,释放马克思主义的时代风采,从而使大学生在内心深处对马克思主义产生信服力。

"语言是思想的物质外壳。"教师的教学语言是传递马克思主义理论的最主要的载体,富有时代特色和生活化气息的教学用语是思政课教师亲和力的外在表现。无论运用何种教学方法都需要教师以语言的形式传达出来。教师要适应新时代大学生的思维特点和用语偏好,用大学生熟悉的、乐于接受的话语体系阐释抽象的理论教学内容,提高马克思主义理论的吸引力和感召力。列宁指出:"最高限度的马克思主义等于最高限度的通俗化。"[2]通俗易懂、形象生动的教学语言,更便于大学生接受、理解和掌握抽象的理论。如运用多媒体教学法融形、色、光、声、情、景于一体,能够丰富教师的教学语言,使其更加形象生动,从而激发大学生的情感共鸣,在大学生的情感升华中强化他们的思想认知。

"学高为师、身正为范。"思政课教师的人格修养是一种无形的力量,能对大学生的思想和行为产生潜移默化的影响,提升思政课教师的人格修养是增强思政课教师亲和力的根本要求。"经师易得,人师难求。"思政课教师要成为"大先生",不仅在于掌握渊博的知识,更在于高尚的人格修养,以自我的身体力行感染和影响大学生,给他们做榜样,"榜样示范法"即是如此。在教学中,思政课教师要言传身教、言行一致、知行合一,以自身高尚的思想、积极的心理和道德的践履,使抽象的理论人格化、具象化,使大学生在身边直观的、可信的榜样中获得教育、陶冶情操、提升品德,这种强烈的榜样示范能够超越单纯的口头说教,产生行胜于言的效果,也凸显出思政课教师"既育才又育人"的双重作用。

2. 增强高校思政课话语的亲和力

具有亲和力的话语能够让大学生对高校思政课产生亲近感。高校思政课教学内容具有较强的理论性,教师要在运用多样化的教学方法过程中通过具有亲和力的话语传达科学的话语内容、营造融洽的话语语境、构建融合的话语平台。

具有亲和力的教学话语能够传达科学的话语内容,增强高校思政课话语内容的特色与质量。作为立德树人的关键课程,高校思政课教学要以"内容为王",具有亲和力的教学话语连接着教学内容和教学方法,能够丰富教学内容的感染力,提升教学方法的执行力。如运用叙事教学法讲述社会主义的发展史和中国共产党的百年奋斗史,运用案例教学法形象地说明中国特色社会主义进入新时代取得的巨大成就,使大学生从鲜活的教学话语中理解和感悟"马克思主义为什么行、中国特色社会主义为什么好、中国共产党为什么能",进一步坚定"四个自信",强化使命担当,在有亲和力的教学话语体系中真学、真懂、真信、真做。

具有亲和力的教学话语能够营造融洽的话语语境,促进思政课教学目标的实现。语境

---

① 习近平:《习近平:把思想政治工作贯穿教育教学全过程　开创我国高等教育事业发展新局面》,《人民日报》,2016年12月9日。

② 中共中央马克思恩格斯列宁斯大林著作编译局主编《列宁全集(第36卷)》,中共中央马克思恩格斯列宁斯大林著作编译局译,人民出版社,2017,第467页。

是承载话语行为的综合体，高校思政课的话语表达也受特定语境的制约和影响，否则其丰富的理论内涵与价值将难以完美地呈现出来。传统的思政课由于教学方法单一，在话语传播中往往忽视语境与话语之间的关联，语境的设置也缺乏合理性，而多样化的教学方法能够营造出健康、积极的个体话语语境乃至群体话语语境，使大学生能够在轻松愉悦的氛围中进行学习、研讨和交流。同时，教师也可以通过关注学生话语传播的既有状态，如大学生的知识结构、专业素养、兴趣爱好、成长经历等，有针对性地根据他们的话语语境水平，调整和建立具有自身教学风格的教学话语体系，以科学、准确、有效的话语表达方式引导大学生理解和掌握理论知识，消除师生双方之间话语及其语境的隔阂，使马克思主义理论真正入耳、入脑、入心。

具有亲和力的教学话语能够构建融合的话语平台。传统的课堂教学媒介与现代新媒介相融合的话语平台，开辟了高校思政课教学内容互动传播的话语交往新方式，增加了思政课教学方法创新的无限可能性，实现了思政课由传统课堂教学的单向交流向师生、生生双向交流的转变。传统的课堂教学借助新媒介创办的各类网站，如网络化思政课堂、思政微课、思政视频等，增强了思政课的时代性和吸引力。同时，通过开设传播红色文化的栏目，如红色文化经典、红色文化旅游、红色影视、红色歌曲、美术作品、红色展馆等，以及通过刊发中国共产党历史发展进程中重大事件的文章，播放融入艺术表现手法的优秀影片或电视剧，讲述党的故事、革命的故事、根据地的故事等，更好地讲好中国故事、传播中国声音，进一步增强高校思政课的话语亲和力。

3. 增强高校思政课教学内容的亲和力

具有亲和力的教学内容能够使大学生产生主动学习和接受马克思主义理论的亲近感。它突出体现在通过创新教学方式方法，增强思政课教学内容的生活性、针对性和现实性三方面。

我国著名教育家陶行知曾说过："没有生活做中心的教育是死教育。没有生活做中心的学习是死学校。没有生活做中心的书本是死书本。"[①]近年来，思政课教学的生活化已成为高校思政课建设的新趋势。高校思政课的教学内容来源于社会生活实践，是对社会发展的理论性阐释。教师要通过恰当的教学方法，将概念、原理和理论体系建立起来的理念世界与大学生鲜活的、丰富多彩的生活世界相结合，既可以体现出高校思政课教学内容的丰富内涵，又可以避免思政教学沦为形式化的表面说教，让马克思主义理论真正走入大学生的思想和生活。这就要求教师要运用贴近生活的教学方式方法，如通过生活案例、生活片段、体验性教学、社会实践等，让学生在真实的社会生活中学习和感悟理论，掌握马克思主义的世界观和方法论，形成正确认识、分析、解决问题的能力。高校思政课教学紧密联系社会生活，紧密联系大学生的发展实际，使思政课的教学内容更具亲和力，也更能实现预期的教学目标。

马克思认为："人的本质不是单个人所固有的抽象物，在其现实性上，它是一切社会关系的总和。"[②]高校思政课教学内容只有直面社会现实、回应社会现实，才能使大学生真正理解、接受、信服、认同，进而增强对教学内容的亲和力。当前，我国已进入中国特色社

---

① 胡晓风主编《陶行知教育文集》，四川教育出版社，2008，第18页。

② 马克思：《1844年经济学哲学手稿》，中共中央马克思恩格斯列宁斯大林著作编译局译，人民出版社，2014，第81页。

会主义新时代，我国社会的主要矛盾发生了变化，人民日益增长的美好生活需要和不平衡不充分发展之间的矛盾，使人们对美好生活的追求与期盼成为最现实的关切和需要，而社会中存在的一些问题和矛盾又不尽人意，这就成为当前大学生最期待、最希望能够运用马克思主义理论予以解答的问题。尤其是与大学生自身的思想、需求和利益密切相关的现实问题，诸如就业创业、考公考研、出国求学等，大学生更需要一个合理的预期。因此，在传统的课堂理论讲授法的基础上，运用多样化的教学方法，如选择大学生活中的真实案例，组织学生进行讨论、探究，既能实现将马克思主义基本理论与大学生关注的现实问题紧密联系，又能使教学内容具有较强的现实性，拉近思政课教学内容与学生现实生活之间的距离，提升教学内容的亲和力。

高校思政课教师要有鲜明的问题意识，能够运用多种教学方法，如问题探究法、案例分析法、社会实践法等，针对当前社会生活中存在的问题和现象，从理论与实践、历史与现实等多个角度分析其产生的根源、实质，引导学生形成理性、客观的认知。针对当前社会生活中存在的不良社会思潮，引导大学生用马克思主义的基本立场、观点和方法进行解析和批判，帮助大学生扣好人生的"第一粒扣子"，形成正确的世界观、人生观、价值观，自觉摒弃错误思想的侵蚀。同时，在教学过程中，思政课教师也可以结合特定的教学内容，对大学生存在的心理困惑进行耐心疏导，使学生感受到思政课教学内容贴近他们的生活，产生乐学、好学的意愿，增强思政课教学内容的亲和力。

(三) 彰显高校思政课教学的艺术性

高校思政课教学的艺术性是教师在一定的理论指导下和长期的教学实践中形成的、富有个性特点的教学思想、教学技巧、教学风度等的综合体现。教学艺术性是教师的教学思想和教学技巧的有机结合，通常通过思政课的教学语言、情感表达和教学过程统一体现出来，高超的教学艺术有助于提升思政课的教学效果。

1. 彰显高校思政课教学语言的艺术性

在运用不同的教学方法讲授不同的教学内容时，教学语言的艺术性能显著提升思政课的吸引力和感染力。语言是思想的直接现实。思政课教师的教学语言生动、形象、感人，能够大大增强思政课的艺术性和教学效果。心理学研究表明，一个人的听觉器官经过长时间不变的声音刺激后，对该声音的感受性就会逐渐降低，还会导致人的疲劳。教师的语言、语调、语气对学生的学习效果有着直接的影响，教师在教学过程中要根据不同的教学内容，灵活运用教学语言艺术，诸如准确清晰的发音、轻重舒缓的节奏、快慢适度的语速、高低顿挫的语调等，增强思政课教学语言的感染力。

教师的语言是师生之间思想和情感交流的连接，是教师运用教学语言艺术的外在体现，对增强高校思政课教学方法的艺术性具有重要意义。苏联著名教育家马卡连柯曾言："同样的教育方法，因为语言的不同，就有可能相差二十倍。"[1]这充分说明了教师的语言与教学质量和教学效果之间关系密切。具有亲切感的教学语言能体现出教师对学生的人文关怀，能拉近师生之间的情感距离，提升高校思政课的吸引力。有学者曾提出，教师要常怀"五心"，即爱心、细心、耐心、责任心和尊重心，在语言表达上就能给予学生亲切感。此

---

[1] 吴式颖主编《马卡连柯教育文集(下卷)》，人民教育出版社，2005，第363页。

外，思政课教师也要经常关注大学生喜欢的语言风格和语言环境，拉近教学语言和生活语言之间的距离，赋予思政课的教学内容以真情实感，实现从教材语言向教学语言的有效转换，使教学内容和教学语言"接地气""生活化"，更容易被学生接受和理解。

幽默风趣的教学语言是实现高校思政课教学语言艺术性的一种方式，这是基于教师对教材透彻理解的基础上、对理论知识的高度把握和准确驾驭基础上的教学艺术。苏联教育家斯维特洛夫认为："教育最主要的，也是第一位的助手，就是幽默。"德国演讲家雷曼麦有句名言："用幽默的方式说出严肃的真理，比直截了当地提出更能为人接受。"幽默风趣的语言能够紧扣学生的心弦，调动学生的学习兴趣，增添课堂教学的生动性，是增强高校思政课教学语言艺术的重要方式。在思政课教学中，教师恰当地运用格言警句、谚语等幽默风趣的教学语言，营造快乐轻松的学习氛围，保持学生大脑的兴奋度，激发学生的学习热情，是增强思政课教学艺术性的有效途径。

2. 彰显高校思政课情感表达的艺术性

苏联教育家苏霍姆林斯基说："只有在情感活动中，学生的道德认识才能深深地植根在他的精神世界里，成为他自己的观点，并在他自己的言行举止、待人接物等方面表现出来，从而形成坚定的道德信念和高尚的道德行为。"人的情绪情感总是在特定情境中产生的，具有较强的情境性特点，这就是"以境育情"的心理学依据。在高校思政课教学过程中，教师通过创造特定的教学情境，"以情感人""以情育人"，陶冶大学生情操，净化大学生心灵，激发大学生的情感共鸣，使大学生在充满情感的教学氛围中提升思想境界和道德认知。高校思政课教师在教学过程中通过恰当地运用情感表达的技巧，调动起学生的积极情感，使其参与到教学过程中，实现思政课"教"与"学"的和谐发展。在教学过程中，教师采取恰当的教学方法，深入挖掘思政课教材中的情感内容，以积极的、乐观的、进取的态度讲授马克思主义理论，以真挚的情感投入教学情境的创设，形成独特的情感教学风格，增强课堂教学的感染力。在这样富有情感的教学情境中，更能增进大学生对思政课教学内容的心理和情感认同，达到内化于心、外化于行的效果。

思政课情感表达的艺术性还可以通过教师的教学风格体现出来。教学风格是教师在一定的教学理念指导下，经过长期的教学实践而形成的凸显自身个性的教学方式、方法和技巧的独特结合。教师以赋有情感的教学形成的教学风格，在思政课教学中发挥着催化剂的作用，能够调动大学生投入学习情感，形成教师与学生之间的情感交流力。教师在与学生的双向互动中，融入真情实感，打造师生或生生互动的情感通道，给学生以新感觉、新刺激、新体验，不断增强师生之间和生生之间的情感推动力，整个教学过程在彼此的情感互动中完成，大学生的思想也在情感互动中升华，思政课的教学效果在情感互动中提升。

3. 彰显思政课教学过程的艺术性

高校思政课教学过程的艺术性一般包括兴趣盎然的导课、引人入胜的授课、醍醐灌顶的总结三个方面。"良好的开端是成功的一半。"导入是课堂教学的首要环节，可以把新课与旧课、新知与旧知连接起来。富有艺术性的导入，可以引导学生快速进入学习状态，激发学生的求知欲望，为接下来讲授新课做好铺垫。思政课教师在导入新课时，要根据具体的教学内容，采用灵活多样的导入方法，从引发学生的兴趣或思考开始，用事实说话、情景再现、亲身体验、想象感知、类比导入等方式，最大限度地激发学生参与学习的兴趣，提升导课环节的新颖性和艺术性。课堂教学是一种计划性、针对性、目的性较强的教学活动，导入新课不是课堂教学的主要目的，因而导入的时间不宜过长，内容不宜过多，力求简洁、明了、新颖。一般而言，高校思政课的课堂导入，多采用情境导入、案例导入、播放多媒体视频导入等方法，结合大学生的思想实际和心理特征，从"激发学生喜好，启迪学生思索，唤起学生情感"入手，吸引学生的注意力，为接下来讲授课堂教学的重难点"创造氛围"。

课堂讲授是思政课教学过程的重要环节，是实现思政课教学目标的关键。掌握知识、培养能力、提升素养的教学目标主要在课堂讲授中完成，思政课教学过程的艺术性也主要体现在这一环节中。课堂讲授的艺术性呈现，需要思政课教师根据教学内容、学生特点、自身的教学风格、教学条件等，灵活运用多样化的教学方法，如运用精湛的教学语言艺术、深厚的教学情感表达，彰显马克思主义理论的魅力，以提高课堂授课的审美性。"教学有法而无定法"，教师课堂教学过程应具有高超的艺术性，能够调动学生积极参与到思政课学习中。学生参与的人数越多，参与的程度越高，则学习的效果就越好，教学效果也就越好。思政课教师的教学方式越灵活得当，就越能调动学生参与学习的热情。如通过专题研讨、案例教学、主题演讲、自由辩论等形式，变传统的课堂为互动式课堂，让学生走上讲台展示自己的直接经验。而以校园文化活动为载体，让大学生参加演讲赛、辩论赛、知识竞赛、模拟法庭或与校外教学实践基地、平台、社会机构等合作，引导大学生走出课堂、走向社会，参与社会公益活动、志愿者活动，使学生在这些活动中学会做事、协作、管理，学会关心、帮助他人，践行良好道德品行，进一步强化课堂理论讲授的教学效果。同时，通过博客、邮箱、在线答疑等互动方式，为学生答疑解惑、交流思想构筑网络化的学习平台，使课堂教学的有效性和艺术性得以充分显现。

总结环节就是整个高校思政课教学过程的"点睛之笔"，好的课堂总结能够提升教学内容的思想高度和理论深度，这也需要适宜的教学方式方法。教师可以选择提纲或图表小结法作总结，重点突出知识点之间的逻辑关系，培养学生的逻辑思维能力，帮助学生形成完整的理论知识体系框架；可以选择辩论小结法，通过紧扣教学内容、贴近生活实际，且具有思考深度的问题，达到使学生掌握和迁移应用知识的目的；可以选择实例分析式小结法，使学生在对所学内容理解的基础上进一步巩固知识，培养学生运用所学知识分析、解决现实问题的能力。还有设置悬念小结法、激励小结法和拓展延伸猜想式小结法等，都可以升华教学内容，提高课堂教学质量，寓理论知识于艺术化的表达之中。

二、提升高校思政课教师的教学能力

教学能力是高校思政课教师为达到教学目标、顺利进行教学活动所表现出的一种行为特征，主要包括课堂教学能力、教学创新能力和教学研究能力三个方面。思政课教师的教学能力体现在高校思政课教学过程的方方面面，其中如何选择和运用合适的教学方法，提升思政课的教学效果、教学质量和教学效率，能够直接体现出教师教学能力的高下。

(一) 提升高校思政课教师课堂教学能力

1. 提升高校思政课教师课堂教学设计能力

教师的教学设计能力是以对教学内容的理解和学生的实际情况为基础来设计总体的教

学进程、教学方法和教学组织形式的能力。简而言之，就是指教师在上课前对教学过程中的各种教学要素进行最佳优化组合的能力，其基本内容包括课堂教学目标设计的能力、教学内容设计的能力、教学方法设计的能力、教学模式和教学策略设计的能力等。教师在教学设计过程中应坚持目的性原则、整体性原则、教与学和谐性原则，并将这些原则贯穿于教学设计的各个环节。教学设计是面向教学系统、解决教学问题的一种特殊的设计活动，有效组织高校思政课教学，首先要从教学设计入手。合理的教学设计能够明确教学目标，优化教学结构，创设科学有效的教学情境，从而达到改善教学效果和提高教学效率的目的。提升高校思政课教师的教学设计能力应主要从学情分析、教学目标、教学内容、教学方法等方面入手。

第一，学情分析。学情分析是指教师为了有效指导学生学习而开展的对学生学习情况的诊断、评估与分析，其作用是为教师的有效决策提供准确的信息和证据。[①]具体而言，就是思政课教师在上课之前要充分了解学生的认知水平、年龄特征和个性心理发展特征，并且以此为依据进行因材施教。学情分析是教学设计的关键环节，也是开展有效教学的前提之一。但在当下的高校思政课教学中，教师的学情分析通常会面临一些现实困境，如偏重于理论知识的学习而忽视学生的态度和情感体验，注重学生的群体特征而忽视其个体差异，习惯于经验式的判断而忽视学生的"实然"状态等。因此，提升高校思政课教师的学情分析能力应着力突破现实困境，树立科学的教育教学理念，运用科学的评测手段，力争做到学情分析准确。一是要树立"以生为本"的教学理念。高校思政课教学要突破传统教学"以知识为本位"的思维定势，培养学生未来发展的核心素养。可以根据"00后"学生的认知水平和接受程度，分析他们的兴趣和喜好，激发他们对思政课的兴趣。二是要注重分析学生的个体性差异特征。每个学生都是独立的个体，都有自己的个性特征，而且学生的个性差异也是一个多层次的体系，既包括知识与能力方面的差异，也包括需求、动机、理想、价值观等方面的差异。这就要求思政课教师要关注到同一教学班内不同学生的实际情况，并从教学目标、教学内容、教学方法和教学评价等方面增强思政课课堂教学的灵活性和多样性，顺应学生的差异性，促进学生的个性化发展。三是运用科学的评测手段掌握学情。基于经验的学情分析，可能会导致分析结果缺乏科学性和可信性，思政课教师可以借助作业分析、问卷调查等方式进行科学诊断，提高教师学情分析的专业化水平。

第二，教学目标。教学目标是教学活动的指南针，是教学中师生预期达到的学习效果和标准。教学目标是教学的先导，是教师对教学效果的预设，直接影响着课程的教学效果。而课堂教学必须以教学目标为导向，且始终围绕实现教学目标而进行，因此教学目标在整个教学过程中占据十分重要的位置。高校思政课旨在对大学生进行马克思主义理论教育，帮助大学生树立正确的世界观、人生观、价值观，这就要求高校思政课教师要具有较强的教学目标的设计和把控能力，坚持以知识目标、能力目标和素养目标的综合达成为导向。在设计教学目标时，既要以传授马克思主义基本理论、中国化时代化的马克思主义理论、党的路线方针政策为导向，还要注重提高大学生正确认识、分析、解决社会现实问题的能力，更要立足于培养新时代大学生"国家富强、民族振兴、人民幸福"的使命担当和家国

---

① 陈隆升：《从"学"的视角重构语文课堂——基于语文教师"学情分析"的个案研究》，《课程·教材·教法》2012年第32卷第4期。

情怀。高校思政课教师要遵循"政治强、情怀深、思维新、视野广、自律严、人格正"的要求，打造有情怀、有态度、有深度的思政课堂，努力实现高校思政课的教学目标。

第三，教学内容。教学内容设计是指教师为实现教学目标而对教材内容进行的适当的选择与安排。教学内容以教材内容为载体，对教学内容的设计就是对教材内容的设计。思政课教材不仅框定了马克思主义理论教学的具体知识范围，而且教材的体例和结构也随着时代的发展不断发展变化，如增加了典型案例、拓展学习、知识链接等辅助教学内容，既丰富了教材的内容，也帮助大学生更好地理解理论知识，澄清一些错误的认识。教师设计和把握教材内容要注意以下几个方面：一是准确把握教材的知识体系。高校思政课教材是以马克思主义基本原理和马克思主义中国化时代化的最新成果作为理论基础和指导思想，每一章节都按照一定的知识体系和逻辑关系进行编排，教材的每一部分之间都具有内在的关联性、过渡性和系统性。教师要认真梳理和总结教材内容，掌握教材内容之间的内在逻辑，对教材知识做到融会贯通，这样才能处理好教材内容和教学内容之间的关系，完善教学内容设计，进而有效地组织教学。二是教师要努力发掘教材内容背后的现实指导意义，实现从教材内容向教学内容的转换，深化对马克思主义理论的透彻理解，提高运用理论知识认识、分析和解决问题的能力。三是要做到理论联系实际，这是用好教材的根本要求。中国共产党百年奋斗历程、中国特色社会主义的伟大实践，为高校思政课提供了丰富的实践素材和鲜活的实践案例，既能够提升学生与教材理论知识的共情力，又能提升教学内容的亲和力和感染力。

第四，教学方法。教学方法是指高校思政课教师在进行教学活动中所采取的所有方式、手段和方法的总称。教学方法为实现教学目标服务，针对不同的教学目标和教学任务，教师所采取的教学方法也各有不同。提升思政课教师运用教学方法的能力，一是要依据教学目标与教学任务选择教学方法。如果以传递理论知识为主要教学目标，就应该采取以传递语言信息为主的理论讲授法；如果以提升学生的能力为主要教学目标，则应多运用启发式教学法；如果以提升学生的素养为主要教学目标，则应综合运用多样化的教学方法；如果受教学场域的限制，则应依托互联网开展网络教学。二是依据大学生的实际状况选择教学方法，即选择符合学生年龄特征、认知水平、个性发展的教学方法。大学生是思政课学习的主体，选择教学方法必须从学生的实际出发，采取适合学生认知发展水平的教学方法才能更好地实现教学目标。三是依据教师自身素质选择教学方法。教师作为课堂教学的主体，对于教学方法的选择具有绝对的主动权。教学方法灵活多样，不同性格和气质的教师可根据自身的实际情况做出选择。四是根据课堂教学情境的变化选择教学方法。课堂教学有时候不一定会完全按照预定的教学设计进行，教师要根据课堂情境的变换，因势利导地随时调整教学方法，必要时还可以采取一些超常规的、新颖的教学方法，从而保证课堂教学的有效进行，这要求教师具备扎实的专业基础和丰富的教学机智。

2. 提升高校思政课教师课堂教学组织能力

教学组织能力是高校思政课教师业务素质的重要组成部分。教师能否组织好课堂教学，直接影响教学过程能否有序开展，教学计划能否正常实施，教学目标能否有效达成。提升教师的教学组织能力主要从提升教学内容的组织能力、教学过程的组织能力和教学语言的组织能力三个方面入手。

第一，提升教学内容的组织能力。教学内容的组织能力主要体现在教师对课堂教学的各个环节的把控上，这是检验一个教师是否能上好一堂课的重要标准之一。对于具体的一堂课来说，教学过程就是思政课教师根据教材内容、课程大纲的要求和学生的实际情况制定具体的教学目标，运用恰当的教学方法传授教学内容。维果茨基的"最近发展区"理论认为，人的心理发展具有"现有水平"和"即将达到的发展水平"，两个水平之间的差距就是"最近发展区"。高校的思政课教学应关注学生的"最近发展区"，不断创造大学生学习的"最近发展区"，促进大学生对马克思主义理论的认知由"现有水平"发展为"即将达到的发展水平"，完成对马克思主义理论知识的内化。遵循"最近发展区"理论，高校思政课教师应做到以下几点，一是要把握高校思政课教材的知识体系，把教材内容转化为教学内容；二是在掌握马克思主义理论的基础上，深入发掘理论的形成和发展的逻辑，以及理论背后的深层涵义，从科学的理论中获得思想的启迪，不断提高自己的思维能力；三是要具有较强的理论联系实际的能力，思政课教师在掌握教材内容的同时，还应积极发挥自身的主观能动性，将理论应用于实际，从而达到优化课堂教学结构，提高教学整体效益的目的。

第二，提升教学过程的组织能力。教学过程涉及到教师和学生两个主体。教师要进行教学活动，学生要进行学习活动。教师不仅要有效控制教学过程的各个环节，而且要有效引导学生的学习活动。因此，教师在完成提前预设的教学设计的同时，还应该关注学生在课堂中的表现，能够有效掌控课堂节奏，保证课堂教学有序开展。对于教师而言，教学过程通常分为导入新课、新课讲授、课堂小结三部分，教师应该在每个环节都能够激发学生参与学习的积极性。

在导入新课环节，教师可以选取社会热点或者时政热点问题进行导入，选取的内容应该是学生喜闻乐见的，能够引起学生共鸣的。同时，教师也可以充分利用多媒体教具，调动学生的感官参与，在激发学生学习兴趣的同时，通过加强师生之间的互动活跃课堂教学氛围。

在新课讲授环节，教师要灵活运用多种教学方法，如在讲授理论知识的同时，联系时政案例启发学生的思维，杜绝照本宣科式的"灌输"，让学生在探究中提高认识、分析和解决问题的能力，在引导中获得思想的启迪和提升。青少年的生理和心理特征决定了大学生在课堂中很难保持对理论教学持久的注意力，这就要求思政课教师在课堂教学过程中要及时监督和引导学生的注意力。教师可以利用"有意注意"和"无意注意"相互转化的规律，调节和控制教与学的活动，将注意力不集中的学生"拉回"课堂。教师的应变能力要求教师在面对课堂"突发事件"时能够随机应变、果断处置，淡化并排除干扰，保证教学的正常、有序进行。对超出教学预设的问题或行为，要能够因势利导，避免课堂教学偏离教学目标，保证本节课教学任务的有效完成和教学目标的有效达成。

在课堂小结环节，教师可以根据学生的反馈信息，了解学生对本节课的学习感受，及时进行教学总结，发现问题并加以解决。课堂小结中，教师既可以对本节课的重难点知识进行再次梳理，也可以给学生提一些思考性的问题，引导他们的发散性思维，从而深化学生对课堂教学内容的理解和接受。

第三，提升教学语言的组织能力。教师教学语言的组织能力不仅能够反映出教师的专业素养，而且直接影响学生对于课堂内容的接受程度。教师具有较强的教学语言组织能力，既可以有效讲授教学内容，创设良好的教学情境，又能够调动学生学习的积极性，提高学生对思政课的专注力。当前，理论讲授法仍然是高校思政课最普遍的、最常用的课堂教学方法，运用理论讲授法要求教师具有较高的语言组织能力。提升教师教学语言的组织能力，可以从以下几个方面着手，一是教师要努力提高自身的专业知识积淀。舒尔曼认为，教师专业知识包括原理规则性知识、专业的案例知识和策略性知识，这些知识构成了教师教学语言输出的基础。在此基础上，教师才能以专业化的语言组织教学，并用赋有逻辑和哲理的话语表达讲授思政课的教学内容。二是学校要大力促进教师的专业发展，加大教师培训力度，为提升教师的专业能力提供优质的平台和资源。内因是事物发展的决定性因素，教师教学语言能力的提升不能过于依赖外部力量，而是应该通过持续的自我学习和教学反思不断丰富自身的话语风格，构建富有自身特色的教学语言体系。

3. 提升高校思政课教师课堂教学反思能力

教学反思是"指教师对教学实践活动中各个环节进行审思与批判、调整与完善，并重构教师自己的认知图式，以完善教学过程、提升教学质量、促进师生双边成长与发展的实践与思维过程"[①]。《学记》中就有"学然后知不足，教然后知困。知不足，然后能自反也；知困，然后能自强也。故曰：教学相长也"。其倡导的就是教师要具有学习和反思的能力。教师的教学反思能够促进教师树立科学化的教学理念，并将其运用于教学实践，不断适应高校思政课教学改革的要求。教师通过反思自身在教学实践中存在的不足之处，在反复审视自身的过程中实现专业发展与成长，从而不断提升高校思政课的教学质量。

第一，培养教师反思意识，激发其教学反思动机。激发教师的反思动机，让其认识到经常性的教学反思不仅可以帮助教师准确找到教学中存在的问题，还能够通过分析和解决这些问题，促进自身教学反思能力的提升和实现自我的成长与发展。同时，教师的教学反思不能仅仅停留在过程和方法的层面，还应该上升到积极主动的自我意识和情感的层面。高校思政课作为落实立德树人根本任务的关键课程，对大学生进行马克思主义理论教育，促进大学生实现知识、能力和素养三维目标的协调统一，这需要教师进行自我意识和情感层面的反思，从而能够全面提升自身的素质，促进自身专业发展和成长。

第二，熟练运用教学反思的方法。目前，常见的教学反思方法有课堂实录反思法、教后记反思法、阅读新知法和行动研究法。课堂实录反思法是通过微格教学、公开课教学等，在课后观看自己的授课视频，通过影像声音等总结自身在教学过程中的不足之处。这种教学反思的方式更直观，效果也更显著。教后记反思法是教师通过做教后记的方式记录本节课的教学过程以及一些教学细节，帮助教师在上完一节课后对当节课的不足之处进行反馈和调整。阅读新知法是教师通过各种手段和途径搜集解决相关问题的信息，并且通过解读这些信息或者学习名家名师的相关理论，获得对教学中一些问题的新见解、新认知。行动研究法是指教师将之前通过反思得出的结论，运用于当下的教学实践过程中，在具体的教学实践中进行反思。高校思政课教师可以通过以上几种教学反思的方法，提升自身的教学反思能力。

第三，不断提升教师教学反思素养。高校思政课教师要具备终身学习的理念，在完成基本教学任务的同时，通过参加相关的学习与培训，不断精进自己的教学方式；通过阅读

---

① 邓纯臻、杨卫安：《教学反思：卓越教师核心素养养成的有效路径》，《现代基础教育研究》2021 年第41 卷第 1 期。

书籍、参加学历教育等方式，广泛涉猎不同领域的知识，丰富自己的知识结构。只有当教师具备完善的知识体系时，才能认识到自身教学中问题的关键所在，并能准确分析和探讨这些问题，有效提升自身的教学反思能力。[①]在这一过程中，不断提升自己的教学反思素养。

(二) 提升高校思政课教师教学研究能力

1. 提升教学内容的研究能力

普通高等学校本科生的思想政治理论课包括"马克思主义基本原理""毛泽东思想和中国特色社会主义理论体系概论""习近平新时代中国特色社会主义思想概论""中国近现代史纲要""思想道德与法治""形势与政策"六门必修课和一系列选修课，旨在通过对大学生进行系统的马克思主义理论教育，"引导学生系统掌握马克思主义基本原理和马克思主义中国化理论成果，了解党史、新中国史、改革开放史、社会主义发展史，认识世情、国情、党情，深刻领会习近平新时代中国特色社会主义思想，培养运用马克思主义立场观点方法分析和解决问题的能力；自觉践行社会主义核心价值观，尊重和维护宪法法律权威，识大局、尊法治、修美德；矢志不渝听党话跟党走，争做社会主义合格建设者和可靠接班人"[②]。高校思政课教学内容具有鲜明的政治性、强烈的时代性和德育主导性等特点，这在客观上决定了高校思政课的教学内容要不断丰富和完善。

进入中国特色社会主义新时代，高校思政课教师要学懂、学深、学透习近平新时代中国特色社会主义思想，领会其精神实质，并在课堂教学中讲深、讲透、讲活这一中国化时代化的马克思主义理论。同时，要具备捕捉信息的敏锐度，不断开发新的教学资源，丰富思政课的教学内容。思政课教材始终是"有字之书"，但社会实践永远是"无字之书"，要想把"有字之书"读懂读活读透，就必须在教学实践中将书本上的理论知识与鲜活的生活实际相结合，基于学生直接的生活经验促进他们对教学内容的理解和接受，并以共情的方式引导和促进学生的精神成长，促进思政课多维教学目标的实现。

2. 提升教学方法的研究能力

教学内容和教学方法是教学过程的两个重要因素。在教育信息化时代，高校思政课教学不仅仅局限于以往传统教学理念下的讲授—接受模式，教师还应该充分利用现代教育技术丰富思政课的课堂教学形式，促进教学方法运用的多样化和生动化，吸引大学生积极主动地参与到思政课学习中来。随着现代教育理论的发展、现代教育技术的运用和实践教学的深入推进，思政课教学借鉴了其他学科的教学理念，依托于互联网技术不断推陈出新，增进了课堂教学方法的多样化，以及形式丰富的实践教学方法的有效化。

"教学有法，教无定法，贵在得法。"任何一种教学活动都需要运用适合的教学方法，任何一种教学方法的运用不是固定不变或模式化的，而是要根据具体的教学要素灵活性运用。这种灵活性是指要根据具体的教和学的实际，恰如其分地选择和运用教学方法，也就是"得法"，因此提升思政课教学方法的研究能力是思政课教师教学研究能力的题中应有之

---

① 赵潇：《教师教学反思能力的影响因素与提升策略》，《教学与管理》2019 年第 12 期。

② 中共中央宣传部、教育部：《中共中央宣传部　教育部：关于印发〈新时代学校思想政治理论课改革创新实施方案〉的通知》，http://www.moe.gov.cn/srcsite/A26/jcj_kcjcgh/202012/t20201231_508361.html。

义。思政课教学方法是连接教学内容与教学对象的中介，是连接教与学的桥梁。只有架好这座桥梁才能让马克思主义理论走进课堂，走进大学生的头脑，走进大学生的心灵深处。研究教学方法要以教学目标为核心，以教学内容和教学任务为依据，以能够发挥学生的主体性为重点。在具体的教学过程中，教师要多采用启发式教学法，通过师生和生生之间的良性互动，激发大学生内在的学习动力，赋能思政课堂教学效果提升，促进科学理论内化于大学生之心，外化为大学生之行。

3. 提升教改课题的研究能力

开展教学改革是高校思政课教师教学研究能力的重要体现。教学改革课题研究一般包括确立研究课题、查阅相关资料、制定研究计划、实施既定方案、撰写研究成果和结项报告等几个环节。确立研究课题是指教师通过思想政治理论课教学实际和自身的研究侧重点拟定教学改革研究的选题，并通过查阅相关文献资料做好前期的基础性工作；然后根据课题研究内容制定研究计划，再按照计划进行具体的、可操作的实施；最后根据项目的实施进度、研究成果等撰写结项报告。

在这一过程中，教师要具有问题意识，捕捉高校思政课教学中的热点和难点问题，将其作为研究的选题；在查阅相关文献资料的同时要深入到教学实际中进行调研，以确保课题选择的针对性和实效性，避免抽象、空泛、脱离教学实践的研究。教师要多渠道收集课题资料和信息，同时要仔细甄别信息的可信度。制定的研究计划要科学有效，坚持"三贴近"原则，贴近实际、贴近生活、贴近学生，要具有实际可操作性，为整个项目研究的有序开展做好准备。项目方案实施过程中要统筹兼顾，将研究计划落到实处，避免纸上谈兵。撰写研究成果和结项报告，要根据项目的实际进展如实撰写，突出项目的创新点和能达到的实际成效。更重要的是，要把教学改革的成果运用于高校思政课教学实践中，进一步验证研究成果的有效性，推广成果的使用范围，通过教学研究促进教学创新。

(三) 提升高校思政课教师教学创新能力

1. 提升教学方法的创新能力

高校思政课教学方法作为重要的教学要素，不是一成不变的，要根据教学目标、教学内容、学生情况、教学条件和教学环境不断调整，在教学实践中不断探索新的教学方法，适应新时代思政教学创新的需要。"科学的学习理论认为，学习包含着三种不同水平的学习，即联结水平、认知水平和创新水平，三者的学习依次递进。其中创新水平的学习是学习的最高水平，通常是指当人形成了认知结构，且认知结构发展到一定的水平时，任何一个情境的出现，主体都能对之做出迅速全面的认识，即理解情境的内在关系并找出解决问题的办法。"[①]这种创新学习的能力是由认知结构的高度发展而体现出来的。高校思政课教师要树立自主学习意识，为提升创新教学方法的能力打好基础。

在理论知识方面，高校思政课教师要不断研读马克思主义经典著作，深入学习马克思主义基本理论和习近平新时代中国特色社会主义思想，以深厚的理论功底"讲透"马克思主义基本理论、中国化时代化的马克思主义理论；在教学技能方面，高校思政课教师要不

---

① 孟庆男、马宝娟、谭咏梅主编《思想政治(品德)课程与教学论》，北京师范大学出版社，2011，第262页。

断提升教学方法的综合运用能力，结合学情不断创新教学方法，以娴熟的教学方法艺术"讲活"马克思主义基本理论、中国化时代化的马克思主义理论；在综合素养方面，高校思政课教师要不断丰富自己的教育学、心理学、社会学、管理学等人文社会科学方面的知识，以及现代科学技术知识，完善自己的知识结构，以宽广的知识视野"讲好"马克思主义基本理论、中国化时代化的马克思主义理论。

2. 提升与学生有效沟通的能力

教师与学生进行有效沟通，不仅是构建和谐师生关系的重要途径，更是提升高校思政课亲和力的重要手段。教师和学生是教学过程中的两个基本要素，如何处理好这两个要素之间的关系体现着教师是否具备良好的沟通能力。高校思政课的教学对象都是"00后"的大学生，他们思想活跃、思维敏捷、个性独立、善于接受新鲜的事物，教师要走近他们、熟悉他们、了解他们，在教学过程中要从大学生的思想发展和心理需求出发构建新型的师生关系。要树立"以生为本"的教育理念，选择和运用大学生喜闻乐见的教学方法，加强与学生之间的沟通、交流、互动。

在此过程中，更要充分发挥学生的主观能动性，尊重学生的需求，倾听学生的心声，做到真正尊重、理解和认同学生。在与学生交往的过程中，通过注入情感因素的方式提升与学生有效沟通的能力，以自身的真实情感促进和谐师生关系的建立。"亲其师，信其道。"高校思政课教师要按照习近平总书记提出的"四有"和"六要"严格要求自己，牢记"为党育人，为国育才"的重大使命和责任，帮助大学生"扣好人生的第一粒扣子"，不仅要成为马克思主义理论的"传道者"，更要成为大学生人生之路的领路人，以自身高尚的思想道德修养，身体力行为大学生树立榜样。

3. 提升多媒体教学开发和利用的能力

随着科学技术的不断发展，现代教育技术和手段越来越多地运用到高校思政课教学中。多媒体教学通过计算机技术的运用，将教学资料以文字、图像、视频、音频、动画等方式进行多媒体技术整合，呈现出集光、形、色于一体的感官效果，使教学内容既直观形象又生动新颖，打破了以往课堂教学中教师"一张嘴一支笔一块黑板"的单向授课模式，创设出丰富的教学情境，能够大大提升思政课的感染力和吸引力。多媒体教学不仅创新了高校思政课的教学方法，也提升了高校思政课的课堂教学效果，成为大学生课堂"抬头率"的重要抓手。

运用多媒体技术开展教学，客观上要求高校思政课教师要不断提升自身开发和利用多媒体教学的能力，熟练掌握多媒体教学设备的使用方法。思政课教师是运用多媒体教学的主体，要充分认识运用多媒体技术来开展思政课教学的重要性，积极学习多媒体技术知识，提升运用多媒体教学的技能。学校也要加大教师的培训力度，使教师熟练掌握多媒体技术知识，增进教师自觉运用多媒体教学的意识和能力，发挥多媒体教学对创新课堂教学方法的积极促进作用，实现高校思政课课堂教学过程、教学资源、教学效果、教学效益的最优化。

三、提升新时代大学生的思想道德素养

党的二十大报告提出了新时代好青年的"四条标准"，即有理想、敢担当、能吃苦、肯奋斗，准确描绘出新时代好青年的时代"肖像"，为广大青年成长成才指明了方向。新时代

大学生作为当代青年的主体，是实现中华民族伟大复兴的重要力量。提高大学生的思想道德素养，既是大学生作为时代新人担当民族复兴大任的迫切要求，也是高校思政课最重要的实践诉求。

(一) 培养大学生科学的理想信念

理想信念是人类特有的精神现象。"理想是人们在实践中形成的、有实现可能性的、对未来社会和自身发展目标的向往与追求，是人们的世界观、人生观和价值观在奋斗目标上的集中体现。"①信念是人们对某种思想或事物产生一定认识的基础上确立的坚信不疑并身体力行的精神状态。理想信念是激励和引领人们向着既定目标努力前行的动力，是人们精神力量的源泉。一个人一旦有了理想信念，就会产生出强大的精神力量，并为实现理想而不懈奋斗。高校思政课要培养大学生树立共产主义远大理想、坚持中国特色社会主义共同理想、实现伟大复兴中国梦的当代理想，"与历史同向、与祖国同行、与人民同在"，把人生理想融入国家和民族的发展中。

1. 树立共产主义远大理想

习近平总书记在庆祝中国共产党成立 95 周年大会上的讲话中指出："中国共产党之所以叫共产党，就是因为从成立之日起我们党就把共产主义确立为远大理想。"②"从成立之日起"，中国共产党人就把实现共产主义写在了自己的旗帜上并为之不懈奋斗。中国共产党创始人之一李大钊在就义前大义凛然，发出振聋发聩的宇宙之音："不能因为今天你们绞死了我，就绞死了伟大的共产主义！""我们深信，共产主义在世界、在中国，必然要得到光辉的胜利！"革命烈士方志敏在就义前慷慨陈词："敌人只能砍下我们的头颅，决不能动摇我们的信仰！因为我们信仰的主义，乃是宇宙的真理！为着共产主义牺牲，为着苏维埃流血，那是我们非常情愿的啊！"实现共产主义始终是一代又一代中国共产党人矢志不渝的远大理想，无数革命先辈前赴后继，为实现共产主义远大理想持之以恒地奋斗。

高校思政课要培养新时代大学生坚定树立共产主义远大理想、坚信共产主义社会一定能够实现的伟大信念。马克思对人类社会发展规律的发现、对共产主义社会的预见，是基于唯物史观，在对资本主义社会及其生产关系进行透彻分析的基础上形成的科学论断，具有深刻的理论性和逻辑性。在高校思政课教学中，教师要运用恰当的教学方法讲授人类社会发展规律，如运用理论讲授法讲清楚人类社会发展规律的学理依据，用案例教学法讲透彻社会主义从一国到多国的成功实践，用叙事教学法讲明白中国共产党百年奋斗铸就伟大成就的动因，使大学生坚信资本主义必然灭亡、共产主义必然胜利的社会发展规律。理论讲授法是高校思政课"传统"而"基础"的教学方法，是在"灌输"理论基础上形成的行之有效的马克思主义理论教育的方法。在课堂教学中，理论讲授法是通过对马克思主义理论做出深刻的学理分析，帮助和引导大学生运用马克思主义世界观和方法论认识社会生活，掌握科学的思维方法。教师通过理论讲授法鞭辟入里地分析理论知识，引导学生认识到人类社会发展规律具有自洽性逻辑。马克思运用辩证唯物主义和历史唯物主义的方法论，科学地预测了未来社会的理想状态，通过揭示人类社会发展的一般规律，指明了社会历史的

---

① 本书编写组主编《思想道德与法治》，高等教育出版社，2021 年，第 41-42 页。

② 习近平：《在庆祝中国共产党成立 95 周年大会上的讲话》，《人民日报》，2021 年 4 月 16 日。

发展方向和趋势。在对资本主义深刻剖析后提出了"两个必然"的科学论断，并指出未来的共产主义社会将是人类最理想、最文明的社会形态，是物质财富极大丰富、人的精神境界极大提高、每个人自由而全面发展的社会。

当然，实现共产主义不是一蹴而就的，需要一个漫长的历史进程。马克思在 1859 年发表《〈政治经济学批判〉序言》中认为："无论哪一种社会形态，在它所能容纳的全部生产力发挥出来以前，是绝不会灭亡的；而新的更高的生产关系，在它的物质存在条件在旧社会的胎胞里成熟以前，是绝不会出现的。"①这一经典论断包含两层含义，一是资本主义的灭亡将会是一个长期的历史过程，二是向共产主义的过渡也将是一个长期的历史过程。我国目前正处于社会主义初级阶段，这是中国特色社会主义发展的必经阶段，只有在社会主义发展高度成熟以后才能实现向共产主义社会过渡，因此需要经过相当长的社会发展进程。社会主义社会的各个方面发展都很成熟之后才具备实现共产主义的条件，这需要一代又一代的中国共产党人接续奋斗。新时代大学生理应接过接力棒，将理想信念建立在科学认识社会主义和共产主义的基础上，心怀"国之大者"，立鸿鹄之志，勇于承担时代重任，奋力有为新时代。绝不能因为实现共产主义是一个漫长的历史过程就认为其是一个不可能实现的目标而放弃努力，认为共产主义是看不见、摸不着的东西，没有必要为之努力的想法是完全错误的。

2. 坚持中国特色社会主义共同理想

中国特色社会主义是中国共产党带领中国人民探索出来的、适合中国社会发展的正确选择，是经过历史和实践证明的行之有效的正确发展道路。中华民族的近现代史充分证明："中国特色社会主义不是从天上掉下来的，是党和人民历经千辛万苦、付出巨大代价取得的根本成就。"②我们始终坚持走中国特色社会主义的发展道路，才实现了经济长期发展和社会长期稳定的"两大奇迹"，实现了从站起来、富起来到强起来的伟大飞跃，开启了实现第二个百年奋斗目标的新征程。这些伟大成就的取得归结起来就是中国共产党"坚定不移地带领中国人民将马克思主义与中国国情密切结合，开辟了中国特色社会主义道路，形成了中国特色社会主义理论体系，确立了中国特色社会主义制度，发展了中国特色社会主义文化"③。中国特色社会主义以其真实性、科学性和真理性，成为了当代中国人民的共同理想。

在高校思政课教学中，综合运用多种教学方法可以立体地呈现中国特色社会主义共同理想形成和发展的过程。在课堂理论讲授法的基础上，教师可以根据具体的教学内容辅之多样化的教学方法，如案例教学法、叙事教学法、体验教学法、社会实践法等，使大学生了解中国共产党带领中国人民探索中国特色社会主义道路的过程，坚定走中国特色社会主义道路的信念和信心，充分认识到"只有社会主义才能救中国，只有社会主义才能发展中国"，为实现中国特色社会主义共同理想打下牢固的思想基础。同时，也要让大学生清醒地认识到，虽然我国目前在社会各个领域已经取得了诸多伟大的成就，但我国仍处于社会主

---

① 中共中央马克思恩格斯列宁斯大林著作编译局主编《马克思恩格斯选集(第 2 卷)》，中共中央马克思恩格斯列宁斯大林著作编译局译，人民出版社，2012，第 21 页。
② 习近平：《在庆祝中国共产党成立 95 周年大会上的讲话》，《人民日报》2021 年 4 月 16 日。
③ 李忠军、杨科：《新时代铸魂育人的关键：信仰、信念、信心》，《思想理论教育》2019 年第 6 期。

义初级阶段，有些方面与发达国家相比还有一定的差距。因此，要更加坚定中国特色社会主义共同理想，把实现共产主义远大理想与中国特色社会主义共同理想结合起来，坚信只有坚持走中国特色社会主义道路，才能不断破解前进道路上一个又一个难题，克服一个又一个挫折，努力为实现共产主义远大理想奠定基础。

3. 实现伟大复兴中国梦的当代理想

2012 年 11 月 29 日，习近平总书记在参观《复兴之路》展览时首次提出实现中华民族伟大复兴的中国梦，并在之后的讲话中多次强调。中国梦是近代以来中华民族最伟大的梦想，其本质内涵就是实现国家富强、民族振兴、人民幸福。其中，国家富强和民族振兴是人民幸福的基础和保障，人民幸福又是国家富强和民族振兴的根本出发点和落脚点。近代以来，洋务运动、太平天国起义、戊戌变法、资产阶级革命，这些"理想"的破灭证明了它们不适合中国的具体国情。1921 年，中国共产党的成立，成为实现中华民族伟大复兴中国梦的中坚力量，历史和人民选择了中国共产党。中国共产党人以马克思主义为指导，结合中国的具体实际，带领中国人民不断克服前进道路上的艰难险阻，建立了中华人民共和国。坚持社会主义道路，坚持改革开放，探索出一条适合中国社会发展的中国特色社会主义道路，中华民族越来越接近实现伟大复兴的中国梦。

中华民族从"站起来""富起来"到"强起来"的每一次飞跃，都完美诠释了中国共产党人为实现国家富强、民族振兴、人民幸福的当代理想而付出的艰苦努力。高校思政课教学可以从中国共产党的百年奋斗史中汲取典型的案例、丰富的叙事素材、鲜明的教学议题，以及多样化的教学资源，同时借助多媒体技术在课堂教学中立体化、多维度地将其呈现给大学生，让他们直观地感受到"我们比历史上任何一个时期都更接近、更有信心和能力实现中华民族伟大复兴的目标"[1]，激发大学生强烈的情感体验，升华大学生的民族自豪感，厚植大学生的爱国主义情怀。在我国经济社会发展进程中，经济、政治、文化、社会、生态等不同领域取得的伟大成就，生动地反映出中国人不断"追梦、筑梦、圆梦"的社会实践。高校思政课教学可以结合社会发展的典型案例，通过今昔对比，引导大学生通过独立思考和深入探究，形成对社会发展一般规律的认识。《论语·泰伯》有言："士不可以不弘毅，任重而道远。"要使大学生认识到，他们是实现中华民族伟大复兴中国梦的主力军，要肩负起新时代的青春责任，"立大志、明大德、成大才、担大任"，做实现中华民族伟大复兴的奋斗者，把个人理想融入到实现国家富强、民族振兴、人民幸福的中国梦之中，接续奋斗，持续努力，与祖国和人民共同见证中国梦的实现。

(二) 涵育大学生高尚的道德情感

国无德不兴，人无德不立。2019 年 10 月，中共中央、国务院印发的《新时代公民道德建设实施纲要》指出："中国共产党领导人民在革命、建设和改革历史进程中，坚持马克思主义对人类美好社会的理想，继承发扬中华传统美德，创造形成了引领中国社会发展进步的社会主义道德体系。"要"促进全体人民在理想信念、价值理念、道德观念上紧密团结在一起，在全民族牢固树立中国特色社会主义共同理想，在全社会大力弘扬社会主义核心

---

[1] 习近平：《决胜全面建成小康社会夺取新时代中国特色社会主义伟大胜利——在中国共产党第十九次全国代表大会上的报告》，人民出版社，2017，第 15 页。

价值观，积极倡导富强民主文明和谐、自由平等公正法治、爱国敬业诚信友善，全面推进社会公德、职业道德、家庭美德、个人品德建设，持续强化教育引导、实践养成、制度保障，不断提升公民道德素质，促进人的全面发展，培养和造就担当民族复兴大任的时代新人"①。大学时期是大学生道德观形成的关键阶段，高校思政课要引导大学生继承中华优秀传统美德、传播中国革命道德、践行社会主义先进道德，涵育大学生高尚的道德情感，进而成为德才兼备的社会主义合格建设者和可靠接班人。

1. 传承中华优秀传统美德

中华民族在五千多年的历史长河中创造出了恢弘灿烂的中华文化。中华优秀传统美德作为其中的重要组成部分，在历史的长河里被不断传承和发展，其中的爱国、勤奋、节俭、忠孝、好学、求新、奋斗、担当等优秀品质，是树立文化自信和历史自信，提高中华文化的软实力和影响力的重要体现。

高校思政课是培养大学生正确道德观、提升他们道德修养的重要途径，是传承中华优秀传统美德的重要载体。中华优秀传统美德是高校思政课的教学内容，如"先天下之忧而忧，后天下之乐而乐""苟利国家生死以，岂因祸福避趋之""天下兴亡，匹夫有责"等优秀的传统美德发展至今，表现为对国家的忠诚担当以及以大局为重的胸怀；而"惟孝敬父母，可以解忧""父母在，不远游，游必有方"等优秀美德则发展为新时代的孝道品质。这些优秀道德传承至今，经过创造性转化和创新性发展，融入以社会主义核心价值观为引领的优秀道德体系，成为高校思政课的重要教学资源，成为涵育新时代大学生高尚道德情感的重要内容。

2. 传播中国革命道德

中国革命道德是中国共产党在百年奋斗历程中形成和发展起来的先进道德形态，是中国共产党人、人民军队、一切先进分子和人民群众在新民主主义革命时期、社会主义革命和建设时期、改革开放新时期、新时代实现中华民族伟大复兴的进程中形成的优秀道德，代表了人类道德的发展方向。中国革命道德以马克思主义为指导，深耕于中国革命和建设的伟大实践，同时汲取了中华传统道德的精华，成为高校思政课对大学生进行道德教育的重要教学资源。全心全意为人民服务是贯穿中国革命道德的一根红线。中国共产党人始终把革命利益放在首位，为革命利益不懈奋斗，形成了以为人民服务、艰苦奋斗、严于律己、谦虚谨慎、淡泊名利、清正廉洁、襟怀坦白、光明磊落等为规范的、适合中国国情的崭新的道德体系。在当代，中国革命道德主要表现为爱国敬业、毅力坚定、吃苦耐劳、乐于奉献等优良品质，对当代大学生树立正确的道德观，形成社会主义和共产主义的道德信念，践行社会主义核心价值观具有重要的指导意义。

习近平总书记强调："着力讲好党的故事、革命的故事、英雄的故事，厚植爱党、爱国、爱社会主义的情感，让红色基因、革命薪火代代传承。"②在高校思政课教学中，教师在理论讲授法的基础上，可以综合运用叙事教学法、案例教学法等教学方法，借助多媒体视频

---

① 中共中央、国务院：《中共中央　国务院印发〈新时代公民道德建设实施纲要〉》，https://www.gor.cn/zhengce//2019-10/27/content_5445556.htm.

② 习近平：《在党史学习教育动员大会上的讲话》，《人民日报》2021 年 4 月 1 日。

影像，营造情、声、影并茂的教学情境，展现不同历史时期中国共产党取得的伟大成就，讲述革命故事、英雄故事、杰出人物的先进事迹等，帮助大学生更好地理解中国共产党人的道德理念，增强大学生对中国革命道德的认同感，感受中国革命道德的崇高和伟大。例如，通过讲述抗美援朝中黄继光、邱少云的故事，让大学生感受到中国人民志愿军浓厚的爱国主义情怀、无所畏惧的革命精神、牢固的集体主义意识，深化大学生对抗美援朝精神的深刻理解。同时，可以采取实践教学法组织大学生参观革命遗址遗迹、红色纪念场馆等，让大学生切身感受、自觉接受中国革命道德的洗礼，提升大学生理论联系实际和知行合一的能力。高校思政课运用中国革命道德精神教育和感化大学生，激发当代大学生实现中华民族伟大复兴的责任感和使命感。

3. 践行社会主义先进道德

高尚的道德作为一种精神力量，是强化道德认知、提升道德情感、约束日常行为的遵循和规范。社会主义道德以为人民服务为核心，以集体主义为原则，与社会主义的经济、政治、生态、文化和社会发展相适应，以其先进性代表了迄今为止人类道德发展的先进方向。社会主义道德以社会主义核心价值观为引领，坚持中国共产党对社会主义主流意识形态的领导权，加强社会公德、职业道德、家庭美德和个人品德建设，不断推动包括思想道德建设在内的社会主义精神文明建设长效发展。

新时代大学生接受社会主义道德的"洗礼"，是社会主义先进道德的继承者、发扬者、践行者。首先，在高校思政课教学中，教师可以用鲜活的道德模范案例，引导大学生对道德及道德现象进行深入探究，激发大学生内心产生高尚的道德情感，并通过意志的加持外化为大学生日常生活中的道德践行，引导大学生遵守社会公德、恪守职业道德、崇尚家庭美德、修养个人品德。其次，教师可以通过实践教学，带领大学生走进社会大课堂，通过社会实践感受道德模范的高尚品质，通过志愿服务等形式，身体力行，脚踏实地，从自身做起，用实际行动弘扬和践行社会主义道德规范。如从身边的小事做起，与同学构建和谐的人际关系，提高自己的道德素养；自觉孝敬父母，团结兄弟姐妹，形成良好的家风；不断丰富自己的知识储备，为养成高尚的职业道德奠定基础；遵守社会公共生活的道德和法律，践行和谐美好的社会公德，做自觉讲道德、尊道德、守道德的积极行动者、示范者和引领者。

(三) 增长大学生的本领才干

大学阶段是大学生长知识、强本领、肯奋斗的最佳时期。高校思政课要培养大学生成为具备较高思想道德修养、扎实专业知识和广博人文知识的人才，就犹如树木的成长一样，需要树根提供丰富的营养、树干提供有力的支撑，才能枝繁叶茂，长成参天大树。同理，大学生的成长成才，需要"树根"的马克思主义理论的滋养，需要"树枝"的专业知识的积淀，需要"树叶"的人文知识的丰富。通过掌握马克思主义世界观和方法论、精进扎实的专业知识、涉猎广博的人文知识，丰富自己的知识储备，不仅要在书本中习得知识，还要在社会实践中增长才干，做到德才兼备、全面发展。

1. 掌握马克思主义世界观和方法论

习近平总书记指出："要坚持不懈传播马克思主义科学理论，抓好马克思主义理论教育，为学生一生成长奠定科学的思想基础。"[1]这一重要论述指明了高校思政课教学的主要任务，以及马克思主义理论教育对大学生成长成才的重要性。大学阶段是大学生的世界观、人生观和价值观形成与发展的关键时期，能否掌握和运用马克思主义的世界观和方法论，并以此为指导来认识、分析和解决实际问题，直接关系到大学生未来的成长成才，关系到大学生能否担当起时代赋予的使命和重任。当今世界正面临着百年未有之大变局，国际形势风云诡异，我们更要清醒地运用马克思主义世界观和方法论来科学地判断当前局势，尤其要以习近平新时代中国特色社会主义思想为指导，正确认识我国目前面临的机遇与挑战，抓住机遇迎接挑战，保持定力加速发展。

"马克思主义指导下的中国革命和改革开放现代化建设的成功实践，是一本打开了马克思主义真理力量的历史教科书，是马克思主义理论所蕴藏的巨大精神力量转化为改造现实、推动发展的强大物质力量的鲜活案例，是马克思主义科学性无可辩驳的实践证明。"[2]在高校思政课教学中，教师通过多种形式的案例呈现，引导大学生结合实际进行深入研讨，激发大学生之间的思想交流和观点碰撞，用鲜活的案例回应西方敌对势力对我国意识形态领域进行西化、分化的战略图谋，自觉抵御新自由主义、历史虚无主义、"普世价值观"等错误思潮对大学生思想的侵蚀和负面影响，使大学生建立起抵御错误思想侵害的"防火墙"和"杀毒软件"，在大是大非面前保持清醒的政治头脑和坚强的政治定力，并自觉将马克思主义世界观内化于心，使马克思主义方法论外化于行，提升大学生认识、分析和解决问题的能力。

2. 精进扎实的专业知识

"大志非才不就，大才非学不成。"理想之"魂"必须附于才干之"体"方能彰显其价值意蕴。习近平总书记强调："青年人正处于学习的黄金时期，应该把学习作为主要任务，作为一种责任、一种精神追求、一种生活方式，树立梦想从学习开始、事业靠本领成就的观念，让勤奋学习成为青春远航的动力，让增长本领成为青春搏击的能量。"[3]大学阶段不仅是大学生获得知识的黄金时期，更是积累专业知识的重要阶段。扎实的专业知识不仅是检验大学阶段学习效果的尺度，也是大学生未来选择职业、提高就业核心竞争力的重要参照坐标。大学生要求得真学问，练就真本领，择其精要，愈博愈专，让自身的专业知识成为助力大学生未来人生起航的风帆，为更好地报效国家、服务社会和人民、实现人生价值奠定坚实的基础。

高校思政课在提升大学生马克思主义理论素养和思想道德品质的同时，也要培养大学生成为德才兼备的时代新人。大学生既要有高尚的道德品质，又要有扎实的学识才华。习近平总书记在主持第十九届中共中央政治局第十次集体会议时强调，要严把德才标准，德才兼备，方堪重任。新时代大学生要努力精进自己的专业知识，不断完善自己的思想道德修养，努力成为对国家和社会有用的人才。只空有一腔报效祖国的热情，却没有与之匹配的才能，只能遗憾终身。

---

① 习近平：《习近平：把思想政治工作贯穿教学全过程　开创我国高等教育事业发展新局面》，《人民日报》2016 年 12 月 9 日。

② 柳泽民：《让马克思主义为学生成长成才奠定科学的思想基础》，《成才之路》2019 年第 23 期。

③ 中央宣传部(国务院新闻办公室)、中央党史和文献研究院、中国外文局主编《习近平谈治国理政(第 1 卷)》，外文出版社，2014，第 51 页。

3. 涉猎广博的人文知识

大学生只具备扎实的专业知识而没有广博的人文知识，只有知识的"深度"而没有知识的"广度"，也不能适应未来个人发展和社会发展的需要。打造"有温度、有深度、有广度"的高校思政课堂，需要教师在教学过程中广泛涉猎丰富的人文社会科学知识，为大学生打开社会历史和文化发展之窗，促使他们多汲取人类优秀的文化成果，形成对于人生、社会、历史的多维度理解。

高校思政课本身涉及众多的人文社会科学知识，如大学生通过学习"马克思主义基本原理"，能够掌握人类社会发展的规律；通过学习"毛泽东思想和中国特色社会主义体系概论"，能够明白"只有社会主义才能救中国，只有中国特色社会主义才能发展中国"的真理；通过学习"习近平新时代中国特色社会主义思想概论"，能够感悟"强起来"的精神密码，将思想的伟力转化为实践的力量；通过学习"中国近现代史纲要"，能够知晓"中国共产党为什么能、马克思主义为什么行、中国特色社会主义为什么好"的道理；通过学习"思想道德与法治"，能够树立正确的世界观、人生观和价值观；通过学习"形势与政策"，能够了解当今世界发生的大事，把握未来世界的发展趋势和方向。高校思政课教师通过运用多样化的教学方法，帮助大学生深化对思政课教学内容的理解和掌握，拓宽知识视野，增加人文素养，陶冶心性品格，进而引导大学生树立科学的理想信念，涵育高尚的道德情感，精进扎实的本领才干，成为符合未来社会发展的栋梁之才，使其在人生逐梦的过程中充分实现自己的理想和价值。

第三章

高校思政课教学方法的实施原则

教学方法的实施原则是高校思政课在不同场域、不同层次、不同方面选择和运用教学方法必须遵循的准则、要求和规定。它既是高校思政课教学规律的外在体现，又是高校思政课教学的内在依据。既反映了高校思政课的教学规律，又是高校思政课教学经验的凝结，成为指导高校思政课教学方法运用的一般性原理。习近平总书记在学校思想政治理论课教师座谈会上的讲话中提出了推动思政课改革创新的"八个相统一"，为高校思政课教学改革创新指明了方向，其中"坚持灌输性和启发性相统一""坚持显性教育和隐性教育相统一""坚持理论性和实践性相统一"，为加强高校思政课建设提供了根本遵循和指导，成为高校思政课教学方法实施应该遵循的原则。

一、坚持灌输性和启发性相统一

习近平总书记在学校思想政治理论课教师座谈会上指出："要坚持灌输性和启发性相统一，注重启发性教育，引导学生发现问题、分析问题、思考问题，在不断启发中让学生水到渠成得出结论。"[①]这一重要论述为推动高校思政课教学方法坚持灌输性、注重启发性、坚持灌输性和启发性相统一指明了方向和路径。高校思政课教学方法坚持灌输性和启发性相统一，既体现了马克思主义理论教育的本质属性，又能够增强高校思政课教学的亲和力和吸引力，推动高校思政课教学方法改革创新。

(一) 坚持灌输性和启发性相统一的内涵

1. 关于"灌输"

"灌输，作为思想政治教育的特定概念，它是指对人们进行正面的宣传教育。"[②]坚持灌输性是马克思主义思想政治教育的基本原则。列宁在《怎么办？》一书中系统论述的"灌输论"，为马克思主义理论教育坚持灌输性提供了方法论上的指导。列宁认为："工人阶级

---

① 习近平：《习近平：用新时代中国特色社会主义思想铸魂育人 贯彻党的教育方针落实立德树人根本任务》，《人民日报》2019 年 3 月 19 日。

② 刘强主编《思想政治学科教学新论(第二版)》，高等教育出版社，2009，第 102 页。

和群众自身不可能自发地产生科学社会主义的思想，这种思想必须从外部灌输进去。"[①]这里强调的是马克思主义理论要进入工人的头脑，被工人阶级掌握和运用，就要遵循灌输的原则和要求，因此"灌输"不是具体的方法，而是进行马克思主义理论教育应遵循的原则。同理，马克思主义理论和正确的思想观念不可能在大学生的头脑中自发产生，必须要通过理论学习、教育引导和亲身参与的社会实践才能逐步形成。灌输性原则体现在高校思政课教学中就是要运用理论讲授法，公开、直接地将马克思主义基本理论、中国化时代化的马克思主义理论呈现于大学生面前，使他们有意识地学习和接受马克思主义的立场、观点和方法。

坚持灌输性原则不是不顾大学生的思想实际和现实需求的硬灌、漫灌，也不是一味地"填鸭""注入"使大学生处于被动的地位，更不是被某些人歪曲理解的所谓的"洗脑"与"控制"。灌输性原则下的理论讲授法，可以使大学生全面系统地直接获得经过验证的间接知识，从而实现人类知识的代际传承。这是大学生积极参与并接受理论教育的有效方式。坚持灌输性是马克思主义理论教育本质属性一以贯之的要求，而如何进行有效灌输则是新时代高校思政课创新发展的现实课题。正如习近平总书记指出："做好正面宣传，要增强吸引力和感染力。"[②]高校思政课的核心任务就是通过正面教育，向大学生传播马克思主义理论的科学性、真理性、指导性，将道理、原理、真理讲授给大学生，在大学生的头脑中构建起科学的理论知识体系和学科框架，提高他们用马克思主义世界观和方法论来认识、分析和解决现实问题的能力。因此，高校思政课教学坚持灌输性，就是要用好理论讲授法，用鲜明的政治立场、正确的价值导向、科学的理论知识，对大学生进行马克思主义理论教育，使大学生在领会与感悟马克思主义理论的过程中，进一步坚定马克思主义信仰，坚定中国特色社会主义的信念，坚定实现中华民族伟大复兴的信心。

2. 关于"启发"

"启发"是自古以来就源远流长的教学思想和教育理念。《论语》中有"不愤不启，不悱不发。举一隅不以三隅反，则不复也。"说的就是在教学中只有当学生达到"愤"和"启"的心理状态时，才能恰到好处地对学生进行启发，使学生具有获得知识并举一反三的能力。在西方，古希腊哲学家苏格拉德的"产婆术"被誉为西方启发式教学的源头，这是通过谈话的方法启发学生对问题进行分析并自己找出答案，而不仅仅是停留在直接传授知识的层面上。进入现代以来，启发作为一种教学理念、方式、原则，广泛运用于各门课程的教学中，形成了启发式教学法。运用启发式教学法强调教师要在大学生思考的恰当时机予以点拨，避免单调生硬的灌输。

运用启发式教学法是提升高校思政课教学实效性的内在要求，也是调动大学生学习兴趣、开展创造性学习的前提和基础。人的思想认识不断发展，思政课的教学实践不断创新，启发式教学法在高校思政课教学中的重要性越来越凸显。高校思政课作为落实立德树人根本任务的关键课程，兼具政治性与学理性、理论性与实践性。与其他课程不同的是，高校

---

① 中共中央马克思恩格斯列宁斯大林著作编译局主编《列宁选集(第 1 卷)》，中共中央马克思恩格斯列宁斯大林著作编译局译，人民出版社，2012，第 317 页。

② 习近平：《习近平在党的新闻舆论工作座谈会上强调：坚持正确方向创新方法手段 提高新闻舆论传播力引导力》，《人民日报》2016 年 2 月 20 日。

思政课在对大学生进行马克思主义理论教育的同时，还需要引导大学生树立正确的世界观、人生观、价值观、政治观、道德观、法制观，培育大学生形成较高的思想道德修养。相对于单向度的灌输，在教学过程中要更加强调启发式教学法的运用，更加强调对学生的引导和启迪，也就是要在教学过程中克服生硬说教，引导学生学会在教师的精深点拨中举一反三、阐发见解、得出结论，提升大学生的理论素养和思维能力。

3. 灌输性和启发性相统一的内涵

在高校思政课教学方法的选择和运用中，坚持灌输性和启发性相统一的原则是内在的辩证统一，两者相辅相成、相互促进、互为补充、缺一不可。在高校思政课教学中，坚持灌输性与启发性相统一的原则，体现为思政课教师在运用教学方法时"当灌则灌""当启则启""灌中有启""启中有灌"，提升大学生对高校思政课教学的获得感。

第一，理论灌输为启发式教学法的运用提供可能。高校思政课的教学内容是马克思主义理论知识，大学生的学习要从接触理论、理解理论、掌握理论开始。高校思政课不进行理论灌输，大学生就不能形成对科学理论的正确认知，也就无法开展有针对性和实效性的启发性教育，更不可能引导大学生对马克思主义理论进行深入思考和探究。高校思政课教师通过理论讲授法向大学生"灌输"马克思主义理论知识，将教学内容按照符合大学生思想认知水平和思维发展能力的方式教授给他们，帮助他们认知和掌握系统的马克思主义理论知识，构建起自身的理论知识体系。

第二，启发式教学法促进了大学生对马克思主义理论知识的内化和外化。高校思政课教学要对大学生进行恰当的点拨与启发，要充分运用启发式教学法，使之成为内化马克思主义理论的助推器和营养剂，在启发中培养大学生的学习兴趣，提高他们对思政课学习的认知度和接受度。启发式教学法在增强大学生学习思政课吸引力的同时，还能够激发思政课教师的工作热情和动力，使他们在教学实践中不断发掘和更新"灌输"的新形式，丰富理论讲授法的多样化运用。没有理论灌输的基础，就没有启发性教育开展的契机；没有思想启发的引导，理论灌输也将失去存在的意义。

(二) 坚持灌输性和启发性相统一的诉求

1. 充分发挥高校思政课作用的现实要求

从高校思政课的课程属性和地位来说，坚持灌输性和启发性相统一的原则是新时代充分发挥高校思政课作用的现实要求。当前，世界大变局和中国大发展相互交织，国际和地区形势动荡多变，不确定性因素大大增加。我国正处于经济社会发展的深刻变革之中，社会还存在着发展不平衡、不充分的矛盾，还有许多亟待解决的社会问题。互联网时代的信息传播速度大大加快，一些不良、不实的信息随时"扑面而来"，西方资本主义社会固有的拜金主义、享乐主义和极端个人主义等消极思想沉渣泛起，新自由主义、"普世价值论"、历史虚无主义等错误思潮时常回归。复杂的国内外环境使意识形态领域的斗争更加严峻复杂。在文化领域，各种思想的交流、交融、交锋更加频繁，社会上多元、多面、多样的价值观对大学生思想、心理和行为的影响越来越明显。如何在新时代充分发挥高校思政课立德树人、铸魂育心的作用，培养大学生形成正确的世界观、人生观和价值观，是高校思政课教学要正视的一个现实问题。

青年大学生正处于人生的"拔节孕穗期",受年龄、知识结构、生活经验和社会阅历的局限,极易受到不良社会思潮的影响,导致思想上的迷惘、心理上的困扰和行为上的迷失。高校思政课要引导青年大学生学会运用马克思主义的世界观和方法论,正确认识复杂的社会现象和社会问题,形成正确的认知和结论,这就要求高校思政课教师在教学中坚持灌输性和启发性相统一的原则。科学的理论不会在大学生头脑中自发产生,要把马克思主义理论内化到大学生头脑中,一方面必须坚持灌输式教学法,即理直气壮、旗帜鲜明地对大学生进行马克思主义理论教育,帮助他们树立正确的价值标准;另一方面也要通过启发式教学法,充分调动大学生作为学习主体的积极性,即通过启发和引导加强大学生对学习内容的深入思考和深刻领悟,从而实现从知识向能力的转化,使科学的理论内化于心、外化于行,提升大学生明辨是非、抵御错误思想和言论的能力。

2. 适应高校思政课教学改革的迫切需要

长期以来,高校思政课教学存在一些亟待解决的顽症痼疾,如教师讲授照本宣科、学生学习效率低、课堂教学氛围沉闷等问题,反映为在课堂教学中出现"抬头率"极低、"点头率"不高的现象。在实际教学过程中,一些高校思政课教师更多地站在"我要讲"的角度单纯地讲授教学内容,将理论从教材搬移到讲台,把教材上抽象的概念、深奥的原理直接灌输给学生,理论知识没有植入到学生的头脑中,学生成为机械、被动的理论灌输对象,导致大学生对传统的思政课教学产生了抵触情绪,甚至滋生出厌学心理,弱化了思政课是对大学生进行思想政治教育的主渠道、主阵地的作用。高校思政课教学的现实境遇迫切地要求改变原有的教学模式,加大其教学方式方法的改革力度,改变生硬灌输,加大启发式教学,通过灌输与启发相结合的教学方法,促进思政课教学效果的提升。高校思政课坚持灌输性与启发性相统一的原则,其实质是要坚持马克思主义理论教育正确的价值导向与恰当的教学方法的统一,即运用灵活高效的教学方法优化教学生态,促进教学方式方法改革,实现在传授科学理论知识的同时,通过价值引领使马克思主义理论入脑入心。

"灌输"强调的是要发挥高校思政课教师在"教"中的主导作用,即实现由外向内的系统性传授马克思主义理论知识,使大学生能够学懂、弄通、运用马克思主义科学的理论、观点和方法;启发则更突出大学生在"学"中的主体作用,即强调思政课教师由内向外地引导大学生自主构建马克思主义理论知识体系。社会的发展和进步促进了社会主体——人的自我意识的发展,大学生的思想政治素质的形成和提升也是一个充分发挥主体意识、进行自主建构的过程。高校思政课教学方法坚持灌输性和启发性相统一,就是要改变思政课教学中把现成的结论直接传授给大学生的倾向,"以灌输为启发提供方向和理论上的指导,以启发增强灌输内容的接受效果"[①]。在灌输的基础上,坚持启发式教育,注重启发式教学,运用启发式方法,不断增强高校思政课的理论性和亲和力。

(三) 坚持灌输性和启发性相统一的要求

1. 坚持灌输性要充分发挥教师的主导作用

习近平总书记强调:"办好思想政治理论课关键在教师,关键在发挥教师的积极性、主

---

① 燕连福:《推动思政课改革创新要坚持灌输性和启发性相统一》,《党建》2019 年 11 月 27 日。

动性、创造性。"①高校思政课的课程属性决定了思政课教师肩负着科学理论讲授、正确价值引导、高尚行为示范的使命和任务，因此高校思政课教师要以"政治强、情怀深、思维新、视野广、自律严、人格正"的标准严格要求自己，提高政治站位，强化责任担当，夯实理论基础，提高综合素质。在教学过程中充分发挥自身的主导作用，引领大学生掌握科学的理论、树立正确的"三观"、形成高尚的道德情感。

高校思政课坚持灌输性和启发性相统一，要求教师在选择教学方法时首先要清楚"灌什么""怎么灌""何时灌"和"启什么""怎么启""何时启"的问题。因此，高校思政课教师在不断提升自身素质和掌握教材内容的基础上，还要善于将理论体系和教材内容创造性地转化为教学体系和教学内容，把握时代脉搏，关注现实问题，将中国化时代化的马克思主义理论植入教学内容，丰富思政课教学内容的鲜活性和时代性，避免拘泥于教材内容的单一灌输。同时，高校思政课教师要不断提高自身的教学能力，持续探索适合不同教学内容的教学方法，把握好灌输和启发的方法和艺术。可以结合社会典型事件与贴近学生生活实际的事例，通过巧妙的启发引导学生积极思考，透过现象看本质，实现理论讲授精度和思想见解深度的统一，在启发思想过程中引导学生深入思考。在学生处于"愤""悱"的临界状态下，适时对其进行启发，打开学生思维的大门，使学生茅塞顿开，从而达到升华理论灌输的效果。

2. 坚持启发性要充分发挥学生的主体性作用

高校思政课坚持正面的理论灌输，不是仅限于对大学生进行马克思主义理论的知识性传授，更要培养大学生学会运用马克思主义的立场观点方法来认识问题、分析问题和解决问题的能力，并树立坚定的理想信念、浓厚的家国情怀和正确的价值观、高尚的人生追求。这既是高校思政课的教学目标，也是落实立德树人根本任务的迫切要求。高校思政课教学运用灌输式教学法促进了知识目标的完成，在此基础上还要运用启发式教学法促进能力和素养目标的完成，这就需要在思政课教学中确立大学生的主体地位，发挥大学生的主体性作用，将课堂主动权交给学生，启发大学生的发散性思维、批判性思维和创新性思维。发挥大学生的主体性作用要充分尊重其主体地位，在对他们思想、心理和情感研判的基础上，遵循大学生认知发展规律，把握大学生的思想发展态势，了解大学生的心理特点和需求，在不断的启发中使大学生水到渠成地形成正确的认知并得出正确的结论。同时，高校思政课教师要强化问题意识，要能够聚焦青年大学生的思想动态和心理需求。目前，一些大学生出现的"原子化"倾向、"二次元"喜好、"鬼畜""佛系""躺平"想法、"丧文化"现象等，加剧了大学生的思想困惑。高校思政课教师要善于通过启发式教学法，抽丝剥茧，层层深入，针对大学生引发思想困惑的具体问题和原因，帮助学生在由浅入深的思考中开拓思路、理性思考，进而做出正确的价值判断与价值选择，提升他们明辨是非的能力。

3. 在教学方法实施中实现灌输性和启发性相统一

教学方法是达成教学目标、呈现教学内容的手段。高校思政课的教学内容要紧跟时代、

---

① 习近平：《习近平：用新时代中国特色社会主义思想铸魂育人　贯彻党的教育方针落实立德树人根本任务》，《人民日报》2019 年 3 月 19 日。

与时俱进、常讲常新，课堂教学要突出习近平新时代中国特色社会主义思想在新时代铸魂育人的地位和作用，将党的创新理论、时事政治、新时代的发展成就等鲜活的"中国故事"注入到思政课教学中，彰显思政课教学内容的理论性、思想性和时代性，提升理论灌输的效果。

高校思政课教学还要理论联系实际，紧密结合当代大学生的思想、学习和生活实际，立足学生已有的知识和经验，运用多样化的教学方法，提升思政课的亲和力与针对性，增强启发式教学的效果。一方面，教师要抓住大学生在认知上的特点及这一群体的特殊性，立足大学生已经掌握的知识内容，通过"灌输"的教学方式开展正面教育，讲清楚、讲明白、讲透彻马克思主义基本理论、中国化时代化的马克思主义理论。在大学生原有的知识体系基础上建构教学，对超出学生能够自我内化范围的知识点进行阐释，着眼于寻找学生更易接受的教学方法，因材施教，帮助大学生打好理论基础。另一方面，教师要以社会热点问题和学生关注的实际问题为突破口来创新教学方法，启发和引导学生理性地看待社会发展过程中的各种现象和问题，在灌输与启发相统一的教学方法中更好地理解和掌握马克思主义理论知识，促进科学世界观、人生观和价值观的形成。

二、坚持显性教育和隐性教育相统一

习近平总书记在学校思想政治理论课教师座谈会上的讲话指出："要坚持显性教育和隐性教育相统一，挖掘其他课程和教学方式中蕴含的思想政治教育资源，实现全员全程全方位育人。"[1]这一重要论述深刻揭示了思想政治教育的客观规律，也为加强新时代高校思政课建设、实现其教学方法创新指明了方向。在新的时代背景下，作为大学生思想政治教育的主渠道、主阵地和重要载体，高校思政课坚持显性教育与隐性教育相统一的原则，推动显性教育方法和隐性教育方法协调发展，使思政课既有"惊涛拍岸"的声势，又发挥"润物无声"的效果。

(一) 坚持显性教育和隐性教育相统一的内涵

1. 关于显性教育

学界关于显性教育一般有三种指向，即"显性教育课程""显性思想政治教育""显性教育方法"。显性教育课程指的是"学校教育中有计划、有目的、有组织地实施的正式课程，通常指学校有计划列入课程表内的所有课程，是以教学计划中所明确规定的各门学科为内容的课程"[2]。高校思政课是对大学生进行马克思主义理论教育的课程，课前教师要确立明确的教学目标，课中要运用恰当的教学方法，课后要对大学生进行测试和评定，这就鲜明地体现了显性课程的计划性和目的性。显性思想政治教育是指通过有计划、有目的、直接的方式进行思想政治教育的显性教育方式。思想政治教育要旗帜鲜明地传播马克思主义意识形态，把培养社会主义建设者和接班人作为根本任务，这是最为突出的一种显性教育途

---

① 习近平：《习近平：用新时代中国特色社会主义思想铸魂育人 贯彻党的教育方针落实立德树人根本任务》，《人民日报》2019 年 3 月 19 日。

② 王宇：《马克思主义大众化视野下的高校隐性德育研究》，广西人民出版社，2011，第 29 页。

径，这也是由思想政治教育的本质属性决定的。显性教育方法由来已久，但作为一个方法的概念，则是在 20 世纪 90 年代初，作为与"隐性教育方法"相对应的一个概念类型被正式提出，高校思政课教学方法中的理论讲授法是最具代表性、最突出的显性教育方法。此外，理论宣讲、专题报告等方式也具有鲜明的显性教育的特点。综上所述，作为对大学生进行思想政治教育的主渠道、主阵地和重要载体，高校思政课既是以理论讲授法为主要教学方法的显性课程，也是对大学生进行的显性思想政治教育，承载着落实立德树人根本任务、实现铸魂育人根本目标的功能。

高校思政课的显性教育方法是马克思主义理论教育普遍使用的有效方法，具有直接性、公开性和目的性的特点，这些特点体现了马克思主义理论教育的本质属性。直接性是指在高校思政课教学中，思政课教师以直接的方式，如课堂理论讲授法、各种专题报告会、理论研讨会等，对大学生进行马克思主义理论教育，理直气壮地宣讲马克思主义理论的科学性。公开性则是以公开的方式、毫不隐晦地对大学生进行马克思主义理论教育，旗帜鲜明地宣讲马克思主义理论的真理性。目的性是指高校思政课教学通过有计划、有组织、有目的地对大学生进行马克思主义理论教育，坚持不懈地用中国化时代化的马克思主义理论武装大学生头脑，加强对大学生进行思想教育、政治教育和价值引领。在高校思政课教学中，这三个特点突出强调了教师的主导性作用。教师依据教学目标，进行教学设计，安排教学内容，运用理论讲授、专题讲座等鲜明的显性教育方法实施教学，完成既定的教学任务，达成既定的教学目标。

2. 关于隐性教育

隐性教育是与显性教育相对应的一个概念。我国古人很早就关注到隐性教育的潜移默化作用，如"孟母三迁"的故事就蕴含着作为隐性教育资源的环境对人成长的影响。隐性教育一般可以指隐性课程、隐性教育资源和隐性教育方法。1968 年，美国教育社会学家杰克逊(P.W.Jackson)的《班级生活》一书提及学校的"潜在课程"，他因此被认为是首次提出"隐性课程"这一概念的教育家。1970 年，美国学者 N.V.奥渥勒又提出了"隐蔽性课程"这一概念。"隐性课程"是一种非正式的课程，它虽然没有正式列入学校的课程计划中，但对大学生的思想、态度、价值观和行为等都会产生影响。隐性教育资源是指以潜移默化的方式、在无意识中对大学生的思想、心理和行为产生影响的教育内容，它通常隐藏在课堂教学或学校教育之外的各种形式的活动中，如参观访问、社会调查都蕴含着隐性教育资源。一般来说，隐性课程中通常包含大量的隐性教育资源。因此，从一定意义上说，隐性课程和隐性教育资源二者具有高度的重合性和一致性，都是指在正式课程之外的、在无意识中对学生产生教育的隐性内容，如观念层面的校风、学风、教风等，物质层面的学校建筑、教室布置、校园环境等，制度性层面的学校管理制度、学校组织机构、班级管理方式等，心理层面的师生之间的人际关系、交往方式、行为方式等，还可以包括社会、学校、家庭等各种途径和方式对学生思想道德修养的影响。隐性教育方法通常是指教育者隐藏教育目的，以无意识的方式和手段将教育内容渗透到教育对象的学习和生活中，引导受教育者潜移默化地接受教育内容。它通常以间接的、渗透的、嵌入的方式呈现出来，或内隐在学生日常学习和生活的各个场景中，或是通过隐性课程或隐性教育资源呈现出来，使大学生的思想观念、道德修养、情感态度、价值观念在不知不觉中得到提升。

我国学界从 20 世纪 80 年代末 90 年代初开始对隐性教育进行研究和探讨,隐性教育方法逐渐作为特有的教育方法开始广泛运用于教育教学中。隐性教育方法突出一个"隐"字。高校思政课的隐性教育方法是指通过潜移默化、润物无声的,或内隐的、无形的方式对大学生进行马克思主义理论教育,让大学生在不知不觉中形成正确的世界观、人生观和价值观,提升运用马克思主义理论分析和解决问题的能力,使大学生的思想道德修养在知行合一的实践中更好地呈现出来。高校思政课教学通常运用隐性的教学方法,包括播放视频、案例讲解、实地访谈、社会实践、校园文化活动等多种形式,把马克思主义理论知识潜移默化地传递给大学生,使大学生在"润物无声"中接受科学理论的教育,提升他们的思想政治素质。

隐性教育方法具有彰显主体性、场域开放性、方法渗透性等特点,能够使大学生在无意识中把马克思主义理论知识内化到头脑中,是显性教育方法的有益补充。彰显主体性是指要调动大学生在思政课教学中的积极性和主动性,突出他们的主体地位,使他们可以根据自身内在的价值尺度选择适合的或者感兴趣的教育内容和教育方法来主导自身教育。场域开放性是指隐性教育方法打破了显性教育方法局限在课堂的教学模式,突破了空间的限制,在很多场域都可以进行思想政治教育,教育方法比较自由多样,如参观爱国主义教育基地、开展丰富多彩的校园文化活动和开展"行走的思政课"等。相对于显性教育方法的直接性而言,隐性教育方法是将教育目标和教育内容渗透在大学生的日常生活和学习中,比如参观、走访、文化娱乐、人际交往等,避免了直接的显性教育方法带给大学生强制性学习的压力。方法渗透性是指隐性教育方法通过潜移默化的、润物无声的形式,使大学生在轻松愉快的氛围中接受马克思主义理论教育,提升自己的思想道德认知,在无形中让科学的理论入脑入心。

3. 坚持显性教育和隐性教育相统一的内涵

坚持显性教育和隐性教育相统一的原则,要求高校思政课教学同时运用显性教育方法和隐性教育方法。作为高校思政课教学中两种不同的手段和方式,显性教育方法和隐性教育方法具有不同的内涵和特质。虽然二者区别迥异,但却是辩证的统一。一方面,它们的教育方法截然不同。显性教育方法是一种直接的教育,它在高校思政课教学中居于主导地位,有清晰的教育目的和明确的教育内容;而隐性教育方法是间接性教育,是以寓教于乐的方式使大学生在耳濡目染中提升思想道德素质。另一方面,它们又是相互联系的。在高校思政课教学中,显性教育方法和隐性教育方法是同时存在且相互补充的,它们共同推动了新时代高校思政课教育方法的科学化、人文化和时代化,显著提升了高校思政课的教学效果。办好高校思政课,坚持显性教育与隐性教育相统一的原则,要求做到显性教育方法与隐性教育方法相统一,把它们应用到学校教学、隐性课程和隐性教育资源中,通过课外活动、日常生活和人际交往等体现出来。与显性教育方法比较而言,隐性教育方法的影响虽不能立竿见影,但却是长期的、潜移默化的,具有较强的稳定性和持久性。

(二) 坚持显性教育和隐性教育相统一的诉求

1. 有效应对复杂的内外环境的变化

显性教育方法与隐性教育方法相统一,有助于高校思政课有效应对内外环境的发展变化。高校思政课是向大学生传播马克思主义理论知识的显性教育课程，蕴含着丰富的显性教育资源，这就使得显性的理论讲授法成为高校思政课教学的基本方法，运用理论讲授法体现了马克思主义理论教育的属性。但是，在当今社会条件下，高校思政课教学的内外环境发生了诸多变化。一方面，进入 21 世纪以来，经济全球化、政治多极化、文化多样化、社会信息化成为全球发展的大趋势，世界大变局与中国大发展形成历史性交汇，使我们面临着更为复杂的外部环境。虽然和平与发展仍然是时代主题，但世界经济增长乏力、局部地区冲突和动荡加剧、政治极化上升势头强劲、颜色革命时有发生，传统安全威胁与非传统安全威胁相互交织，诸多的不确定性给世界经济政治增添了不稳定和不安全因素。新时代的大学生要经受住来自政治、经济、意识形态等方面的风险挑战考验。要成为中国特色社会主义事业的可靠建设者和合格接班人，需要高校思政课更好地发挥立德树人的关键作用，帮助大学生"系好人生的第一粒扣子"。另一方面，青年大学生思想和心理发展特点以及接受知识信息的方式、途径也发生了新的变化，简单直接、清晰明了的教育方法具有一定的局限性，在很大程度上影响了高校思政课的教学效果。要充分发挥思政课铸魂育人的优势，为党育人，为国育才，就需要不断改进和创新显性教育方法，并积极开发隐性教育的方法和途径，实现显性教育方法与隐性教育方法相互补充，并有机统一于高校思政课教学全过程，充分发挥高校思政课是对大学生进行思想政治教育的主渠道、主阵地的作用，有效应对因外部环境变化带来的意识形态等方面的风险与挑战。

2. 提升高校思政课的教学效果

显性教育方法与隐性教育方法在目标上的同构性和效果上的互补性，有助于提升高校思政课教学的实效性。高校思政课以落实立德树人为根本任务，以培养社会主义事业的合格建设者和可靠接班人为目标，要充分发挥好显性教育方法的作用，理直气壮、旗帜鲜明地讲好思政课。在高校思政课教学中，大学生要完成马克思主义理论知识的内化和外化，只依靠显性教育方法远远不够，需要充分发挥隐性教育方法与显性教育方法的"合力"作用，"显隐结合"有助于大学生对马克思主义理论的掌握和运用，两种教育方法在目标指向上是完全一致的。同时，显性教育方法与隐性教育方法具有功能上的互补性。显性教育方法和隐性教育方法的运用是截然不同的，显性教育方法是进行正面的、系统的、直接的理论灌输，对于大学生全面了解和掌握马克思主义理论知识体系具有不可替代的作用，且可以弥补隐性教育方法的随意性、任意性引起的教育过程中的不足。同时，高校思政课是一门理论性较强的课程，具有强烈的政治性、鲜明的理论性和价值主导性，大学生要能够掌握和运用这些深刻的理论，还需要在多种形式、多种样态、多种场域的实践中消化、理解。隐性教育方法的多元化、开放性能使大学生结合自身的学习和生活实际，在潜移默化中加深对马克思主义理论的理解和感悟，更好地实现大学生的自我教育，提升高校思政课的教学效果。

3. 实现高校思政课的教学目标

显性教育方法与隐性教育方法相统一于高校思政课教学过程，有助于达成高校思政课的教学目标。目前，高校思政课教学仍然存在着过度知识化、忽视大学生能力和素养提升的问题，导致教学效果不尽如人意。加强高校思政课建设，要有强烈的问题意识，以解决现存问题为导向，加大教学方法改革力度。高校思政课运用显性的理论讲授法，能够使大学生系统地了解马克思主义理论知识，这是完成知识目标的必要手段。但能力目标和素养目标的达成不能完全依赖理论讲授法，否则就无法促进大学生知行合一。高校思政课对大学生进行的马克思主义理论教育是知识性和价值性的统一，既要培养大学生掌握马克思主义理论知识，又要注重大学生道德情感、行为意志、能力提升、价值观塑造等价值维度的教育，这就需要加大运用隐性教育方法。显性教育方法能够有助于大学生掌握完整的马克思主义理论体系，隐性教育方法则有助于增强大学生的综合能力，提升大学生的情感、态度和价值观素养，实现高校思政课教学目标需要显性教育方法和隐性教育方法共同发挥作用。

(三) 坚持显性教育和隐性教育相统一的要求

在高校思政课教学中，显性教育方法和隐性教育方法各有特点、各具优势，是提升高校思政课思想性、理论性和亲和力、针对性的重要举措。坚持显性教育方法与隐性教育方法有机结合，既要厘清理论逻辑层面的依据，又要促进现实教育教学层面的实施。新时代高校思政课要坚持运用理论讲授法，对大学生进行旗帜鲜明的马克思主义理论教育，同时也要充分重视和开发隐性教育方法，发挥其潜移默化、润物无声的教育作用，形成"显隐结合""显隐互补"的效果，共同促成高校思政课知识获得、能力培养和素养涵育的教学目标。

1. 要旗帜鲜明、理直气壮地用好显性教育方法

高校思政课是落实立德树人根本任务的关键课程，是体现社会主义大学特征的标志性课程。我国是中国共产党领导的社会主义国家，高等教育就是要把培养中国特色社会主义的合格建设者和可靠接班人作为根本任务。这就决定了高校思政课要旗帜鲜明、理直气壮地传播马克思主义基本理论、中国化时代化的马克思主义理论，光明正大地宣示自己的主张，用科学的理论武装当代大学生的思想和头脑。早在一百多年前，马克思、恩格斯在《共产党宣言》中就已公开地阐明了"共产党人不屑于隐瞒自己的观点和意图"[1]。高校思政课肩负着"为党育人、为国育才"的使命和任务，必须讲深、讲透、讲活马克思主义理论，特别是习近平新时代中国特色社会主义思想，不必隐晦，更不应含糊。要通过显性教育方法，大张旗鼓地进行正面的、公开的、直接的理论讲授，旗帜鲜明地对大学生进行马克思主义理论教育，如有计划地安排课堂教学、开展主题鲜明的理论教育、开展专题理论宣讲等活动，推进马克思主义理论特别是习近平新时代中国特色社会主义思想大众化、生活化，给青年大学生以正确的价值引领和强大的精神力量。

高校专业课各门课程的教学中也可以运用显性教育方法，通过挖掘这些课程中的思想政治教育元素，与思政课同向同行，共同发挥合力，对大学生进行思想政治教育。当然，高校思政课在运用显性教育方法时，也要改变传统的"普遍适用"和生硬灌输，要与隐性教育方法结合运用，创设具有亲和力和感染力的教学氛围，增加显性教育方法的情感性、人文性和针对性，不断守正创新，充分发挥显性教育方法理论教育的魅力。

---

① 中共中央马克思恩格斯列宁斯大林著作编译局主编《马克思恩格斯选集(第 1 卷)》，中共中央马克思恩格斯列宁斯大林著作编译局译，人民出版社，2012，第 307 页。

2. 多运用融入式、嵌入式、渗透式等隐性教育方法

高校思政课要加大教学方法改革创新力度，在教学中多运用融入式、嵌入式、渗透式的隐性教育方法，发挥其"随风潜入夜，润物细无声"的教育效果。高校思政课教师要关注大学生的思想、心理发展的特点和需求，遵循大学生思想政治教育规律和高校思政课教学规律，结合具体的教学内容，通过课程实践教学、校园文化活动、社会实践活动等方式，把思政课教学内容融入、嵌入、渗入教学中，形成立体的、多样化的隐性教育方法。依托高校校园文化建设对大学生进行思想政治教育，可以开发出许多隐性教育方法，如加强校园文化环境建设，开展各种仪式活动、重大的节日纪念活动、各种文化活动等。隐性教育方法还可以通过和谐的师生关系表现出来，教师的言传身教、身体力行会对大学生的思想和行为产生至关重要的影响。所谓"经师易得，人师难求"。教师发挥自身的榜样示范作用是最有效的隐性教育方法，会潜移默化地引导大学生的思想和行为，成为影响大学生思想观念和行为表现的重要隐性教育因素。

3. 发挥显隐相结合的教育合力

显性教育方法与隐性教育方法相互结合、取长补短，能够发挥一加一大于二的教育效果。一方面，要多开发隐性教育资源，多运用隐性教育方法；另一方面，要注重显性教育的隐性渗透，开发渗透式的隐性教育方法。渗透既是隐性教育方法的一个重要特点，也是隐性教育方法和显性教育方法互补结合、相互统一的重要方式。渗透式方法是指教育者运用科学的方法将体现教育目标的教育内容渗透到受教育者的学习和生活环境中，让学生随时随地都能够受到科学理论和先进道德文化的熏陶和影响，让大学生可能接触到的一切事物和活动都发挥思想政治教育的作用。大学生的校园文化活动、社会实践活动、教室及宿舍的文化建设等，都是显性教育方法与隐性教育方法有机结合的重要形式。此外，借助采用了现代信息技术的微电影、微视频等载体，也能有效实现高校思政课显性教育方法与隐性教育方法的互补结合，促进思政课教学目标的实现。

发挥显性教育方法与隐性教育方法的教育合力，还要提升高校思政课的教学艺术。显性教育方法和隐性教育方法相辅相成，共同运用于高校思政课的教学过程。只重视显性教育方法，不关注隐性教育方法，无法达到显性教育应有的效果；只关注隐性教育方法，不重视显性教育方法，就会使高校思政课教学偏离其价值导向。只有把显性教育方法和隐性教育方法结合起来，才能更好地立德树人、铸魂育人，有效提升高校思政课的教学效果。在显性教育方法和隐性教育方法的关系中，显性教育方法更能够体现高校思政课教学目标的性质，隐性教育方法更有助于大学生内化马克思主义理论，加深对科学理论的深入理解和感悟，促进大学生知行合一。因此，显性教育方法在高校思政课教学中具有不可替代的地位，隐性教育方法是高校思政课有效达成教学目标不可缺少的重要补充，两种教育方法共同发挥对大学生进行思想政治教育的作用。对于高校思政课教师来说，在具体的教学实践中实现显性教育方法与隐性教育方法的有效统一，才能最大化发挥两种教学方法的合力。

三、坚持理论性和实践性相统一

习近平总书记在学校思想政治理论课教师座谈会上指出："要坚持理论性和实践性相统一，用科学理论培养人，重视思政课的实践性，把思政小课堂同社会大课堂结合起来，教育

引导学生立鸿鹄志，做奋斗者。"[1]这一重要论述是马克思主义认识论在思想政治教育中的具体运用，也为推动高校思政课教学方法创新指明了方向。早在 1949 年 9 月颁布的《中国人民政治协商会议共同纲领》中关于文化教育政策的规定就指出"中华人民共和国的教育方法为理论与实际一致"[2]，明确了高等教育的教学方法要做到理论和实践的统一，不能空讲理论而脱离实际。坚持理论性与实践性相统一，一直以来是高校思政课教学遵循的基本原则。

(一) 坚持理论性和实践性相统一的内涵

1. 高校思政课教学内容具有理论性

高校思政课"承担着对大学生进行系统的马克思主义理论教育的任务，是巩固马克思主义在高校意识形态领域指导地位、坚持社会主义办学方向的重要阵地，是全面贯彻党的教育方针、落实立德树人根本任务的主干渠道和核心课程，是加强和改进高校思想政治工作、实现高等教育内涵式发展的灵魂课程"[3]。旨在帮助大学生确立正确的政治方向，树立科学的世界观、人生观和价值观，学会运用马克思主义的立场、观点、方法分析和解决问题，成为中国特色社会主义事业的建设者和接班人。因此，坚持理论性与实践性相统一，不仅是由高校思政课的根本属性决定的，更是加强高校思政课建设、创新教学方法应遵循的基本原则。

高校思政课教学坚持理论性和实践性相统一源于马克思主义理论的科学性、人民性、实践性和开放性。高校思政课以马克思主义理论为基本教学内容，马克思主义理论内涵丰富、博大精深，这决定了高校思政课教学内容具有较强的理论性。马克思主义理论是迄今为止最科学、最严密、最有生命力的科学的理论体系，从理论本身来看，马克思主义创造性地揭示了自然界、人类社会和思维发展的普遍规律，第一次创立了人民实现自身解放的思想体系，并吸收人类创造的一切科学知识和文明成果，具有与时俱进的理论品格和持久生命力，不断为人类社会面临的新挑战提供理论指导。从课程本身来看，新时代高校思政课教学是以马克思主义基本理论、中国化时代化的马克思主义理论为主要教学内容，培养大学生形成远大的理想信念、深厚的家国情怀、强烈的使命担当，以及正确的价值取向和较强的思辨与分析的能力，这就需要以科学的理论作为指导，保证其政治性和方向性。高校思政课如果丧失理论性，其地位和功能就荡然无存。

2. 高校思政课教学目标具有实践性

高校思政课教学的实践性源于马克思主义理论的不断发展和与时俱进。"哲学家们只是用不同的方式解释世界，而问题在于改变世界。"[4]从理论本身来看，实践性是马克思主义

---

① 习近平：《习近平：用新时代中国特色社会主义思想铸魂育人 贯彻党的教育方针落实立德树人根本任务》，《人民日报》，2019 年 3 月 19 日。

② 李宇卫：《普通高校思想政治理论课实践教学概述》，西南交通大学出版社，2016，第 4 页。

③ 教育部：《教育部关于印发〈新时代高校思想政治理论课教学工作基本要求〉的通知》，http://www.moe.gov.cn/srcsite/A13/moe_772/2018-04/t20180424_334099.html。

④ 中共中央马克思恩格斯列宁斯大林著作编译局主编《马克思恩格斯选集(第 1 卷)》，中共中央马克思恩格斯列宁斯大林著作编译局译，人民出版社，2012，第 61 页。

理论区别于其他理论最显著的特征，马克思主义理论的实践性不仅在于解释世界，还在于改变世界。马克思主义理论从实践中来，到实践中去，在实践中接受检验，并随实践发展而不断发展，具有鲜明的实践性。马克思主义理论的实践性体现在直接服务于无产阶级和人民群众改造世界的实践活动，因而它不是纯教科书式的原理和框架，也不是只适用于教条式传播的理论体系，而是始终与人民群众的实践活动紧密结合的普遍真理。

马克思主义理论的实践性赋予了高校思政课教学鲜明的实践性特征。从课程本身来看，新时代高校思政课是有计划、有组织地对大学生进行思想政治教育的灵魂课程，其本质是一项特殊的社会实践活动。高校思政课是将经过人类实践检验的真理性认识，以间接经验的方式传授给大学生，这一间接经验还必须经过大学生的直接经验检验才能被大学生真正接受和运用。高校思政课教学要紧密联系社会现实生活，将大学生的理论学习与社会生活实践融为一体，让大学生在亲身经历的生活实践中感悟马克思主义理论的科学性和真理性。所以，高校思政课更强调对社会现实问题的映照，提高大学生理论联系实际和把理论运用于实践的能力。高校思政课的实践性还体现在其教学要素是随着社会发展的需要而不断丰富和完善的，如教学内容随着社会实践而不断丰富，教学方法随着社会实践而不断改革，教学载体随着社会实践而不断创新，这都促进了高校思政课主体——教师和学生的双向发展，提升了大学生对于高校思政课的获得感。高校思政课失去实践性，就会陷入"本本主义"或"教条主义"的困境而成为"泛泛空谈"的课程。

3. 高校思政课教学方法兼具理论性与实践性

理论性和实践性统一于高校思政课教学的全过程。坚持理论性与实践性相统一的原则，保证了高校思政课理论教学的科学性与实践教学的方向性，大大缩减大学生与所学理论的距离感。一种理论的产生源于特定的社会需要和时代背景，马克思主义理论的形成和发展也是如此。对于新时代大学生而言，马克思主义的产生因历史比较久远，多数大学生认为思政课讲授的理论与他们的实际生活距离十分遥远。要缩减这种距离感，思政教师就需要紧密联系当前的社会生活，并从社会生活实际出发阐释马克思主义理论的真理性和指导性，将理论讲授基于实践生活之上，将社会实践的发展置于理论的指导之下。

高校思政课将理论教学与实践教学结合，既能促进大学生从理论上思考和探索社会实践发展的方向，创新多种实践方式；又能从实践意义上领悟理论的来源与内涵，增强理论的亲和力与感染力，缩短大学生与科学理论之间的距离，使马克思主义理论内化于大学生的心中，外化为大学生的行为。如果只偏重理论讲授而忽视实践的重要性，必然增加大学生与理论的距离，导致大学生难以学深、悟透、弄懂马克思主义理论，从而影响高校思政课的教学效果。

(二) 坚持理论性和实践性相统一的诉求

1. 更好落实立德树人的根本任务

高校思政课坚持理论性与实践性相统一，有助于更好地落实立德树人根本任务。高校思政课是落实立德树人根本任务的关键课程。立德树人是一项长期的、复杂的、系统的育人工程，既要培养大学生具有较高的思想道德素质，又要培养大学生具备较强的实践能力。高校思政课教学要完成立德树人根本任务，内在要求是要坚持理论性与实践性相统一。从"立德"的角度看，大学生思想品德的形成和发展要经过知、情、意、行等多项心理活动才能完成，这一过程体现为大学生的思想品德要经历由不知到知、有知之不多到知之甚多、由知之甚多到行为养成的转化，也就是马克思主义理论内化于心到外化于行的过程。教师在课堂教学中不论是弱化理论还是弱化实践都无法完成"立德"的目标。从"树人"的角度来看，高校思政课对大学生进行思想政治教育的终极目标是培养全面发展的时代新人。全面发展的人是在社会实践中成长起来的，是现实的、具体的、社会中的人，个人能够在社会生活中充分发挥自己的所有潜能和才能，实现自由而全面的发展。全面发展的时代新人具有较高的思想道德修养、科学文化知识和较强的身心素质，能够担当起民族复兴大任，这就意味着他们要具有极高的理论素养和实践能力，这也只能在理论性与实践性相统一之中得以实现。

2. 提升高校思政课教学的实效性

高校思政课坚持理论性与实践性相统一，是提升新时代高校思政课教学实效性的迫切要求。立足于世界百年未有之大变局和实现中华民族伟大复兴的战略全局，党和国家对高校思政课提出了新的更高的要求。但在具体的思政课教学中存在着一些问题，如在教学过程中教师对如何处理好理论与实践的关系存在错误理解。有的教师重理论轻实践，表现为重视理论知识的传授，忽视对大学生实践能力的培养，思政课堂成为教师一人的单向"灌输"舞台，导致教学缺乏实践性，学生课堂获得感较低。有的教师重实践轻理论，难以讲清楚、讲明白、讲透彻理论，过多地运用视频教学、实地考察、参观调研等实践教学形式，希望以此提高大学生的学习参与度，激发大学生对思政课的兴趣。虽然教学的吸引力与趣味性提高了，但弱化了思政课的理论性、思想性。还有教师既轻理论又轻实践，一些大学生认为高校思政课是公共课而非专业课，对于求职就业的实际功用不强，没有必要花时间认真学习，因此导致一些教师没有把全部心思放在教学上，课堂教学中既不进行逻辑严密的理论讲授，也不开展必要的实践教学，思政课成为大学生眼中空洞乏味、毫无用处的"水课"。这些问题的存在大大削弱了高校思政课的教学效果，也迫切要求高校思政课要毫不动摇地坚持理论性与实践性相统一的原则。

3. 促进大学生实现知行合一

高校思政课坚持理论性与实践性相统一，是马克思主义认识论的根本要求，反映了马克思主义与时俱进的理论品质。马克思主义认识论认为，任何理论都植根于实践、来源于实践，并要经过实践检验，实践是检验真理的唯一标准。实践对理论具有决定性的意义，脱离实践谈理论，只能是空谈。2019 年 3 月，习近平总书记在中央党校(国家行政学院)中青年干部培训班开班式上强调，学习理论要做到"学、思、用贯通，知、信、行统一"。[①]大学生良好思想品德的形成需要经过知情意行的转化过程，社会实践是检验转化成果的方式，包括理论认知的验证、情感信念的强化、意志品质的加持、行为方式的呈现，这需要理论教育与实践教育相辅相成才能完成。所以，高校思政课理论讲授一定要联系当下中国社会发展的实际和大学生思想心理发展的实际，不能脱离中国社会发展的现实情况

---

① 习近平:《习近平:在常学常新中加强理论修养　在知行合一中主动担当作为》,《人民日报》2019 年 3 月 2 日。

为理论而理论，要在联系实际上下功夫、见实效，这也是加强新时代高校思政课建设的重要举措。同时，高校思政课教学要创新多样化的实践教学方法，让大学生走出"思政小课堂"、走进"社会大课堂"，加强与社会生活的紧密联系，运用所学理论解决实际问题，在实际生活中加强对科学理论的理解和运用，这也是贯彻理论性与实践性相统一原则的体现。

(三) 坚持理论性和实践性相统一的要求

1. "思政小课堂"与"社会大课堂"相结合

坚持理论性与实践性相统一，在教学方式上要把"思政小课堂"同"社会大课堂"结合起来，引领大学生在社会实践中深刻感受、理解和领悟马克思主义理论的内涵及其对社会发展与现实生活的指导作用。通过社会实践教学，引导大学生走出"思政小课堂"，走进"社会大课堂"，如通过参观考察、专题调研、志愿服务、勤工俭学、公益活动等社会实践活动，将高校思政课的育人课堂从学校延伸到社会，通过多样化的社会实践方式让大学生进一步接触社会，深入了解国情、社情、民情。在社会实践中，强化大学生的问题意识，引导他们用所学理论分析社会现实问题，并通过小组合作学习、研究性学习等方式，探讨解决问题的方法和途径，进一步升华大学生对马克思主义理论的认知。社会实践也是理论落地、教学相长的过程，教师可以参与到学生的社会实践中，发挥自身的主导作用，引导大学生确立实践选题，规划实践目标，确定实践路径，形成实践成果，并全程参加大学生的调研活动，促进大学生在社会大课堂中获得直接经验、深化间接经验、丰富所学所得。

2. 理论讲授法与实践教学法相结合

坚持理论性与实践性相统一，在教学方法上要将课堂的理论讲授法与多种实践教学法相结合。高校思政课的教学内容具有较强的思想性和学理性，教师首先要通过课堂理论讲授法把马克思主义理论完整、系统地呈现给大学生，但理论既源于实践又高于实践，增加大学生的直接经验还要通过多种实践教学法，升华大学生对马克思主义理论的理解。一方面，可以在理论讲授中融入现代信息技术，如引用自媒体平台资源，选取哔哩哔哩、抖音、微视频等平台的教学资源进行课堂导入，利用微博、微信以及腾讯会议、钉钉会议等进行在线研讨，引导大学生用他们熟悉且喜欢的途径和方法深化理论学习，既可以突破课堂教学的时空界限，又能够显著增强传统的理论讲授法的吸引力。在此过程中，教师可以利用网络平台创新实践教学法，如在课堂教学中通过"大学生讲思政微课""大学生讲党史故事"等多种形式，调动大学生参与学习的积极性；或运用自媒体公众号打造线上课堂，鼓励大学生参与公众号运营，形成师生共同参与、线上线下双向互动的思政实践课堂，提升实践教学法的时代感和大学生的获得感。

3. 协同发挥主导和主体双重作用

坚持理论性与实践性相统一，在教学主体上要协同发挥教师的主导作用和学生的主体作用。高校思政课的"教学过程是教师和学生认识和实践的活动"[1]，这一教学过程包括教

---

① 刘强主编《思想政治学科教学论(第二版)》，高等教育出版社，2009，第93页。

师的教和学生的学两方面，是在教与学的相互联系中完成的。因此，高校思政课的教学过程既是师生双方共同开展的认识活动，也是师生双方共同参与的特殊的实践活动，这就需要教师和学生的"双向奔赴"。教学过程要以教师为主导。由于学生的认知水平和身心发展的局限性，不可能自发掌握和运用马克思主义理论，在教学过程中就离不开教师的有效指导。同时，也要"以学生为本"，充分发挥大学生的主体作用，发挥大学生在思政课教学中的独立性、自觉性和主动性，促进他们自觉把马克思主义理论知识内化为自己的思想、道德和价值观。教师在课堂教学中要尊重大学生的诉求，认真对待学生所思所想，创新教学载体和教学方法，坚持理论与实践结合，既要真正讲明白理论，又要打通理论与实践连接的路径，用马克思主义基本原理阐释现实、解决实际问题，让大学生领会马克思主义在现实中的强大生命力。面对思维活跃的新时代大学生，高校思政课教学要紧密贴近学生的思想、学习和生活实际，聚焦他们的所思、所想、所盼、所求，及时回答学生普遍关心、关注的理论和现实问题，满足大学生成长需求与期待，既重视以理服人，也注重以情感人，切实增强大学生的获得感。高校思政课坚持理论与实践相统一，才能让科学的理论在教学实践、社会实践中得到源源不断的创新活力，最终实现思政课立德树人的根本目标。

第四章

高校思政课教学方法遵循的规律

列宁指出："规律就是关系——本质的关系或本质之间的关系。"①规律是客观存在的，是不以人们的意志为转移的，人们的社会实践就是认识规律、遵循规律的过程。习近平总书记在全国高校思想政治工作会议上指出："要坚持把立德树人作为中心环节，把思想政治工作贯穿教育教学全过程，实现全程育人、全方位育人，努力开创我国高等教育事业发展新局面。""要遵循思想政治工作规律，遵循教书育人规律，遵循学生成长规律，不断提高工作能力和水平。要用好课堂教学这个主渠道，思想政治理论课要坚持在改进中加强，提升思想政治教育亲和力和针对性，满足学生成长发展需求和期待，其他各门课都要守好一段渠、种好责任田，使各类课程与思想政治理论课同向同行，形成协同效应。"②这一重要论述阐明了高校思想政治教育与思想政治理论课之间的内在关系，为加强高校思政课建设、不断完善高校思政课教学方法提供了指导和遵循。高校思政课是落实立德树人根本任务的关键课程，要具有思想性、理论性和亲和力、针对性，满足大学生成长发展的需求和期待，其教学方法的选择和运用必须要遵循大学生思想政治教育规律、遵循高校思政课教学规律、遵循大学生思想和心理发展规律。

一、遵循大学生思想政治教育规律

大学生思想政治教育规律是指大学生思想政治教育系统内部各要素之间存在的客观、必然、本质的联系，反映了大学生思想政治教育内部诸要素的矛盾运动，以及大学生思想政治教育发展变化的必然趋势。高校思政课是对大学生进行思想政治教育的主渠道、主阵地，是落实立德树人根本任务的重要载体和途径。高校思政课教学遵循大学生思想政治教育规律，是加强大学生思想政治教育，提升大学生思想政治教育实效性的内在要求。高校思政课要遵循大学生思想政治教育的适应超越规律、双向互动规律和协调控制规律。

---

① 中共中央马克思恩格斯列宁斯大林著作编译局主编《列宁全集(第 55 卷)》，中共中央马克思恩格斯列宁斯大林著作编译局译，人民出版社，1990，第 128 页。

② 习近平：《习近平：把思想政治工作贯穿教育教学全过程 开创我国高等教育事业发展新局面》，《人民日报》2016 年 12 月 9 日。

(一) 适应超越规律

适应超越规律是指"教育者的教育活动既要适应受教育者的思想政治品德基础和发展需求,又要超越受教育者的原有基础,体现社会思想政治品德要求的规律"[①]。思想政治工作者要根据社会发展的要求和受教育者思想品德的发展状况,努力解决受教育者的思想品德水平与社会道德规范要求之间的矛盾,使他们的思想品德符合社会发展的要求和方向,并不断提高他们的思想品德,使之进入新的更高的发展水平。适应超越规律反映了思想政治教育过程的基本矛盾,是大学生思想政治教育的基本规律。高校思政课教学方法的选择和运用首先要遵循适应超越规律。

高校思政课是教师通过一定的教学方法和教学手段,组织教学过程,呈现教学内容,达成教学目标,从而实现对大学生进行思想政治教育的目的。每个大学生都是独立的社会个体,不同的生活经历使他们的思想道德发展水平存在一定的差异性。从特定意义上说,高校思政课的教学过程是促进大学生的思想和行为实现知行合一的过程,既要适应大学生的思想品德发展的现状,又要按照社会较高的思想品德要求使其能够超越现有发展水平,这就使得高校思政课教学方法的选择和运用既要与大学生思想品德的实际状况、思政课的教学目标和教学内容相适应,又要能够促进大学生思想品德素养逐渐提升。反之,就会导致思政课教学有可能脱离大学生成长实际和社会发展需要,削弱或降低思政课的功能和作用。

习近平总书记在学校思想政治理论课教师座谈会上的讲话中指出:"办好思政课,最根本的是要全面贯彻党的教育方针,解决好培养什么人、怎样培养人、为谁培养人这个根本问题。"[②]思想政治理论课独特的功能和作用,要求高校思政课教学要遵循和运用适应超越规律,这是因为:一是中国特色社会主义事业的发展需要作为"未来建设者和接班人"的大学生不仅要具有较高的科学文化素质,还要具有较高的思想政治素质,高校思政课的教学目标要符合这一要求;二是高校思政课的教学过程要从大学生思想道德状况的实际出发,教学方法的选择要适应大学生的思想发展实际和学习习惯;三是高校思政课的教学任务要引导大学生逐步提升自身的思想道德素质,以适应未来社会发展的需要。高校思政课教学方法遵循适应超越规律,符合大学生的身心发展需求,有利于对大学生进行有效的思想政治教育。

这里以探究式教学方法的运用为例来说明。探究式教学方法通过教师创设探究情境、设置探究问题,学生开展探究、展示探究成果,充分发挥大学生在思政课教学中的主体地位,引导大学生在已有知识和经验的基础上,通过深入探究事物的发展规律,并超越自己原来的思想局限,形成对社会生活新的感悟和认知。这一方法体现了对大学生进行思想政治教育的"适应超越规律"。高校思政课教学方法要能够引导大学生通过学习和实践,达到超出自己已有的思想品德现状的更高的思想品德水平,并明确自身未来发展和努力的方向。高校思政课教学促进了大学生精神世界的发展,满足了他们的精神需求,推动了他们的思想品德素养不断提升,这也为高校思政课教学方法的有效实施和科学运用指明了方向。

---

① 邱伟光、张耀灿主编《思想政治教育学原理》,高等教育出版社,1999,第 114 页。

② 习近平:《思政课是落实立德树人根本任务的关键课程》,《求是》2020 年第 17 期。

(二) 双向互动规律

双向互动规律是指大学生思想政治教育的教育者和受教育者之间互为条件、互为目的、互相影响、互相促进的过程及其发展趋势的规律。大学生思想政治教育的过程是由诸多要素构成的，包括教育内容、教育方法、教育主体、教育客体、教育载体、教育环体等，这些要素之间相互影响，其矛盾运动的必然趋势体现出大学生思想政治教育的具体规律。学界对大学生思想政治教育要素的研究经历了"两要素""三要素""四要素"之说，即教育主体与教育客体，教育主体、教育客体与教育要求，教育主体、教育客体、教育环境与教育要求。学界虽然从不同角度研究和规定了思想政治教育诸要素，但都是主要围绕着教育主体与教育客体，即教育者和受教育者两大核心要素展开的。

大学生思想政治教育过程的矛盾具体表现为"教育者与思想政治教育客观要求之间的矛盾、教育者与受教育者之间的矛盾、思想政治教育要求与受教育者本人思想行为之间的矛盾、受教育者内在精神世界发展的需要与满足需要的方式(条件)之间的矛盾"[①]，这些矛盾亦是围绕教育者和受教育者展开的。教育者和受教育者之间的关系不仅是大学生思想政治教育的核心要素，也是高校思想政治理论课教学方法实施的核心要素。从一定意义上说，高校思政课的教学过程就是在教育者和受教育者之间相互影响、相互促进下完成的，这就使得教育者和受教育者之间的双向互动及其发展趋势成为高校思想政治教育方法实施需要关注的着力点。

高校思政课教学方法的实施要体现大学生思想政治教育的双向互动规律，即在高校思政课教学过程中，要立足教育者教育的主导性作用和受教育者学习的主体性地位，以促进教育者和受教育者的双向互动为目标，来选择和实施适合的教学方法，开展思政课的教学活动。高校思政课教学过程是教育者借助一定的教育方法，与受教育者形成相互影响、相互作用的双向互动过程。一方面，思政课教师"师者"的地位，决定了他们是社会要求的思想品德的表达者、表现者和实施者，是思政课教学活动的组织者，是激发大学生自我教育积极性的引导者，因而在高校思政课教学过程中要发挥主导性作用。思政课教师在思政课教学中，要把教学内容中抽象的理论知识、学术性的话语体系和严密的逻辑思维，用大学生能够接受的、乐于接受的方式方法，具象地传授给他们，并结合大学生的知识、经验、接受能力和生活实际，使之内化为他们内心的体验和感受。大学生在此过程中也不是被动接受思政课教师的灌输和施教，而是要积极发挥自身学习主体的能动作用。大学生既是能动接受和践行思想道德规范、影响思政课教师及其教育活动的主体，又是可以开展自我教育和提升自身思想道德素质的主体。

在高校思政课课堂教学中,思政课教师和大学生的双向互动是发挥教师的主导性作用和大学生的主体性作用的辩证统一的过程。一方面，发挥思政课教师的主导性作用，离不开大学生的主体性作用。没有大学生的主体性作用，思政课教师所传达的教育要求就不可能被大学生真正认识和接受，思政课的教育目标则难以实现。另一方面，发挥大学生的主体性作用也离不开思政课教师主动积极有效的引导。没有思政课教师的主导性作

[①] 陈万柏、张耀灿主编《思想政治教育学原理》，高等教育出版社，2015，第143页。

用，没有他们有效激发和引导大学生思想品德的发展，大学生的主体性作用就不可能充分发挥出来，思政课的教学效果也会大打折扣。所以，高校思政课教学是在能够发挥教育者的主导性作用和受教育者的能动作用的互动中进行的，这一过程体现了大学生思想政治教育的双向互动规律，即高校思政课教学方法的运用要能够促进教育者和受教育者实现双向互动。

这里以案例式教学方法的运用为例进行说明。案例式教学方法是高校思政课教学中比较常用的教学方法，这一方法是指教师在课堂教学中通过呈现现实生活中的典型案例，引导大学生运用已有的知识和经验参与案例探究、讨论与交流，进而培养大学生的问题意识、合作意识。与传统的课堂理论讲授法相比，案例教学法营造出民主、平等、开放的课堂教学氛围，能够充分调动大学生学习的主体性，激发大学生学习的能动性，实现师生之间的顺畅交流和有效沟通。一般来说，案例讨论是案例教学法实施的关键，案例讨论的效果如何关系到案例教学法实施的成功与否。讨论通常都是以小组为单位进行的，教师要创造适宜学生自由讨论的轻松和谐的课堂气氛，随时观察各小组讨论状态。尤其当学生讨论过程中有争执不下的情况时，教师要通过与学生的有效沟通交流，引导讨论正常进行，这时教师的引导就转化为与学生互动的过程。这个过程既发挥了教师的主导性作用，又发挥了学生的主体性作用；教师既主导了课堂讨论，按照教学目标完成了教学任务，学生也通过自己的思考、探究，形成了科学的思维能力。

(三) 协调控制规律

协调控制规律是教育者通过协调各个教学要素之间的关系来控制教学过程中意外事件之间辩证统一的规律。教育者协调思想政治教育诸要素之间的关系，控制不良要素对受教育者的负面影响，以促进受教育者的思想道德素质向社会要求的方向发展。协调控制规律揭示的是思想政治教育各要素之间本质的、必然的联系，是思想政治教育管理的重要遵循。高校思政课教学过程包括课前教学准备、课堂教学实施、课后总结反馈，这一过程涉及教育者、受教育者、教学内容、教学方法、教学环境等诸多要素。为保证高校思政课教学过程顺利进行，教育者应通过教学方法衔接多种教学要素，控制各要素保持时间上和空间上的一致性，以促进思政课教学效果达到最优化。

高校思政课教学过程不是孤立地运用某一种教学方法，而是多种教学方法相互作用、发挥合力的综合过程。教学方法的运用既受高校思政课教学目标和教学内容的制约，又要考虑到大学生不同的专业、已有的知识、习得的经验、形成的能力等多方面的社会性因素的影响。在高校思政课教学过程中，教师综合运用多种教学方法把符合社会要求的思想品德规范"灌输"给大学生，促成他们思想完成"内化"。同时，大学生也是生活在特定社会环境中的"现实的人"，他们受成长环境、知识经验、能力素质等多方面的影响，存在着一定的甚至明显的差异性。因此，高校思政课教学过程中需要教师协调多种教学方法，使各种教学方法共同发挥作用，促使大学生能够认同并理解思政课教学内容，提升高校思政课的教学效果。

如前所述，高校思政课教学需要教师与大学生共同参与完成，是教师发挥主导性作用和大学生发挥主体性作用的相互影响的过程。目前，高校思政课主要包括"思想道德与法治""中国近现代史纲要""毛泽东思想与中国特色社会主义理论体系概论""习近平新时代中国特色社会主义思想概论""马克思主义基本原理""形势与政策"六门主课，以及一系列选修课程。不同的课程设置涉及不同的教学内容，这就需要教师在课堂理论讲授法的基础上，有针对性地选择和运用多种教学方法，使马克思主义理论内化为大学生的思想意识，并外化为大学生的行为表现，只有这样才能使高校思政课真正入脑入心，使大学生乐于接受。一节课不能只用一种教学方法，一门课程的教学方法也不能长久不变，需要教师根据教学内容与大学生的特点和具体学情，有针对性地选择和实施。教学方法本没有优劣之分，只有适合与否。但是不同的教学方法也都具有各自特点，适合于不同的教学内容和学生群体。教师选择和运用适合的教学方法会增加教学内容的亲和力和感染力，使抽象的理论知识更易于被大学生接受，产生事半功倍的效果，教学方法会直接影响学生对思政课的接受程度和教学效果。所以，教师要综合选择和运用多种教学方法，发挥好各种教学方法的优势，如课堂理论讲授法对理论阐释鞭辟入里，小组合作学习法可调动大学生积极参与，情境教学法可激发大学生情感，活动教学法可促进理论与实际相结合等。教师可以结合具体的教学内容，选择和运用多种教学方法，让各种教学方法的优势形成合力，提升高校思政课的思想性、理论性和亲和力、针对性。

从一定意义上说，高校思政课的教学过程是综合运用、合力实施多种教学方法，提升大学生思想道德素质的过程，这一过程是在教师课前充分准备教学内容、精心设计教学方案的基础上得以有效开展的。但在具体的课堂教学中，可能会发生突发状况或意外情况，如课堂中可能出现有些学生不积极参与学习或被动参与学习，也会导致教学不能按照教师课前选择的教学方法顺利实施，甚至影响正常的教师和学生的双向互动。这就需要教师在协调好各种因素的基础上加强课堂控制，根据既定的教学目标修正教学方法，使教学能够按照既定的计划完成预想的教学目标。为了及时纠正或避免这些情况，防止对思政课正常教学产生影响，在每一节思政课课堂教学结束后，教师应该及时进行教学反思，反思的问题包括选择的教学方法是否合适、运用的教学方法是否适时、教学方法是否提高了学生学习积极性、教学方法是否促进了教学目标的实现等。思政课的教学方法的选择和运用应不断与时俱进，结合具体的教学目标、教学实践要求、学生的实际情况整体推进、不断创新，以利于更好地开展下一阶段的教学。

二、遵循高校思政课教学规律

教学规律是高校思政课教学要素之间内在的、本质的、必然的联系，它对高校思政课教学活动具有规约作用，并且随着教学环境的变化与时俱进。高校思政课教学过程是通过对大学生进行思想政治教育，使大学生的思想道德修养得以逐步提升的社会实践活动。这一社会实践活动既有一般实践活动的特征，又体现着大学生思想道德素养发展的特殊性。也就是说，高校思政课教学过程实质上是一个解决矛盾的过程，要解决的是大学生知与不知、信与不信、行与不行之间的矛盾，这就使得高校思政课教学过程要协调各教学要素之间的关系，遵循高校思政课教学的"三因"协同规律、"三维"统一规律和知行合一规律。

（一）"三因"协同规律

习近平总书记在全国高校思想政治工作会议上强调："做好高校思想政治工作，要因事而化、因时而进、因势而新。"[①]习近平总书记对于如何做好高校思想政治工作的重要论述，不仅为加强高校思想政治工作指明了方向，更揭示了新时代高校思政课创新发展应该遵循的规律。"因事而化"的"事"是指时事、事实，包括社会生活和大学生的实际，即高校思政课要关注社会现实问题，抓住大学生思想、学习、生活、心理发展的实际，有的放矢地化解困惑、解决矛盾。"因时而进"的"时"是指时代、时机，即高校思政课要紧扣时代脉搏，结合重要的时间节点，更新教学理念，完善教学方法，使之适合社会发展需要和大学生思想实际。"因势而新"的"势"是指形势、趋势，包括高校思政课面临的宏观、中观和微观环境，以及高校思政课在社会发展中的重要地位和作用。高校思政课要善于抓住大势、根据情势、把握趋势，创新教学方式方法，运用多样化的教学载体，提升高校思政课的亲和力和感染力。

"因事而化、因时而进、因势而新"反映了高校思政课教学的本质要求，契合了新时代大学生身心成长与思想发展的实际，是马克思主义世界观和方法论在高校思政课教学中的具体运用。"全部社会生活在本质上是实践的"[②]，而认识和实践是具体的、历史的统一。高校思政课教学要实现创新发展，就要从实际出发设计教学目标、丰富教学内容、合理选择教学方法和载体，善于发现和运用思政课教学要素之间的新联系、新属性和新规律，不断推进高校思政课教学理论和实践的创新。高校思政课要坚持一切从教学和学生实际出发，实事求是，结合思政课的"事、时、势"，实现"化、进、新"，即高校思政课创新发展要以"事、时、势"为切入点，精准研判，深刻把握，要以"化、进、新"为落脚点，认真落实，取得实效。"事、时、势"与"化、进、新"的协调统一，是推动高校思政课创新发展的内在规律。遵循"三因"协同规律，高校思政课要坚持现实性、时代性和创新性的协调统一和相互促进。高校思政课教学是一个动态的过程，要以与时俱进的"新方法"，传递具有时代特色的"新思想"，培养符合时代发展要求的"新人才"，完成"为党育人、为国育才"的历史使命。

首先，高校思政课要紧密联系社会现实和大学生实际，增强教学内容的"现实性"。思政课的教学过程是一个答疑解惑的过程，要能够回应大学生的所思所想，帮助大学生"解答人生应该在哪用力、对谁用情、如何用心、做什么样的人""要及时回应学生在学习生活社会实践乃至影视剧作品、社会舆论热议中所遇到的真实困惑"[③]。因此，高校思政课教学不能仅局限于对书本内容的照本宣科，而要紧密结合中国社会发展实际和最新的时政热点，向大学生讲述有广度、有深度、有温度的中国故事。同时，要坚持问题导向，把提高大学生的思想道德素质与解决他们的实际问题相结合，让大学生在这一过程中感悟马克思

---

① 习近平：《习近平：把思想政治工作贯穿教育教学全过程 开创我国高等教育事业发展新局面》，《人民日报》2016年12月9日。

② 中共中央马克思恩格斯列宁斯大林著作编译局主编《马克思恩格斯选集(第1卷)》，中共中央马克思恩格斯列宁斯大林著作编译局译，人民出版社，2012，第56页。

③ 习近平：《习近平首次点评"95后"大学生》，《人民日报》2017年1月3日。

主义理论的科学性和真理性，提高自身认识、分析和解决问题的能力。

其次，高校思政课要结合时代背景，抓住教育时机，关注教学对象的"时代性"。新时代"00 后"的大学生，既"朝气蓬勃、好学上进、视野宽广、开放自信"，又"可爱、可信、可为"①。作为互联网的"原住民"，他们随时面临着良莠不齐的网络信息的干扰，这在很大程度上给一些大学生带来了思想上的困惑和迷茫。高校思政课要立足时代背景，把准时代脉搏，倾听时代声音，开发和利用适应新时代大学生思想发展和心理需求的课程教学资源，如"发挥本地本校的各类资源禀赋，找准贯穿于教学的显性、隐性资源与日常生活、学校教育、课程建设、社会发展之间的价值轴承，特别是整合利用党史馆、校史馆、领袖故居、革命遗迹、英雄纪念馆、专题展览馆和建筑群等显性资源以及红色历史、红色精神、红色歌曲和红色影片、红色故事等隐性资源，将这些有形、有声、有色的教育资源结合起来，引导青年学生积蓄红色文化、汲取榜样力量、凝聚精神动力。"②也可以利用重要时间节点，如国庆节、建党节、五四青年节等，开展多样化的实践教学活动，营造情感交融的教学情境，加深大学生对"中国共产党为什么能，中国特色社会主义为什么好，归根到底是马克思主义行，是中国化时代化的马克思主义行"的深刻理解。

最后，高校思政课要在把握新形势、顺应大趋势中实现创新发展。进入新时代，一方面，要顺应思想政治理论课面临的宏观环境。在百年未有之大变局中实现中华民族的伟大复兴，需要德才兼备的"新时代好青年"，这是高校思政课面临的宏观大势。"要教育引导学生正确认识世界和中国发展大势，从我们党探索中国特色社会主义历史发展和伟大实践中，认识和把握人类社会发展的历史必然性，认识和把握中国特色社会主义的历史必然性，不断树立为共产主义远大理想和中国特色社会主义共同理想而奋斗的信念和信心。"③另一方面，要顺应思想政治理论课微观教学环境的变化，通过创新更符合大学生思维习惯和学习习惯的新教法和新学法，满足他们的个性化学习需求。如根据互联网时代的情势变迁开发新媒体教学载体，进行多样化的、沉浸式的思想政治理论课教学，并利用大学生喜闻乐见的话语体系和沟通方式，与他们形成交流沟通上的同频共振，进而提升高校思政课的吸引力和亲和力。

(二)　"三维"统一规律

"三维"是指高校思政课教学过程应要达到的三个目标维度，即知识目标、能力目标和素养目标，这三个方面互相渗透、互相促进、融为一体，是指引教学和学习活动、调控教学内容和方法、检验教学效果的根本标准。"三维"统一规律是指高校思政课教学的知识目标、能力目标和素养目标之间内在的、本质的、必然的联系。知识目标是课堂教学的起点，是学生必须掌握的基本理论知识。高校思政课的知识目标是指大学生要掌握马克思主义理论知识以及马克思主义中国化时代化的最新理论成果。能力目标是指在知识目标的基

① 中共中央文献研究室主编《习近平关于青少年和共青团工作论述摘编》，中央文献出版社，2017，第 9 页。

② 徐蓉、张琪：《新时代高校思想政治理论课教学资源建设研究》，《马克思主义理论学科研究》2022 年第 8 卷第 4 期。

③ 习近平：《习近平：把思想政治工作贯穿教育教学全过程　开创我国高等教育事业发展新局面》，《人民日报》2016 年 12 月 9 日。

础上，大学生要学会运用马克思主义的立场、观点、方法来认识、分析和解决现实问题，形成正确认识社会与个人关系的能力与方法。在此基础上，培养大学形成科学的世界观、正确的人生观和健康的价值观，具有强烈的家国情怀和社会责任意识，成为"有理想、敢担当、能吃苦、肯奋斗的新时代好青年"[①]，肩负起实现中华民族伟大复兴的历史重任，此为高校思政课要达到的素养目标。三维目标具体运用于高校思政课教学，契合了马克思主义关于人的全面发展理论的要求，是高校思政课的教学过程的指向。

三维目标源于美国心理学家布鲁姆的教育目标分类理论。他将教育目标分为认知、情感和动作技能三大领域，分别回答教育要达到的目标"是什么""为什么""怎么办"的问题。其中特别强调情感目标，它分为接受或注意、反应、价值评价、价值观的组织和品格的形成五个层次，显然这其中涵盖了情感、态度和价值观这三个要素。在我国传统的教育理念中也具备三维目标的思想基因，如《礼记·学记》有"君子如欲化民成俗，其必由学乎"，"学"就是教育，"化民成俗"就是提高国民素质；《礼记·中庸》有"博学之，审问之，慎思之，明辨之，笃行之"，也是讲要把学习、思考、实践三者统一起来；《论语·为政》有"学而不思则罔，思而不学则殆"，强调思中学、思中行。这些优秀的教育思想是高校思政课教学目标设计的思想源头。高校思政课的教学内容兼具真理性和价值性，既要注重传授马克思主义理论知识，更要注重塑造大学生高尚情感和正确价值观。因此，高校思政课的教学目标不仅是"授业"，而更在于"传道""解惑"，即通过对大学生进行马克思主义理论教育，使大学生掌握马克思主义大"道"，破解大学生成长和发展中的思想困惑。三维目标统一于高校思政课教学全过程，契合马克思主义关于人的全面发展理论视域下对新时代大学生成为德智体美劳全面发展的时代新人的要求。马克思指出："人以一种全面的方式，也就是说，作为一个完整的人，占有自己的全面的本质。"[②]因此，高校思政课通过知识、能力和素养三个目标维度，提高大学生的思想素质、政治素质和道德素质，为促进大学生全面发展奠定思想基础，使他们成为掌握科学的理论知识、具有良好的沟通协调能力、适合未来社会发展需要的真正意义上的"现实的人"。

遵循"三维"统一规律，要求高校思政课教学要坚持灌输性和启发性、理论性和实践性、价值性和知识性相统一。

首先，知识目标的达成要坚持灌输性和启发性相统一，避免生硬灌输。高校思政课具有较强的理论教育性，而马克思主义理论在大学生头脑中"不会自发产生""只能从外面灌输进去"，"灌输"作为课堂理论讲授的重要方式具有不可替代的作用。作为一种正面教育的方式，灌输在课堂教学中呈现为一种有计划、有组织、有目的地向大学生讲授马克思主义理论的教学方法，也称理论讲授法。新时代的大学生个性独立、思维活跃、主体意识强，高校思政课教学在讲授理论的基础上，还应运用提问、设疑、比喻、案例、多媒体等教学方法，启发大学生对所学理论进行深入思考，调动大学生积极参与，激发大学生的创造热

---

① 习近平：《高举中国特色社会主义伟大旗帜 为全面建设社会主义现代化国家而团结奋斗》，《人民日报》2022 年 10 月 26 日。

② 中共中央马克思恩格斯列宁斯大林著作编译局主编：《马克思恩格斯全集(第 42 卷)》，中共中央马克思恩格斯列宁斯大林著作编译局译，人民出版社，1979，第 123 页。

情，使大学生理解、掌握所学理论并用于解决现实问题。

其次，能力目标的达成要坚持理论性和实践性相统一，这是由高校思政课教学特点决定的。高校思政课教学内容的理论性较强，但教学过程却具有实践性。一方面，思政课的课程设置、教学内容和教学方法是随着社会实践的发展而不断丰富和发展的；另一方面，教师讲授知识、大学生接受知识，以及大学生将思想转化为行为的过程都是在特定的实践中完成的，大学生思想道德素质是在我想做、我要做、我在做的实践中得以提升的。教师的教学内容要紧密联系大学生生活实际，通过运用多样化的课内外实践教学方法来增加大学生的生活体验，提高在实践中创新的能力。

最后，素养目标的达成要坚持价值性和知识性相统一，寓价值观教育引导于知识传授和能力形成之中。高校思政课具有鲜明的政治性，要以马克思主义中国化时代化的最新理论成果教育和引导大学生形成政治认同、涵养家国情怀、提升道德修养、强化法治意识，不仅"要给学生心灵埋下真善美的种子"[①]，更要强化大学生的使命感和责任担当，引导他们对社会生活和社会现象作出正确的价值判断和价值选择。

高校思政课的特殊性决定了素养目标是其教学目标的最终归宿，而知识与能力目标是素养目标形成的基础，三者是相互作用、相互影响、相互促进的关系。把握"三维"统一规律是促进高校思政课实现教学目标、提高教学有效性的题中应有之义。

(三) 知行合一规律

知与行是高校思政课教学中一对既辩证又统一的范畴。知是人的认知水平和思想观念，在本书中是指大学生对马克思主义理论知识及社会道德规范的认知；行是人的行为，是指在一定思想认识和情感信念支配下表现出来的行为。高校思政课的教学过程是一个特殊的认识和实践的过程，是在教师的主导下将马克思主义理论知识转化为大学生的思想政治品德方面的认知，大学生再把这种认知作用于自己的实践活动，并逐步成为行为习惯的过程。这一过程实际上解决的是大学生从知到行的转化和统一的问题。"培养什么人、怎样培养人、为谁培养人"，是高校思政课要解决的根本问题。高校思政课的特殊性质决定其既要解决大学生的思想困惑，使之树立正确的世界观、人生观和价值观，又要理论联系实际，提升大学生的理论感悟力，使之做到真知真懂真行。

知行合一规律既是对中华优秀传统文化中知行观的继承，又是马克思主义辩证唯物主义认识论在高校思政课教学中的具体运用。"知行"是中国传统哲学的重要范畴，"非知之艰，行之惟艰""非知之实难，将在行之""听其言观其行""多闻，择其善者而从之""知先行后""致知在格物""知行合一"等，都体现出古人对知与行辩证关系的认识，以及中国人最朴素的知行观，为高校思政课遵循知行合一规律提供了思想来源。辩证唯物主义强调，人们认识的形成经历了从实践到认识再到实践如此循环往复的过程。实践是认识的来源，而认识的最终目的就是为了指导实践，认识与实践即"知"与"行"的关系是密不可分的。高校思政课教学过程中存在的知与不知、信与不信、行与不行这三对矛盾，使高校思政课教学包含了学生思想"反刍"的过程，即大学生对于马克思主义理论的理解及其运用

---

① 习近平：《思政课是落实立德树人根本任务的关键课程》，《求是》2020 年第 17 期。

不是一次性生成的，而是要经历从知到行不断反复并螺旋式提升的过程，这一过程还伴随着大学生情感、信念和意志的"加持"。因此，知行合一规律揭示了马克思主义理论教育、大学生思想政治教育、大学生良好行为习惯培养三者之间的统一关系，即是一种内在的、本质的、必然的联系。

促进大学生知行合一，是高校思政课落实立德树人根本任务的内在要求，也是高校思政课的价值归宿。遵循知行合一规律，需要运用实践教学方法，加强教师的言传身教，制定科学合理的考核评价机制。

首先，高校思政课要通过实践教学方法促进大学生知行合一。马克思主义理论不是书斋里的学问，其鲜明的实践性是区别于其他理论的显著特征。高校思政课教师在讲清楚、讲明白、讲透彻马克思主义理论的基础上，要通过多样化的实践教学方式，如理论宣讲、专题调研、实地考察、志愿服务等实践活动，深化大学生对马克思主义的理解和感悟，提高大学生用理论阐释社会问题的能力。

其次，高校思政课要通过教师的言传身教引导大学生知行合一。示范教育法是大学生思想政治教育的重要方法，在思政课教学中就体现为教师的言传身教。"办好思想政治理论课关键在教师"[①]，教师不仅要"传道"更要明道、信道。高校思政课教师要不断提高自身的马克思主义理论水平和教学技能，以严密的理论思维、强大的理论自信、充沛的理论情感，营造有深度、有温度、有热度的教学情境，影响、吸引和感染学生。同时，教师要突出问题导向，直面大学生关注的社会问题，并结合这些问题讲清楚马克思主义理论的真理性和科学性，引导大学生把对理论的"知"转化为习惯上的"行"，在获取知识中获得情感升华。

最后，高校思政课要通过制定科学合理的考核评价机制检验大学生是否知行合一。高校思政课的性质和特点决定了不能以单一的学业成绩作为考核依据，要重点关注大学生能力的形成和行为的表现。因此，建立科学合理的知行合一评价指标体系，就要以促进大学生全面发展为出发点和落脚点，转变以往过分强调终结性评价的倾向，由关注"知"的等级与量化转向关注"知"与"行"相统一的标准，加强思政课的表现性评价、过程性评价、形成性评价、非测试评价等多种评价方法的探索与应用，如通过探究教学法、活动教学法、实践教学法等，考查大学生理论联系实际的能力，重点评价"以知促行，以行促知，知行合一"的效果，改进量化指标，优化等级划定方法，重视质性评价。在实际评价中，除教师对学生评价外，还应增加学生对教师评价、学生之间的评价、学生的自我评价等，不断完善考核评价机制，促进大学生知行统一。

三、遵循大学生思想和心理发展规律

大学生的思想政治品德和心理发展之间相互影响、相互作用而形成的内在的、必然的联系，呈现出特有的规律性。思想政治教育通过提升人的思想素质、政治素质、道德素质、心理素质，促进人们形成积极健康的社会心态，为思想政治教育的有效实施提供良好的心理基础。同时，人们拥有积极健康的心理，亦是能够有效接受思想政治教育的前提。作为

---

① 习近平：《习近平：用新时代中国特色社会主义思想铸魂育人 贯彻党的教育方针落实立德树人根本任务》，《人民日报》2019 年 3 月 19 日。

大学生思想政治教育的主渠道和主阵地，高校思政课如何在教学过程中运用恰当的教学方法，促进大学生思想政治品德的提升和心理的健康发展，是高校思政课创新发展需要面对和解决的重要现实问题。

(一) 大学生思想政治素质形成与发展的规律

"思想政治素质的形成与发展，是指个体的思想政治素质在演化过程中不断获得新的品质的过程。""人的思想政治素质是在社会实践的基础上，在客观外部条件的影响和主观内部因素的相互作用、相互协调和主观内在的思想矛盾运动转化的过程中产生、发展、变化的。"[①]人的思想政治素质不是与生俱来的，是在社会实践活动中，在特定的社会环境和社会关系中逐渐形成和发展的。大学生思想政治素质的形成与发展，既受外界环境因素的影响，也有大学生自身主观认知的参与。大学生的思想政治素质是其世界观、人生观、价值观、政治观、道德观的综合体现，具体包括大学生的思想观念、政治品质、道德人格、法制意识和心理素质这五个方面，它们在大学生思想政治素质的形成和发展过程中具有内在的、本质的、必然的联系，体现了大学生思想政治素质的形成与发展的规律，即大学生思想政治素质的形成与发展是这五个方面相互影响、相互促进、协调发展的产物。

"思想观念，主要是指一个人的思想、道德、理想、信念等，集中体现为世界观、人生观、价值观，在人的思想政治素质中处于核心地位。"新时代的大学生应该具有强烈的家国情怀，把自己的人生目标与国家需要和社会发展紧密相连，把为实现中华民族伟大复兴的中国梦这一理想作为人生的奋斗目标。

政治品质是一个人的政治信念、政治观点、政治立场、政治品德、政治鉴别力和政治敏感性的综合表现。新时代的大学生要树立崇高的政治信仰，增强"四个意识"，坚定"四个自信"，做到"两个维护"，努力成为中国特色社会主义事业的合格建设者和可靠接班人。

"道德人格是指人格的道德规定性，它是一个人内在的道德素质和外在的道德行为的有机统一，是一个人的道德品质、道德形象以及道德影响力等因素的综合体现。"[②]新时代的大学生要继承中华优秀传统美德，发扬中国革命道德，践行社会主义先进道德，遵守社会公德，恪守职业道德，弘扬家庭美德，锤炼个人品德，努力塑造自己的道德人格，"把正确的道德认知、自觉的道德养成、积极的道德实践紧密结合起来，不断修身立德，打牢道德根基"[③]，投身到崇德向善的道德实践中。

法制意识是人们关于法的思想、观点、理论和心理的统称，是社会意识的组成部分。大学生应该自觉尊法学法守法用法，不断提升法律素养，增强建设社会主义法治国家的使命感和责任感。

心理素质是指以人的先天生理构造为基础，在后天环境和教育的影响下逐步发生、发展起来的认知水平高下、性格品质优劣、适应能力大小的综合反映。良好的心理素质是大

---

① 陈万柏、张耀灿主编《思想政治教育学原理(第三版)》，高等教育出版社，2015，第156页。

② 同上。

③ 习近平：《在纪念五四运动100周年大会上的讲话》，《人民日报》2019年5月1日。

学生接受思想政治教育的心理基础，也是高校思政课有效开展教学的前提，能够促进大学生思想政治道德素质的提升。

大学生思想政治素质的形成和发展表现为内外因矛盾运动及其转化的过程。高校思政课教学，一方面要按照社会发展要求培育大学生的价值观念、政治标准、道德规范、法制意识和心理素养，另一方面也要促进大学生把社会的要求转化为自己的行为习惯。这一过程是动态的、发展变化的，是教育者、受教育者、教育内容、教育方法等多种因素相互作用的结果。教育者要选择适合大学生思想实际和心理发展需求的教育内容和教育方法，提升高校思政课的教学效果，实现对大学生进行思想政治教育的目的，否则教育就难以发挥作用；教育内容和教育方法低于或高于大学生现有的思想实际和心理发展需求，都是违背大学生思想政治教育规律和高校思政课教学规律的。同时，大学生要通过自我教育，协调个体思想品德结构中各要素之间的关系，推动自身思想政治素质由知到行的转化。

(二) 大学生心理发展的一般规律

大学生心理发展的一般规律是大学生心理发展过程中诸多心理现象和心理过程之间的内在的、稳定的、必然的联系，及其表现出来的发展趋势。一个人心理的形成和发展是有规律可循的，虽然人的心理变化千差万别，但也具有一定的规律性，都要经过从量变到质变的过程，都是从简单到复杂、从低级向高级发展的。从心理发展的基础和环境角度上讲，大学生的心理发展是在先天属性和后天环境相结合的基础上，由低级向高级不断发展的过程。

首先，大学生的心理发展是先天遗传因素和后天环境相结合的产物。先天遗传因素是大学生心理发展的生物基础，包括机体构造、形态、感官和神经系统等方面的解剖特征，这些特征随着个体自然生长逐渐发育成熟，为心理发展提供生物前提和自然条件。一个人的生理发展在一定程度上制约着心理发展的程度。有心理学研究表明，个体的知觉在青春期可以达到最高水平，记忆、比较、判断和反应能力也趋于最高水平。这一阶段如果接受了良好的教育，通常心理发展会进入定型的稳定期，而大学阶段恰恰处于这一时期。高校思政课教学要抓住大学阶段大学生心理发展的特点，培育大学生积极的人生观，坚定大学生的理想信念，促进大学生思维的科学发展。但是，生理因素只能给大学生个体的心理发展提供一定的可能性，社会环境则是决定大学生心理发展的关键因素。社会环境主要指社会宏观的经济、政治、文化、生态环境，中观的网络环境，微观的家庭、学校、朋辈群体环境等，这些因素很大程度地影响着个体的心理发展水平。大学生活的独立性和大学生追求自我的特点，使互联网、学校教育和朋辈群体对他们的心理发展影响较大，甚至可能产生决定性影响，这就是大学生思想政治教育要强化其心理教育的重要依据。

其次，大学生的心理发展是从简单到复杂、从低级向高级、从被动到主动的发展过程，这一过程虽然复杂但是有规律可循。大学阶段，大学生思想和心理方面的发展趋于成熟，认知方面不断深化，社会性不断加强，这些特征为高校思政课教学及其方法的选择提供了直接的依据，尽管不同的心理学流派对心理发展的阶段划分方式有所不同，但人的心理发展始终是从低级阶段向高级阶段的。因此，高校思政课要遵循"最近发展区"理论，按照大学生的心理发展实际丰富教学内容、选择教学方法，促进大学生的思想和心理协调同步发展。此外，大学生的心理发展还具有相似性的特征，一般都会处于大致相同的发展水平，因此会表现出相似的心理特点，这就对高校思政课教学提出了共性的要求，即统一教学目标和教学内容，使每个大学生在知识获得方面都能够均衡发展。

(三) 大学生思想与心理发展的同一规律

思想和心理同属于意识形态的范畴，二者都是按照自身的规律发展和变化着，虽各有特点但密不可分。"无数客观外界的现象通过人的眼、耳、鼻、舌、身这五个官能反映到自己的头脑中来，开始是感性认识。这种感性认识的材料积累多了，就会产生一个飞跃，变成了理性认识，这就是思想。"[①]所以，思想是对客观事物本质和规律的理性认识。心理是客观现实在人脑中的反映。客观事物作用于人的感官而引起人脑的活动，并形成条件反射，成为心理的物质基础，从而形成人的思想、感情等心理活动。作为对大学生进行马克思主义理论教育，提升大学生思想政治品德修养的关键课程，高校思政课要根据大学生心理发展的状态开展教育，促进他们形成健康的心理状态和积极的心理品质，为形成正确的世界观、人生观和价值观打好心理基础。

人的"思想品德是一个多要素的综合系统，是人们在一定思想的指导下，在品德行为中表现出来的较为稳定的心理特点、思想倾向和行为习惯的总和。"[②]基于系统论的观点，思想品德是由诸多要素构成的复杂的结构系统，"是一个以世界观为核心，由心理、思想和行为三个子系统及其多种要素按一定方式联结起来，具有稳定倾向性的整体。"[③]其中心理子系统是由认知、情感、信念、意志和行为构成的。人的思想是在一定心理因素基础上形成和发展的，即知情信意行等心理因素的发展变化为思想品德奠定基础。思想子系统主要包括世界观、人生观、政治观、道德观、法制观等，是与物质现象相对应的精神现象。思想的发展是经由感性思维上升到理性思维的过程，在思想品德中居于十分重要的地位。人的思想既决定心理发展的方向和内容，又支配着人的行为，成为连接心理和行为的纽带。这就使得人的思想和心理的发展是同一的，二者相互影响、相互制约，共同影响并作用于人的行为。同样，一个人的行为也是思想和心理的直接反映，所谓"听其言而观其行"，行为是思想品德的客观内容，一个人持续的行为习惯集中代表了其思想品德修养。因此，高校思政课教学要遵循大学生心理和思想发展的同一规律，选择能够促进大学生思想和心理协调发展的教学方式方法。

从整体上来看，"00 后"大学生的思想和心理发展呈现出以下几个特点：

一是综合素质相对较高且学习能力较强。"00 后"的大学生的成长年代正处于中国经济的快速发展时期，社会物质产品丰富，家庭物质条件普遍较好，父母有条件为子女提供更多的受教育和发展兴趣爱好的机会，使得他们的综合素质较高。

二是自我意识强但团队合作意识不足。"00 后"的大学生多为独生子女，成长过程享有长辈们的全部关爱，形成了强烈的个人特色和自我意识，思想和行为不喜欢被约束，尤

① 中共中央文献研究室主编《毛泽东文集(第 8 卷)》，人民出版社，1999，第 320 页。
② 陈万柏，张耀灿主编《思想政治教育学原理》，高等教育出版社，2007，第 81 页。
③ 陈万柏，张耀灿主编《思想政治教育学原理》，高等教育出版社，2007，第 82 页。

其注重个人的主观感受和个性表达，缺少集体意识和团队合作意识。

三是接受新事物能力强但辨别能力不足。"00 后"大学生是互联网的"原住民"，他们通过互联网认识世界，了解新生事物，获得更多资讯，强烈的求知欲使他们通过互联网接收到多样化的网络信息。但由于自身认知局限，生活经验和阅历不足，他们对网络上的一些信息存在片面化和简单化的理解，导致对信息的辨识度和明辨能力不足。

四是内心自信张扬但抗挫折能力不足。"00 后"大学生成长于中国从"富起来"到"强起来"的时代，对未来充满激情和自信，但面临学习、生活、人际交往等方面压力的时候，又不同程度地表现出心理素质弱以及抗压能力不足的问题。高校思政课教学要充分重视这些特点，并有针对性地调整和完善教学方法。

在高校思想政治理论课教学中，应在创新化、分层性、多角度等方面进行有针对性教学方法的运用，以契合大学生身心发展规律，更好地实现高校思政课的教学目标。习近平总书记指出："在大中小学循序渐进、螺旋上升地开设思想政治理论课非常必要"[①]。这就意味着，高校思政课教学方法应该与学生自身的身心发展的规律保持一致。一方面，在教学方法的选择方面，应充分考虑到大学生在思想发展、道德情感、学习习惯等方面的特点；另一方面，在教学方法的运用中，也应该避免盲目拔高，忽视学生的具体学情，要因材施教，用螺旋上升的教学方法促进大学生思想政治道德素质的提升。

---

① 习近平：《思政课是落实立德树人根本任务的关键课程》，《求是》2020 年第 17 期，第 7 页。

第五章

高校思政课课堂教学常用的方法

　　课堂教学是高校思政课的主要教学场域，课堂教学方法是高校思政课教学的重要教学方法类别。在高校思政课教学过程中，有些教学方法被长期应用且形成了比较稳定的应用模式，成为了经典的课堂教学方法，在教学过程中占据主导地位。进入新时代，随着高校思政课建设不断加强，教学方法的运用在遵循教育教学规律的基础上，更加适应新时代大学生的思想和心理发展需求。2018 年 4 月，教育部印发的《新时代高校思想政治理论课教学工作基本要求》中明确指出："课堂教学方法创新要坚持以学生为主体，以教师为主导，加强生师互动，注重调动学生积极性主动性。"在此背景下，高校思政课课堂教学方法也不断完善，既发展了传统的理论讲授法，又丰富了适合高校思政课教学的案例教学法、合作学习法，同时还创新出叙事教学法，这些方法已成为高校思政课课堂教学常用的教学方法。

一、理论讲授法

（一）理论讲授法解析

1. 理论讲授法的内涵

　　高校思政课理论讲授法的形成和发展有着深刻的历史渊源。1917 年，随着十月革命的胜利，世界上第一个社会主义国家——苏维埃俄国诞生了。在俄国的社会主义建设过程中，列宁十分重视思想政治教育在社会主义意识形成与发展中的作用，他运用"社会主义意识灌输论"和"政治教育"全面开展理论建设和政治教育工作，实现了意识形态宣传与讲授法的结合。俄国十月革命的胜利给中国送来了马克思主义，中国一些先进知识分子开始在群众中宣传马克思主义。这一现象最早可以追溯到中国共产党成立之前，如李大钊在北京大学讲授"唯物史观"和"工人的国际运动"等马克思主义理论课程或举办讲座，理论讲授法由此在我国开始兴起。

　　1921 年，中国共产党成立之后，高度重视马克思主义理论教育和思想政治建设。毛泽东同志曾指出："政治工作是一切经济工作的生命线"[①]，"思想工作和政治工作，是完成经

---

① 中共中央文献研究室主编《毛泽东文集(第 6 卷)》，人民出版社，1999，第 449 页。

济工作和技术工作的保证，它们是为经济基础服务的。思想和政治又是统帅，是灵魂。只要我们的思想工作和政治工作稍为一放松，经济工作和技术工作就一定会走到邪路上去。"① 新中国成立后不久，为肃清资产阶级和一切反动阶级的思想毒瘤，我国开设了马克思主义理论课程，为社会主义建设提供思想支撑。当时教育部下发的《关于各校拟定 1951 年度教学计划时应注意的几项原则的指示》中明确指出："政治课是各系科的基本课程，与其他业务课程一样，应着重于系统的理论知识的讲授，同时结合实际有重点地解决学生的主要思想问题。"1952 年至 1956 年期间，随着我国高校思政课教学体系的初步形成，理论讲授法在我国高校思政课堂教学中得到了广泛运用，并成为主要的教学方法，在对大学生进行马克思主义理论教育方面发挥着重要作用。

理论讲授法源于班级授课制下的讲授法，是讲授法在高校思政课教学中的具体运用。高校思政课理论讲授法是指高校思政课教师通过口头语言的形式，对大学生进行马克思主义理论教育，引导大学生树立科学的世界观、人生观和价值观的一种具体的课堂教学方法。在高校思政课的课堂教学中，理论讲授法主要表现为讲述、讲解和讲演三种基本形式。

讲述是通过形象生动的语言叙述事件发生、发展的历程或生动感人的故事、事例；讲解主要是教师用明白确切的语言，对马克思主义基本理论及其中国化时代化的马克思主义的相关概念、原理、原则等进行系统而严密的解释、说明、分析和论证，引导大学生由感性认识上升到理性认识；讲演是理论讲授法的最高形式，是指教师借助实物、实景或多媒体等形式，通过连贯的语言讲透彻马克思主义基本理论及其中国化时代化的最新理论成果，使大学生在思想和情感上产生双重共鸣。讲演法不仅要全面系统描述事实、阐释现象，更要通过深入分析、综合概括得出正确的结论。运用讲演法旨在帮助大学生深刻理解中国特色社会主义道路，增强其坚持走中国特色社会主义道路的信念。讲述、讲解和讲演三种形式各有侧重，教师要结合具体的教学内容和大学生的学情实际灵活选择、充分运用，才能发挥理论讲授法的优势，促进高校思政课的教学目标达成。

2. 理论讲授法的优势与不足

在长期的高校思政课教学过程中，理论讲授法呈现出了许多不同的特点，既有值得充分利用和发扬的优点，也有需要不断优化和改进的不足。

理论讲授法的优点可以具体概括为以下三方面：

第一，理论讲授法能够充分发挥教师的主导作用。在高校思政课堂教学中，教师是教学活动的组织者和实施者，并运用理论讲授法授课，思政课教学主要都是以教师的"讲"和"说"为主，学生只需认真听讲即可。因此，教师能准确把握课堂教学的进度，按照自己的教学设计通过系统的理论讲授，有助于全面完整地展现马克思主义理论的体系性、逻辑性、科学性和真理性，从而充分发挥教师在马克思主义理论教育中的主导作用。

第二，运用理论讲授法授课效率较高且能节约教学成本。高校思政课教师运用理论讲授法授课的过程，也是教师根据教学内容和学生特点对知识进行重组和再加工的过程，是把教材体系转换成教学体系的过程，这就在很大程度上提高了课堂教学效率。通常，高校思政课堂一般都是由一位教师给几十名甚至上百名学生组成的教学班授课，相对于其他教学方法，理论讲授法更能节约人力和时间等教学成本。

① 中共中央文献研究室主编《毛泽东文集(第 7 卷)》，人民出版社，1999，第 351 页。

第三，理论讲授法是其他教学方法有效运用的基础。讲授法是其他教学方法的基石。任何教学活动都是从讲授开始的，高校思政课教师在上课时要通过讲授引出教学内容或发出教学指令，再辅以多种教学方法调动学生参与学习的积极性。在运用其他教学方法时，要通过理论讲授法对教学内容进行总结和升华，归纳理论知识，提高情感认同。上述优点使理论讲授法成为高校思政课一直以来运用的经典教学方法。

理论讲授法的不足主要体现在以下三点：

第一，理论讲授法不利于充分发挥学生的主体地位，易走入注入式教学误区。受传统教学理念的影响，高校思政课教师在教学中一直处于主导的地位。在运用理论讲授法授课时，教师一般会从"自我"的角度出发，本能地将授课的注意力放在自己"讲"上面，过多关注自己讲了什么，以及接下来该讲什么，却少有考虑如何调动学生参与课堂学习的积极性和提升大学生的获得感，因此理论讲授法常常被贴上"生硬灌输""填鸭式教学"的标签。当然，也有部分学生认为思政课不是专业课，只要不挂科就行，所以在课堂教学中得过且过，存在着主观上参与学习的积极性不高的情况。

第二，理论讲授法不利于发展大学生的个性。"00后"大学生思维活跃、个性开放、主体意识强，如果他们的思想和心理发展需求没有得到发现和满足，就会产生疏远甚至不重视思政课的心理，甚至还会认为思政课是"水课"。心理学研究表明，人们会更多关注与自己相关且感兴趣的事物或活动。在高校思政课上，教师运用理论讲授法面对的对象通常是几十或上百名大学生，这就使老师很难顾及到每一位同学内心的真实感受，并及时给予回应和指导，这也在一定程度上忽视了学生的个性心理发展。

第三，理论讲授法不利于"三维"教学目标的全面实现。高校思政课教学的"三维目标"具体包括知识目标、能力目标和素养目标三个维度，其中知识目标表现为大学生能够系统掌握马克思主义基本理论以及中国化的马克思主义理论知识；能力目标表现为大学生具备用马克思主义立场观点方法论来认识问题、分析问题和解决问题的能力；素养目标表现为大学生通过对马克思主义理论的学习，能够树立坚定的理想信念、正确的"三观"，培养浓厚的家国情怀。教学目标的三个维度在高校思政课教学中是一个不可分割、相互作用的有机统一体。理论讲授法因其侧重于理论知识的传授，更有益于直接完成知识目标，而在达成能力和素养目标方面则存在一定局限性。大学生思想品德的形成和发展需要经过知情信意行多个发展阶段，才能达到知行合一，即使教师运用理论讲授法能够将马克思主义理论讲清楚、讲透彻、讲明白，也很难保证大学生就能形成运用马克思主义的世界观和方法论指导自身实践的能力，或者形成正确的世界观、人生观和价值观。因此，对于能力和素养目标，则需要在运用理论讲授法的基础上，综合运用多种教学方法才能更好地实现。

3. 理论讲授法的时代价值

第一，系统传授马克思主义理论，实现有意义学习。高校思政课通过对大学生进行系统的马克思主义理论教育来实现立德树人的目标，与其他教学方法相比，理论讲授法更能够系统地传授马克思主义理论。一方面，马克思主义主要是由马克思主义哲学、马克思主义政治经济学和科学社会主义三部分组成的严密而完整的科学体系，其内容博大精深，思想深邃浩瀚，需要教师以讲解的方式，对这三部分内容进行系统而严密的解释说明和分析论证，帮助大学生从整体上把握马克思主义理论的全面性、完整性和科学性。另一方面，将马克思主义与中国具体实际和中华优秀传统文化相结合，形成了中国化时代化的马克思主义，即习近平新时代中国特色社会主义思想，以此实现马克思主义中国化新的飞跃。思政课教师要用生动的语言，讲述习近平新时代中国特色社会主义思想的来龙去脉，以及对于未来中国社会发展的引领作用，为新时代大学生坚定理想信念奠定思想理论基础。

列宁指出："工人本来也不可能有社会民主主义的意识，这种意识只能从外面灌输进去"①。大学生虽然具有一定的生活经验，但对马克思主义理论的认知、掌握和运用，仍需要教师通过理论讲授，才能使他们真正理解、接受。奥苏贝尔的有意义学习理论认为，学习是机械的还是有意义的，并不取决于教学或学习的方式，而是取决于是否满足有意义学习的心理过程或条件。理论讲授法以教师特定的教学语言吸引大学生的学习注意力，促进大学生的思维发展，从而帮助大学生实现对马克思主义理论知识的内化，完成有意义的学习。

第二，充分凸显教师的主导作用，发挥引领示范作用。高校思政课是对大学生进行思想政治教育的主渠道和主阵地，思政课教师要对大学生理想信念、思想情感和价值观等方面进行正确地引导。运用理论讲授法授课的过程，既是教师通过口头语言对学生进行显性教育的过程，也是教师展现自己学识、才能、思想和人格魅力，对大学生进行隐性教育的过程，这一过程使教师在课堂教学中的主导作用得以充分发挥。

一方面，语言作为人类所特有的技能，是在物质生产实践中产生和发展起来的，其对于推动人们的交往实践发挥着不可替代的作用。在理论讲授法这种显性教育中最常见的教学方法里，教师通过语言的输出向学生传播马克思主义理论，进行正确的思想引导和价值观培养，使大学生掌握马克思主义的世界观和方法论。另一方面，任何有效的理论讲授一定包含着思政课教师自身的学识、修养、情感、态度，以及心中的真善美，让学生"亲其师"而"信其道"。教师讲授理论的过程，不仅是教师输出马克思主义理论知识的过程，也是展现教师自身综合素质的过程，教师的理论素养、道德操守、人格魅力等，无一不作为一种隐性的教学资源，潜移默化地影响大学生的思想，涵育大学生的心灵。尤其面对当前复杂的网络信息环境，理论讲授法可以充分凸显教师在教学中的主导地位，对大学生的思想道德、政治情感、心理发展等方面发挥引领和示范作用，提升高校思政课的教学效果。

第三，提升思政课教学语言艺术，提高课堂教学效果。理论讲授法是以口头语言为传播媒介的，教师的语言风格直接影响思政课的教学效果，以及师生之间的情感交流和沟通。因此，运用理论讲授法的过程，也是不断提升思政课教师教学语言艺术的过程。恩格斯指出："语言是思想的直接现实。"苏霍姆林斯基也认为："教师的言语——是一种什么也代替不了的影响学生心灵的工具。"②在运用理论讲授法的过程中，教师要结合具体的教学内容，用恰当的语言讲深、讲透、讲活马克思主义理论。例如，运用逻辑严密的学术性语言讲述马克思主义的原理、概念、原则，运用生动形象的情感性语言讲解中国特色社会主义进入新时代这十年所取得的伟大成就，运用饱含深情的激励性语言讲演中国共产党百年来的奋斗历程。不同的教学内容需要不同的语言风格，而不同的语言风格又烘托出不同的课堂教学情

---

① 中共中央马克思恩格斯列宁斯大林著作编译局主编《列宁选集(第 1 卷)》，中共中央马克思恩格斯列宁斯大林著作编译局译，人民出版社，1995，第 317 页。

② 苏霍姆林斯基：《教育的艺术》，肖勇译，湖南教育科学出版社，1983，第 32 页。

境。提高思政课教师的语言艺术水平，通过运用高超的教学语言艺术吸引和感染大学生，有助于打破理论讲授法长久以来带给人的僵化感觉，使思政课教学进入一种游刃有余的自由状态，从而提高课堂的教学效果。

(二) 理论讲授法的依据

1. 马克思主义思想政治教育理论

思想是行动的先导。马克思、恩格斯早在《共产党宣言》中便指出了当时对工人进行马克思主义思想政治教育的重要性和紧迫性。"共产党人不屑于隐瞒自己的观点和意图。"[①] "共产党一分钟也不忽略教育工人尽可能明确地意识到资产阶级和无产阶级的敌对的对立"[②]等，都表明了马克思、恩格斯是以革命的精神和鲜明的态度支持对群众开展思想政治教育的。恩格斯在总结1848年法国革命失败的教训时明确指出："无论法国经济的进展或法国工人群众的精神的发展，都还没有达到可能实现社会改造的程度。"[③] "过往的历史充分表明，思想观念的解放与革新是社会革命和变革取得胜利的重要前提。"[④]正如马克思在《〈黑格尔法哲学批判〉导言》中所论述的那样："理论一经掌握群众，也会变成物质力量。理论只要说服人，就能掌握群众；而理论只要彻底，就能说服人。"[⑤]强调要用彻底的理论来"说服群众"和"掌握群众"，使理论转变成为变革社会的物质力量。列宁在总结前人经验和观点的基础上，根据当时俄国具体实际，提出了"灌输论"并对其进行了深刻阐释，"工人本来也不可能有社会民主主义的意识。这种意识只能从外面灌输进去，各国的历史都证明：工人阶级单靠自己本身的力量，只能形成工联主义的意识"[⑥]。要想激发起无产阶级的阶级意识，使其明晰自身的历史使命，就必须采用理论灌输的形式对其进行马克思主义理论教育，增强工人阶级对资本主义必然灭亡和社会主义必然胜利的精神认同，从而推动无产阶级的革命斗争实现从自发向自觉的转变。

在新的历史时期，"灌输"是指在中国共产党的领导下，有组织、有计划地对广大党员、干部和群众进行马列主义、毛泽东思想、中国特色社会主义理论体系(包含习近平新时代中国特色社会主义思想)的教育，以不断提高他们的政治思想觉悟。"灌输论"的教育理念自始至终存在于高校思政课的教学实践之中，思政课教师在课堂教学中要"讲清楚"坚持中

---

① 中共中央马克思恩格斯列宁斯大林著作编译局主编《马克思恩格斯文集(第2卷)》，中共中央马克思恩格斯列宁斯大林著作编译局译，人民出版社，2009，第66页。

② 中共中央马克思恩格斯列宁斯大林著作编译局主编《马克思恩格斯选集(第1卷)》，中共中央马克思恩格斯列宁斯大林著作编译局译，人民出版社，2012，第434页。

③ 中共中央马克思恩格斯列宁斯大林著作编译局主编《马克思恩格斯文集(第2卷)》，中共中央马克思恩格斯列宁斯大林著作编译局译，人民出版社，2009，第25页。

④ 邱海锋、潘玉腾：《共产党宣言》对新时代大学生思想政治教育价值的三维阐释》，《社会科学家》2021年第6期，第139页。

⑤ 中共中央马克思恩格斯列宁斯大林著作编译局主编《马克思恩格斯文集(第1卷)》，中共中央马克思恩格斯列宁斯大林著作编译局译，人民出版社，2009，第11页。

⑥ 中共中央马克思恩格斯列宁斯大林著作编译局主编《列宁选集(第1卷)》，中共中央马克思恩格斯列宁斯大林著作编译局译，人民出版社，2012，第317页。

国共产党领导的历史依据,"讲透彻"坚信马克思主义和共产主义的逻辑理路,"讲明白"坚定走中国特色社会主义的现实逻辑。从这个意义上来讲,"灌输论"的教育理念在思政课教学中得到体现的过程也是理论讲授法在思政课中具体实施的过程。

2. 中国共产党历届领导人的重要论述

中国共产党的历届领导人非常重视思想政治教育,多次发表重要论述强调用恰当的方式开展思想政治教育的重要性。毛泽东结合中国实际对"灌输论"进行了发展,在《新民主主义论》中强调:"应该扩大共产主义思想的宣传,加紧马克思列宁主义的学习,没有这种宣传和学习,不但不能引导中国革命到将来的社会主义阶段上去,而且也不能指导现时的民主革命达到胜利。"[1]后来,毛泽东在《论联合政府》中明确指出:"掌握思想教育,是团结全党进行伟大政治斗争的中心环节。如果这个任务不解决,党的一切政治任务是不能完成的。"[2]刘少奇强调在党内要进行马克思主义理论教育,针对我党历史上曾经遭遇的挫折和失败,他在《答宋亮同志》中指出:"中国党有一极大的弱点,这个弱点,就是党在思想上的准备、理论上的修养是不够的,是比较幼稚的。因此,中国党过去的屡次失败,都是指导上的失败,是在指导上的幼稚与错误而引起全党或重要部分的失败"[3]。他还指出:"思想原则上界限的明确划分是完全必要的。但是在组织上,在斗争的方式上,在说话与批评的态度上,应该尽可能的不对立,尽可能采取温和的方式来商讨或争论。尽可能不采取组织手段及做组织结论。"[4]中国共产党正是通过对工农阶级进行思想政治教育,才推动了中国革命和建设不断走向成功。

改革开放以来,邓小平曾在多个场合强调要通过四项基本原则教育和马克思主义基本理论教育转变社会风气。"我们提倡中国人和外国人发展正常交往……但是由于对少数青少年的教育和管理不够……一些青年男女盲目地羡慕资本主义国家……我们一定要教育好我们的后一代"[5]。为保障社会精神文明建设在全国范围内的有序推进和有效实施,党中央明确将"在人民中进行……共产主义的教育,进行辩证唯物主义和历史唯物主义的教育"[6]写入宪法。江泽民则要求党的思想政治工作者在思想政治工作中尊重人、关心人、理解人,对于工作对象要善于谆谆教导,使思想政治工作生动活泼,为人民群众喜闻乐见,从而达到事半功倍的效果。胡锦涛坚持"以人为本"的思想并指出,做好高校思想政治教育工作要坚持教育与自我教育相结合、坚持政治理论教育与社会实践相结合、坚持解决思想问题与解决实际问题相结合、坚持教育与管理相结合、坚持继承优良传统与改革创新相结合。[7]

党的十八大以来,以习近平同志为核心的党中央积极总结过去的建党经验,指出思想建党是中国共产党的光荣传统和政治优势,指出"要把坚定理想信念作为党的思想建设的首要任务,教育引导全党牢记党的宗旨,挺起共产党人的精神脊梁,解决好世界观、人生

① 中共中央毛泽东选集出版委员会主编《毛泽东选集(第2卷)》,人民出版社,1991,第706页。
② 中共中央毛泽东选集出版委员会主编《毛泽东选集(第3卷)》,人民出版社,1991,第1094页。
③ 中共中央文献编辑委员会主编《刘少奇选集(上卷)》,人民出版社,1981,第220页。
④ 中共中央文献编辑委员会主编《刘少奇选集(上卷)》,人民出版社,1981,第210页。
⑤ 中共中央文献研究室主编《三中全会以来重要文献选编(上)》,中央文献出版社,2011,第90页。
⑥ 中共中央文献研究室主编《十二大以来重要文献选编(上)》,人民出版社,2011,第192页。
⑦ 胡锦涛:《在全国加强和改进大学生思想政治教育工作会议上的讲话》,《人民日报》2005年1月19日,第1版。

观、价值观这个'总开关'问题，自觉做共产主义远大理想和中国特色社会主义共同理想的坚定信仰者和忠实实践者"。①进入新时代，习近平总书记多次发表关于加强思政课建设的重要论述，尤其提出要"讲深讲透讲活"思政课，不仅对理论讲授法在思政课教学中的运用提出了更高的要求，更推动了高校思政课教学方法的创新发展。为贯彻和践行习近平总书记关于高校思政课的重要论述精神，思政课教师在运用课堂理论讲授法时要坚持守正与创新相结合，更好地发挥其在"理直气壮讲好思政课"中的作用。

3. 高校思政课的特殊性质和重要地位

习近平总书记指出："思政课是落实立德树人根本任务的关键课程。"② "思政课的本质是讲道理"③，"办好思政课，就是要开展马克思主义理论教育，用新时代中国特色社会主义思想铸魂育人"④。高校思政课事关"培养什么样的人、怎样培养人、为谁培养人"的根本问题，政治性是其本质属性，这就决定了高校思政课教师要积极传播社会主义意识形态，讲清楚、讲透彻、讲明白马克思主义理论，牢固树立新时代大学生对马克思主义的坚定信仰、对中国特色社会主义的坚定信念、对实现中华民族伟大复兴的坚定信心，以马克思主义大"道"引领大学生树立正确的世界观、人生观、价值观。结合不同的教学内容，教师要有针对性地运用恰当的理论讲授法。例如，运用讲述的形式为大学生讲清楚中国共产党建党百年来的辉煌历史，再现中国共产党带领中国人民实现从"站起来、富起来到强起来"伟大飞跃的历史逻辑，让大学生知晓中国共产党"除了工人阶级和最广大人民的利益，没有自己特殊的利益"⑤这一根本宗旨，理解"中国共产党为什么能"背后的深刻动因；运用讲解的形式讲明白我党坚持把马克思主义基本原理与中国不同历史时期的具体实际相结合，形成的马克思主义中国化的最新理论成果，让大学生知晓中国人民实现从"站起来、富起来到强起来"伟大飞跃的理论逻辑，理解"马克思主义为什么行"的内在缘由，努力学习和掌握马克思主义的世界观和方法论，用中国化时代化马克思主义的最新理论成果来武装自己的头脑；运用讲演法使大学生更加认同中国特色社会主义道路，增强走中国特色社会主义道路的坚定信念。灵活运用理论讲授法对大学生进行马克思主义理论教育，有利于帮助大学生坚定道路自信、理论自信、制度自信、文化自信、历史自信，进而培养其对实现中华民族伟大复兴的坚定政治自信，为社会主义现代化强国建设贡献力量。

(三) 理论讲授法的要求

1. 讲深道理，以理服人

高校思政课教师是运用理论讲授法的主体。把道理讲"深"，让大学生信服马克思主义

---

① 习近平：《决胜全面建成小康社会夺取新时代中国特色社会主义伟大胜利——在中国共产党第十九次全国代表大会上的报告》，新华社，2017。

② 习近平：《思政课是落实立德树人根本任务的关键课程》，《求是》2020 年第 17 期，第 4 页。

③ 习近平：《在中国人民大学考察时强调 坚持党的领导传承红色基因扎根中国大地 走出一条建设中国特色世界一流大学新路》，《人民日报》2022 年 4 月 26 日，第 1 版。

④ 习近平：《思政课是落实立德树人根本任务的关键课程》，《求是》2020 年第 17 期，第 6 页。

⑤ 人民出版社主编《中国共产党章程》，人民出版社，2017，第 10 页。

理论的科学性和真理性，并掌握马克思主义的世界观和方法论，这既是思政课教师"传道授业解惑"的内在要求，也是理论讲授法的最大优势。习近平总书记强调："讲思想政治理论课，要让信仰坚定、学识渊博、理论功底深厚的教师来讲"[①]。

第一，高校思政课教师具有崇高的理想信念是讲"深"道理的前提条件。理想信念是共产党人精神上的"钙"。高校思政课教师只有树立共产主义远大理想、中国特色社会主义共同理想和实现中华民族伟大复兴的当代理想，才能用自己的言行举止感召大学生，引导他们树立高远的理想追求。只有自己补足"钙"，才能帮助大学生补"钙"；只有自己真信，才能引导学生真信。

第二，高校思政课教师具备渊博的学识是讲"深"道理的必要条件。"一个具有丰富知识结构和文化修养的思想政治教育者，做起教育来就能够丰富多彩、得心应手"[②]。高校思政课教师要以习近平总书记提出的"六要"为标准，努力学习中华优秀传统文化和现代科学文化知识，夯实知识储备，扩大知识覆盖面，用渊博的知识来丰富课堂理论讲授的内容，提升理论讲授法的魅力。

第三，深厚的理论功底是讲"深"道理的基础条件。思政课教师理论功底如何，将直接影响理论讲授的风格和思政课的教学效果，因此高校思政课教师要不断研读马克思主义经典著作，夯实马克思主义理论知识，学懂学透习近平新时代中国特色社会主义思想，筑牢自己的理论功底。只有用科学的理论武装自己的头脑，才能游刃有余地用好理论讲授法，更好地发挥马克思主义基本理论以及中国化时代化的马克思主义理论说服人、教育人、武装人的作用。

2. 讲透道理，以理启人

丰富翔实的教学内容能够提升理论讲授法的教学效果。习近平总书记多次强调，"要讲好中国故事，传播好中国声音"[③]。思政课教师运用理论讲授法摆事实、讲道理，是讲述中国故事、传播中国声音的最佳方式。

第一，要用事实说话，把故事讲清楚，即把中国共产党团结带领中国人民为实现中华民族伟大复兴的奋斗史讲清楚，把"中国共产党为什么能""中国特色社会主义为什么好""马克思主义为什么行"的道理讲清楚，使大学生在百年党史中汲取奋进的力量。

第二，要用事实说话，把故事讲明白，即寓事于理、寓情于理，事理互证、情理交融，讲明白中国故事，进一步坚定大学生的道路自信、理论自信、制度自信、文化自信和历史自信。

第三，要在讲清楚和讲明白事实的基础上，把道理讲透彻。马克思指出："理论一经掌握群众，也会变成物质力量。理论只要说服人，就能掌握群众；而理论只要彻底，就能说服人。"[④]要启发大学生将中国化时代化的马克思主义理论与当下中国的社会发展实际相结

---

① 习近平：《思政课是落实立德树人根本任务的关键课程》，《求是》2020 年 17 期，第 10 页。

② 郑永廷：《思想政治教育学原理》，高等教育出版社，2016，第 378 页。

③ 习近平：《高举中国特色社会主义伟大旗帜 为全面建设社会主义现代化国家而团结奋斗——在中国共产党第二十次全国代表大会上的报告》，《人民日报》2022 年 10 月 26 日，第 1 版。

④ 中共中央马克思恩格斯列宁斯大林著作编译局主编《马克思恩格斯文集(第 1 卷)》，中共中央马克思恩格斯列宁斯大林著作编译局译，人民出版社，2009，第 11 页。

合，形成和提升问题意识，关注"中国之问、世界之问、人民之问和时代之问"①，在历史联系现实、世界联系中国的深度思考中，发现问题、分析问题、研究问题、解决问题，不断提高认识问题、分析问题和解决问题的能力。

3. 讲活道理，以理感人

通过多种教学方法的有效运用赋能理论讲授法，发挥 1＋1 或 1＋N 大于 2 的效果，是提升理论讲授法教学成效的重要环节。在高校思政课的课堂教学中，教师要将理论讲授法与其他教学方法相结合，如教师通过情境教学法创设富有情感的教学情境，可大大增强理论讲授法的感染力。列宁指出："缺乏情感的认识便失去了认识的深入。人的思想只有被浓厚的情感渗透时，才能得到力量，引起积极的注意、记忆和思考。"②充满情感的课堂能引起学生的积极注意，激发他们思想层面的情感认同和共鸣。

第一，教师在选择和运用教学方法时要树立"以学生为主体"的教学理念。思政课教学要尊重学生的成长和认知发展规律，在充分考量当前大学生思想和心理特点的基础上设计教学过程、选择教学方法，促使大学生由"要我学"转变为"我要学"，自觉而不是被动地参与到思政课教学中来，这是用"活"理论讲授法、讲"活"道理的关键所在。

第二，教师要善于运用多种课堂教学方法提升理论讲授法的吸引力。每种教学方法都有独特的优势，有效运用理论讲授法需借助其他教学方法的优势。如在讲授"社会主义民主政治"时，可以在课堂中采用情境教学方法，模拟公民投票的流程，再运用理论讲授法对"全过程人民民主"进行解释和说明，这样不仅可以吸引大学生积极参与，激发大学生的学习兴趣，还可以加深他们对中国特色社会主义政治制度的理解和情感认同。

第三，教师要结合实践教学法提升理论讲授法的感染力。课上课下的多种实践教学法，如课堂小组合作学习、课下的社会实践活动等，都能够调动学习兴趣，吸引大学生积极参与。在此过程中，教师叠加运用理论讲授法对学生进行引导、指导、教导，可以使理论讲授法发挥"催化剂"的作用，提升理论讲授法的感染力，把道理讲"活"。

二、案例教学法

(一) 案例教学法解析

1. 案例教学法的内涵

案例教学法自古有之。我国古代运用一些寓意深刻的故事进行教学，就是运用案例教学法的最初尝试，如"孔融让梨""刮目相看""回天之力""宁为玉碎，不为瓦全"等故事中都蕴含着一定的道理。在国外，一般都认为古希腊大哲学家苏格拉底的"启发式问答法"是西方案例教学法的起源。后来他的学生柏拉图承袭了这一传统，用日常生活中的小故事来说明、阐释道理，这些小故事就成为了最初的"案例"。到了 19 世纪 70 年代，哈佛大学法学院前院长克里斯托弗·哥伦布·兰戴尔提出案例教学法，并将其运用到法学教育之

---

① 中央文献研究室、中国外文局主编《习近平谈治国理政(第 4 卷)》，外文出版社，2022，第 30 页。

② 中共中央马克思恩格斯列宁斯大林著作编译局主编《列宁全集(第 20 卷)》，中共中央马克思恩格斯列宁斯大林著作编译局译，人民出版社，1958，第 255 页。

中。此后，案例教学法广泛应用于法学界、医学界，并形成了很多具有典型性的法学和医学案例。在课堂教学中，师生通过对这些案例进行互动和分析，在解决问题的同时，学生加深了对相关理论的理解和掌握，提升了推理判断和解决问题的能力。此后，案例教学法广泛运用于管理学领域，其中哈佛商学院对案例教学法的实施起到了很大的推动作用。20 世纪 70 年代以后，案例教学法开始广泛应用于各个领域的教育和各个学科的教学中，特别是在教育领域成为教学方法发展的一种潮流。我国从 20 世纪 80 年代起，在经济学、管理学、法学、医学等学科领域开始引入案例教学法，并推广到中小学的教育教学中。20 世纪 90 年代以后，郑金洲等一些学者对案例教学进行研究和推广，促进了学界对案例教学法理论研究与应用研究的快速发展。作为一种新的教学方法，案例教学在课程教学中开始广泛应用。

在《教育大辞典》中，案例教学法是指"高等学校社会科学某些科类的专业教学中的一种教学方法。即通过组织学生讨论一系列案例提出解决问题的方案，使学生掌握有关的专业技能、知识和理论"[1]。在高校思政课教学中，经典的课堂理论讲授法以其条理清晰、逻辑严密、内容深刻的特点，仍然是目前高校思政课主要的教学方法。但对于思想和心理发展尚未完全成熟的大学生来说，如果过多运用理论讲授法授课，则显得过于抽象单调和不易理解。而案例教学法则通过设置合理的问题、构建恰当的教学情境、促进生师或生生之间的互动，将教材中较为抽象的理论知识转换成学生易于接受的实践规范，不仅深化了高校思政课教学内容的思想性和理论性，也使高校思政课教学更具有亲和力和针对性，有效提升了大学生的马克思主义理论修养和思想道德品质。因此本书认为，案例教学法是指在高校思政课堂教学中，教师根据教学目标的要求，通过呈现典型的案例，创设特定的教学情境，引导大学生独立思考、深入探究并解决实际问题，以提高他们的综合素质与能力的一种教学方法。

2. 案例教学法的特点

第一，案例的典型性。典型的案例代表事物的本质、主流和发展方向。高校思政课教学案例要能鲜明反映社会现实，体现社会发展趋势，选编的案例一定是贴近学生思想、贴近实际生活、贴近社会热点的典型人物和典型事件，蕴含着深刻的哲理且经过社会实践检验，这是有效实施案例教学法的基础和前提。教学案例的典型性，不仅能够深化大学生对科学理论的理解，还能够为他们学会用科学的方法论解决实际问题提供更多的启迪。大学生通过对典型案例的探究，掌握其中蕴含的原理与方法，并将其运用于自己的学习和生活实践。当然，高校思政课教学案例不在多而在精，典型的案例能够使大学生受到启发，进而对大学生产生指导与教育意义。

第二，问题的启发性。启发性是高校思政课的教学应遵循的原则之一。《论语》就有"不愤不启，不悱不发。举一隅不以三隅反，则不复也"。高校思政课以典型案例为载体，创设包含问题的教学情境，启发学生发现问题、分析问题和解决问题，拓宽思维方式，提高思维水平。在运用案例教学法的过程中，思政课教师根据案例与教学内容之间的联系巧妙设置和提出问题，用启发的方式引导大学生进行思考探究，最终形成自己的结论。设置具有启发性的问题，可以达到教师"举一"而学生"反三"的效果，并有助于学生将理论与方法灵活地运用到实际生活中，做到触类旁通。

---

① 顾明远主编《教育大辞典：增订合编本(上册)》，上海教育出版社，1998，第 54 页。

第三，学生的主体性。运用案例教学法的过程也是学生自主学习、独立思考、探究结论的过程，这要求充分发挥学生的主体性作用。学生进行案例分析是案例教学法的关键环节，这时学生需要结合自己已有的知识与经验对案例进行多角度思考、多维度探究；而教师则需要积极营造轻松、民主、和谐的课堂气氛，鼓励学生从不同角度思考问题并形成自己的结论，让每一位学生都能够平等参与到案例分析中，以此锻炼和提升他们分析与解决问题的能力、自主合作与探究的能力、语言的组织与表达能力。在案例小结环节，教师要鼓励学生大胆表达自己的见解，对于积极发言和不善于发言的同学应一视同仁，以激发大学生的主体意识，促进大学生自主完成知识建构。因此，要充分发挥学生的主体性作用，并将其贯穿于案例教学法实施的全过程。

第四，结论的多样性。高校思政课运用案例教学法，鼓励学生从多角度形成对同一问题的不同认识，启发学生的发散思维，因此得到的结论通常不是唯一的。学生原有的生活经历、知识构成、社会阅历各不相同，就会导致他们思考的角度和方法也各有所异，对问题的认识也会有所不同，呈现出的结论也具有多样性。通常情况下，学生会在教师的引导下，通过与教师的交流，或学生之间的相互交流，得出一个大家都较为认可的答案。事实上，如果学生通过深入思考、仔细探究得出的答案接近正确的结论，说明学生的思维方式、探究方法比较准确，他们分析与解决问题的能力也得到了提升。如果学生们得到的结论多种多样，则能说明学生具有发散思维的能力，这时教师要一视同仁地对待每一个学生，引领学生的思维走向正确的方向。

3. 案例教学法的优势

第一，激发大学生参与思政课学习的兴趣。高校思政课教学内容通常都具有很强的理论性，且部分教学内容之间也具有较强的逻辑性，很多时候大学生感觉比较抽象，不易理解和掌握。教师运用案例教学法，可以把抽象的理论蕴含于典型的案例中，进而启发大学生深入思考和分析。如在导入新课时，教师可以选择以多媒体、短视频等方式创设特定的教学情境，吸引和调动学生的注意力，使他们快速进入课堂学习状态。在案例分析与讨论阶段，学生针对教师设置的问题展开互动交流，充分表达个人看法和见解，教师可以对学生的不同观点进行积极引导，帮助学生得到正确答案。案例教学法不仅活跃了思政课堂的教学氛围，而且提高了学生参与的积极性，大大激发了他们学习思政课的兴趣。

第二，提高大学生的综合能力和素质。理论性与实践性相统一是高校思政课教学遵循的原则之一。在案例教学法实施过程中，教师要通过真实生动的案例创设特定的教学情境，使学生能够捕捉案例中的重点信息，并利用他们的知识、结合他们的经验对案例展开分析，最后形成自己的看法。在这一过程中，既锻炼了大学生的知识运用、语言表达、交流沟通、团结协作等能力，又增强了大学生的学习体验感和获得感，促进了大学生将科学的理论知识运用于问题的分析与解决中，提高了他们理论联系实际和解决实际问题的能力，提升了他们的思想政治道德素质和人文修养。

第三，提升高校思政课教师的专业化水平。运用案例教学法进行教学，需要高校思政课教师具有丰富的专业知识、广博的知识覆盖面和较高的教学能力，并从多方面做好案例教学的准备工作。如在课前，教师要针对性地选编适合的教学案例，以教学目标和教学内容为指引，选编的案例要贴近社会实际和大学生生活，能够解决大学生的思想困惑并满足大学生的心理需求；在课中，对于预设可能出现的问题要有相应的解决方案，要有序组织学生进行分析和讨论，这都需要教师具备将教材内容转换为教学内容的能力和较强的教学组织能力。与运用传统的理论讲授法相比，高校思政课教师在运用案例教学法进行教学时，要求教学准备工作更充分；在选择案例时，由于涉及多学科的相关知识，要求教师拥有丰富的知识构成，这些都促进了教师的专业化发展。

(二) 案例教学法的依据

1. 人本主义学习理论

建立在人本主义心理学基础之上的人本主义学习理论，以美国心理学家亚伯拉罕·马斯洛(Abraham Maslow)和卡尔·罗杰斯(Carl Rogers)为主要代表人物。人本主义心理学强调要把人作为一个整体进行研究，注重人的个性的发展，开发人的内在潜能和创造性，将发展健康的人格和自我实现视为目标追求。因此，人本主义的学习理论从全人教育的视角阐释学习者整个人的成长历程，从教学过程和教学方法出发，更注重启发学习者的经验，激发学习者的创造性潜能，引导学习者肯定自我、实现自我。同时，人本主义学习理论注重为学习者创造一个良好的环境，让他们通过自我感知达到理解世界、实现自我的目的。

在高校思政课案例教学法实施过程中，教师通过创设特定的教学情境，为大学生进行案例分析和讨论营造了一种和谐的教学氛围，使师生和生生之间形成民主和平等的关系，这有助于激发大学生进行自主的、有意义的学习。此外，教师应尊重学生的主体地位，通过呈现案例并设置问题，让学生自主思考和发现问题，激发学生探索的积极性；通过对案例的分析与讨论，让学生敢于表达自己的想法，并勇于质疑不同观点，以此发挥大学生学习的主观能动性。高校思政课通过案例教学法，不仅深化了大学生已有的知识，更重要的是使他们学会了主动探究新知识、运用新知识，这都有助于高校思政课教学目标的实现。

2. 发现学习理论

发现学习理论最早的倡导者是美国著名心理学家杰罗姆·布鲁纳。布鲁纳认为，知识的学习包括新知识的获得、旧知识的改造以及检查知识是否恰当三个过程，且这三个过程在学习中几乎是同时发生的。人们通过自己积极主动的认知来完成新知识的获得，或者是在原有知识基础上接受更精练的知识，又或者改变原有的认知而全面接受新知识，这就使得新知识的获得其实是一种源于人们提升认知需要的积极的过程。布鲁纳特别强调在学习中人的内在动机和认知需求所发挥的重要作用，这就明确区分了人类学习与动物学习的本质性不同，即指出人类学习是受自身认知需要驱使的积极行为。

在高校思政课教学中，大学生是参与学习的主体，是知识的主动获取者。激发大学生心中的认知需求是提升高校思政课教学实效性的内在动力。通过案例教学法，教师创设特定的问题情境，在这种教学情境中，大学生通过分析和探究的过程得出问题答案，以此锻炼其思维能力、分析与解决问题的能力、团结协作能力、理论联系实际能力等。所以，在案例教学法实施过程中，教师不再只是知识的直接传授者，而是成为学生学习的引导者和促进者；教师不再将答案直接告诉学生，而是引导学生自主进行探究，教师则发挥辅助学生整合看法并得到正确的答案的作用。对案例进行分析与讨论的过程也是生师和生生之间交流互动、思想碰撞的过程，教师在此过程中创设情境，设置问题，通过生师交流，学生能够积极参与、主动发现、努力探究问题，在此过程中学生的知识、能力和素质都能得到有效提升。

3. 自我效能理论

班杜拉自我效能理论认为,"自我效能感是个人对自己是否具备达到某一行为水平的能力的评判,而结果预期是对这种行为可能带来的结果的判断"[1],如果教师经常对学生的学习给予及时的、积极的鼓励与赞扬,就会大大激发学生的学习热情和学习动力,使学生在学习上取得进步的机会明显增多,这是学生自身提升自我效能感的重要途径。

在案例教学法的运用中,教师作为组织者和引导者,要通过设置问题来分配教学任务,使学生在自己的能力范围内努力完成任务,收获成功的喜悦,增强自我效能感。无论学生完成的任务是否达到期望值,教师都应给予一定的鼓励。积极的评价会增强学生对自我的肯定,使他们对思政课更感兴趣,更有信心去克服在完成任务的过程中所遇到的困难,以此取得更好的成绩。

(三) 案例教学法的实施

高校思政课案例教学法的实施"可以分为课前准备、课堂实施、课后评价三个步骤,这些步骤相互关联、缺一不可,是案例教学法有效实施的重要构成。"[2]本文基于高校思政课案例教学法的三个实施步骤,从教师和学生两个角度,对高校思政课案例教学法的具体实施进行阐述。

1. 课前准备阶段

"课前准备是指教师在课前为完成特定的课堂教学目标与任务所做的准备工作"[3],充分的课前准备是案例教学法实施的前提和保障。高校思政课教师"实施案例教学法的课前准备主要包括确定教学目标、选编教学案例、选择呈现案例恰当的时机、设置适度的问题等"[4]。

第一,教师的课前准备。首先,教师根据教学内容、教学目标和学情选编教学案例,注意案例篇幅的适度性,不能过长或过短,过长可能导致学生研讨时间不足,过短可能无法有效引发学生的思考。教师要选择符合社会发展规律、体现社会主义核心价值观、积极向上的典型案例,以促进大学生思想和心理的健康发展。其次,教师要选择恰当的时机来呈现案例。教师一般在导课、课中解决重难点问题和小结三个时机呈现案例,通过案例导入新课能够使学生快速进入学习状态,课中呈现案例有助于引导学生自主分析并解决重难点问题,小结时呈现案例有助于将理论与实际相结合、促进教学目标的实现。再次,教师设置问题要难易适中,问题太难可能会使部分学生得不出有效的结论,问题太简单则可能使多数同学轻易得到结论,这都会削弱学生讨论和探究的意愿。因此,只有设置难易适中的问题才能引导学生通过分析、思考和探究得出答案。

第二,学生的课前准备。高校思政课案例教学法需要学生积极参与案例的分析与讨论。

---

① 阿尔伯特·班杜拉:《思想和行动的社会基础》,林颖、王小明、胡谊等译,华东师范大学出版社,2018,第553页。

② 张雪琪:《案例教学法在思想政治课中的应用研究》,硕士学位论文,渤海大学教育与体育系,2018,第11页。

③ 同上。

④ 同上。

因此，学生需要在课前了解案例及其背景知识，明确自己的任务并做好相关准备。学生对于教师选编的教学案例存在熟知或不知两种情况，无论哪种情况，学生都要在课前对教师布置的案例进行预习。学生对案例的熟知是参与案例研讨的基础和前提，有助于提取案例中的重点信息，并结合自己的经验形成对问题的认识。如果是新颖的或者是比较复杂、学生尚不了解的案例，教师要在课前先布置给学生，让他们自己查阅与案例相关的资料，并尝试预先分析与探究，做好课前准备。

2. 课堂实施阶段

课堂实施是案例教学法的关键，主要包括教师呈现案例、学生分析与讨论案例、师生共同总结三个环节。

第一，教师呈现案例。教师呈现案例是案例教学法课堂实施的初始阶段，一般采取以下四种方式：教师口头表述、多媒体呈现、情景式呈现和文字材料呈现。一是教师口头表述，这种方式适用于篇幅较短或内容通俗易懂的案例，要求教师语速快慢适中，声调有所起伏，内容由易到难、由简到繁；二是多媒体呈现，即通过多媒体播放视频或图片，增强案例内容的视听效果，吸引和调动学生的学习兴趣；三是情景式呈现，即通过情景模拟、角色扮演等方式，让学生通过"亲身经历"实现"感同身受"，深化学生对案例的分析与思考；四是文字材料呈现，即教师将案例印成书面文字发放给学生，方便学生阅读并找出重难点。与以上三种方式相比，文字材料呈现缺乏些许生动性，需要教师积极引导学生的注意力。应该注意的是，无论采用何种呈现方式，教师均应以引导者、辅助者的身份出现。

第二，学生分析与讨论案例。教师在呈现案例之后，就开始引导学生进行分析与探究。在分析环节，教师要引导学生认真阅读案例，了解案例细节，提炼案例中心思想，把握案例中事件的因果关系，并结合案例对教师设置的问题进行分析，力求找到突破点。在讨论环节，要凸显学生的主体地位，让学生根据课前的准备积极参与并发表自己的看法，在思想的相互碰撞中达成共识。讨论案例是案例教学法实施的重点，讨论一般以小组为单位进行，可以事先按照"组内异质，组间同质"的原则划分好小组，一般以5~6人为宜，组内学生分享彼此的看法，互相取长补短，团结协作，共同完成讨论任务。

第三，师生共同总结。共同总结是教师引导学生将案例分析和讨论的结果进行理论升华，从感性认识上升到理性认识、进行归纳总结的过程，这一过程从学生发表自己的看法开始，到教师进行点评和总结结束。教师要创设和谐的课堂氛围，鼓励学生敢于表达自己的观点。当学生总结得不到位、不全面时，教师要及时纠正与补充，梳理学生的发言，辅助学生构建知识框架，并点评学生的观点与看法。教师既要以肯定的态度鼓励学生，又要与持不同观点的学生平等、坦诚地交流意见，帮助他们理解教学重难点，深化学生对教学内容的理解和掌握。

3. 课后评价阶段

课后评价有利于对案例教学法进行适时的客观认知，它包括教师评价与学生评价，二者从不同角度对案例教学法实施过程中的优点和不足进行评估。

第一，教师评价。教师评价主要是对教学案例的选编和教学方法的实施过程进行评价。例如，案例是否符合教学目标、是否具有新颖性和时代性、是否能被学生理解和接受、是否解决了教学的重难点问题；案例呈现时机和呈现方式是否恰当、教学情境创设是否恰到好处；设置的问题是否具有张力、是否引导学生积极参与讨论、是否促进学生自主完成知识构建、是否达到预期的教学目标；是否营造了民主平等的课堂气氛、是否尊重学生的意见与想法、是否给予学生正确指导。[①]教师的教学评价使案例教学法的实施成为可以根据信息反馈随时调整的可控系统，有利于教师评估教学目标的实现程度和案例教学法运用的成功与否。

第二，学生评价。学生评价包括学生的自我评价和互相评价。"学生的评价主要包括对自己在教学活动中是否积极参与了案例讨论、在讨论中是否发挥了主体性作用、在讨论过程中还存在哪些不理解问题，在案例教学活动中提升了哪些能力等方面，进行自我评价和反思。"[②]互相评价是学生之间互换角色，对小组中某位同学的学习进行评价，如是否积极参与学习、是否听取其他同学的观点和看法、是否能够完成知识的自我建构等。学生评价有利于他们反思自身在参与讨论中的优势与不足，相互取长补短。通过学生评价，教师也可以发现自己在运用案例教学法进行教学的过程中所存在的问题与不足，为后续更好地完善案例教学指明了方向。

（四）案例教学法的要求

1. 案例选编要客观真实

客观真实是高校思政课教师选编案例应该遵循的首要原则，也是案例教学法有效实施、发挥作用的前提和基础。客观真实包括三方面含义：一是指案例材料来源于社会生活中真实发生过的真人和真事；二是指案例材料能够反映客观事物的本质；三是指案例材料是能够反映事物的发展规律、最具有说服力的典型材料。与其他课程的案例选择不同，高校思政课的教学案例，不仅要让大学生知道"是什么"，还要让大学生了解"为什么"，更要让大学生明白"怎么做"。高校思政课的教学目标是培养大学生树立正确的"三观"，树立崇高的理想信念，成为能够担当民族复兴大任的时代新人。这一培养目标具有很强的现实性、时代性和针对性。契合这一教学目标，教师选编的教学案例应是当下社会生活中客观存在的、真实可信的材料。如最新发生的时政热点、各行各业榜样人物的先进事迹、全国道德模范事迹等，这些事件和事迹真实反映了当下人们的社会生活和道德实际，具有一定的说服力和启发意义。案例将真实的社会生活引入了课堂，学生在教师的引导下练习处理这些真实的问题。

2. 多种形式呈现案例

在课堂教学中，以何种方式呈现案例，从而最大限度发挥案例的知识迁移作用，是高校思政课应用案例教学法的第一步。一般来说，教师多在课前导课和课中讲授这两个时段呈现案例。通过案例导课可以吸引学生快速进入课堂学习状态，讲授中呈现案例可以引导学生深入思考和探究。但针对不同的教学目标、教学内容和学生实际，教师呈现案例的方式也是多种多样的，如教师口头描述、多媒体展示、发放文字材料、学生参与展示等。教师口头描述适合相对简短的案例材料，通过教师抑扬顿挫、声情并茂的口头表达，把学生

[①] 张雪琪：《案例教学法在思想政治课中的应用研究》，硕士学位论文，渤海大学教育与体育系，2018，第15页。

[②] 同上书，第15-16页。

吸引到特定的案例情境中，必要时可以配合肢体语言增加案例情境的生动性；多媒体呈现案例能够为学生创设身临其境的教学氛围，增强学生的代入感，这也是目前高校思政课最普遍使用的案例呈现方式；通过发放文字材料呈现案例是最直接、简单的方式，适合情节比较复杂、篇幅较长的案例，能够方便学生阅读与分析案例；学生参与展示是在案例呈现中融入角色表演，这也是最能调动学生积极参与案例讨论、最生动的呈现方式。无论哪种呈现方式，都各有优势，教师都要根据不同的教学内容、教学目标和学生实际，选择最恰当的呈现方式，为接下来的案例讨论做好铺垫。

3. 实施过程以学生为本

"一切为了学生发展，为了一切学生发展，为了学生发展的一切"。案例教学法的实施要求教师树立"以学生为本"的教学理念，充分尊重学生的主体地位，让学生在课堂上有存在的意义和价值。高校思政课教师是课堂教学的主导者与引导者，教师的教学理念对教学行为和教学情况有直接影响。在案例教学法实施过程中，教师要积极鼓励学生自主学习、独立思考、合作探究，以提升大学生的思想道德素养，促进大学生的全面发展。具体就是通过达成知识目标，大学生掌握了马克思主义理论知识和马克思主义中国化的最新成果；通过达成能力目标，大学生学会了运用马克思主义的立场、观点和方法正确认识、分析和解决实际问题；通过达成素养目标，大学生形成了科学的世界观、人生观和价值观。在达成教学目标的过程中，教师既要鼓励学生参与探究，又要给予学生展现自己、表达看法的机会，并对学生探究的学习成果给予恰当评价。

三、合作学习法

(一) 合作学习法解析

1. 合作学习法的内涵

20 世纪 70 年代以来，合作学习逐渐成为一种新的教学方法，被广泛运用于各国的教学实践中。相较于传统教学方法，合作学习改变了过去"教师讲，学生听"的"满堂灌"的课堂现状，使学生从知识的被动接受者转变为主动学习的参与者，充分发挥了学生的主体性作用，激发了学生参与学习的热情，极大提升了课堂教学效果，因此被国内外诸多专家学者研究和推崇。如美国著名教育心理学家、合作学习的重要代表人物沙伦博士认为："合作学习是组织和促进课堂教学的一系列方法的总称。学生之间在学习过程中的合作则是所有这些方法的基本特征。在课堂上，同伴之间的合作是通过组织学生在小组中实现的，小组通常由3~6人组成。小组充当社会组织单位，学生们在这里通过同伴之间的相互作用和交流展开学习，同样也通过个人研究进行学习。"[1]我国学者王坦在20世纪90年代初开始对合作学习进行理论与实践研究，认为"合作学习是一系列能促进学生在异质小组中互助合作，达成共同的学习目标，并以小组的总体成绩为奖励依据的教学策略体系。"[2]并提出合作学习就是按照异质性原则将学生分成小组，通过明确的分工合作，使各自发挥优势，

---

① S·沙伦、王坦、高艳：《合作学习论》，《当代教育科学》1996 年第 5 期，第 59 页。
② 王坦：《合作学习：一种值得借鉴的教学理论》，《普教研究》1994 年第 1 期，第 62 页。

共同完成学习任务。在学界研究的基础上，本书认为，合作学习是为了完成共同的学习任务，以小组为单位，采取异质分组、明确分工的原则，充分发挥学生的学习主体性作用，进而完成学习任务、达成教学目标的一种高效教学方法。

合作学习作为一种古老的教育观念和教学实践其实由来已久，并早已运用于东西方的教育教学中。在《论语·述而》中有"三人行，必有我师焉。择其善者而从之，其不善者而改之"，这句话就蕴含了要向他人学习的思想。关于合作学习的理念最早可追溯到我国第一部教育名著《学记》，其中"敬业乐群""独学而无友，则孤陋而寡闻"等表述，就是提倡学习者要在学习过程中通过互相切磋、彼此交流来提高学习效率。这一教育理念一直流传至今。1932年，我国著名教育家陶行知先生提出了"小先生制"的构想，即让儿童既当学生又当先生，使他们能够把学到的知识随时传给周围的同伴。陶行知先生的这种教育理念具有明显的合作学习的色彩，并付诸教学实践中。进入21世纪以来，随着教育改革的不断深入，学者和一线教育工作者对合作学习进行了广泛研究，并将合作学习运用到具体的课程教学中，大大提升了学生的学习积极性和教学效果。

在国外，早在公元1世纪，古罗马教育家马库斯·法比尤斯·昆体良就指出，应让年龄大的学生去教年龄小的学生，大家彼此帮助，共同进步。文艺复兴期间，捷克大教育家扬·阿姆斯·夸美纽斯认为，学生不仅可以从教师的教学中获取知识，还可以从其他学生身上获取知识。大约在18世纪初，英国牧师安得烈·贝尔和约瑟夫·兰开斯特对合作学习进行了广泛实践，即教师上课时先选择一些年龄较大或较优秀的学生进行教学，然后由这些学生作"导生"把自己学到的知识教给一组学生，他认为这一方法可以促进学生共同成长和进步。19世纪以后，著名教育家约翰·杜威在《民主主义与教育》中提出了"从做中学"的思想，这极大推动了小组合作学习法的实际应用。到20世纪40年代，著名社会心理学家道奇提出了关于竞争与合作的目标结构理论，为创立合作学习理论提供了重要的理论依据。

为了避免合作学习趋于形式化，提高其在实际运用中的有效性，西方研究者开始将研究重点从理论转向实践，开发了许多合作学习的方法和策略。1978年，斯莱文创设了学生小组成绩分工法，阿伦逊及其同事研究出了切块拼接法；1987年，约翰逊兄弟提出了共学式，斯宾塞·卡甘创立了结构法等；2001年，约翰逊提出要充分认识合作的重要性，能够在合作学习中构建有效的学习小组，并有效利用团队的优势达成教学目标。这些研究极大促进了合作学习在实践中的应用。随着联合国教科文组织将"学会合作"列为21世纪四大教育目标之一，合作学习在世界范围内越来越受到重视，成为教育教学广泛推广运用的教学方法。

2. 合作学习法的特点

第一，成员构成异质性。异质性是指学习小组内部成员之间在性别、性格、学习能力、学习成绩、家庭背景等方面存在的特征差异。小组成员划分要遵循异质性原则，让不同成员在合作中都能够发挥各自特长，也利于学生从多角度认识和分析问题，促进组内成员思维的相互碰撞，并形成多样化的探究结果。当然，在遵循异质性原则的同时，小组成员的构成还要具有一定的同质性，即能够保证学习小组的每个成员处于相近的学习水平，这样更有利于有效评价小组合作学习的成效。

第二，目标达成明确性。教学目标是否达成是检验高校思政课教学效果的标准。合作学习首先要为组内成员设定明确的学习目标，让每一个同学清晰了解自己的学习任务，并在相互之间的交流和合作中完成学习任务。在这种情况下，小组成员之间不仅要关注自己的学习过程和学习成果，也要关注本小组其他成员的学习过程和学习成果，以便共同促进学习目标的完成。

第三，学习方式合作性。在合作学习过程中，小组成员之间要相互支持、相互监督、相互协作。合作学习并非完全摒弃教师的理论讲授，而是在教师充分进行理论讲授的基础上，开展小组成员之间的相互交流与探究，以此实现理论讲授与合作学习的优势互补，有效提高思政课的课堂教学效果。师生之间、生生之间的良好互动，形成了小组成员既相互依赖，又各自独立的合作式学习模式，加强了师生之间的人际交往和生生之间的沟通与合作。

第四，成绩评价共享性。在传统的高校思政课堂中，教师往往将学生的期末考试成绩作为对学生的最终评价，这种评价仅针对于达成知识目标的终结性评价，而缺少了对大学生能力和素养养成的过程性评价。合作学习则是以小组成绩作为组内成员的共同成绩，改变了以往同学之间竞争与合作的方式，有效弥补了只评价个体成绩的不足，使学生在合作学习过程中进一步夯实了知识、培养了能力、提升了素质。

3. 合作学习法的优势

第一，合作学习法增强高校思政课教学的实效性。教学实效性是指通过高校思政课对大学生进行思想政治教育，使大学生在掌握马克思主义理论知识，学会运用马克思主义立场、观点、方法来分析和解决问题，以及形成正确的世界观、人生观和价值观等方面取得的实际效果。然而，"满堂灌"的教学方法一直以来被认为是高校思政课的主要方式，导致大学生被动接受教学内容，学习积极性不足，课堂"抬头率"不高，教学实效性较差。将合作学习应用于高校思政课堂，有利于改变大学生被动的学习状态，调动大学生积极参与课堂学习，培养他们主动探究问题的能力，并使他们自觉将所学理论与自身实际相结合，在大学生的学习和生活实践中实现理论与实际的相互转换，促进教学目标的达成。

第二，小组合作学习法构建和谐的师生关系。和谐的师生关系是和谐课堂的重要体现。受传统教育理念的影响，在以往的高校思政课堂中，教师身兼导演和演员的双重角色，组织教学、讲授理论、总结评价、测评考核等，一系列课堂活动多由教师一人完成，而学生则更像是观众和旁观者，很少有机会与教师交流互动，这体现了传统课堂对师生定位的偏差。新时代，创新高校思政课教学方法必须重新审视和科学定位课堂中的师生关系，即教师要发挥主导性作用，学生要发挥主体性作用。通过合作学习法，高校思政课教师能够引导、督促和帮助学生开展合作学习，及时发现、疏导和解决学生的思想困惑，从而增进学生与教师之间的思想交流与情感沟通，使师生之间的关系变得更加和谐。

第三，合作学习法利于提高大学生的综合能力。通过高校思政课教学对大学生进行思想政治教育，是以培养大学生的综合能力、促进大学生全面发展为教学旨归的。高校思政课的教学目标包括知识目标、能力目标和素养目标。但从其达成度来看，知识目标的达成多通过考试进行检验，而能力目标与素养目标的达成情况却不能仅通过考试来评判，运用合作学习法能够改变这一现状。教师在发布合作学习任务后，学生按照各自承担的任务进行个人准备、组内讨论，最后形成结论。在这一过程中，小组成员要处理好组内成员之间合作与竞争的关系，这有助于提升大学生的语言表达能力、人际交往能力和合作能力。同时，合作学习的顺利进行需要小组成员具备良好的责任意识和集体荣誉感，在学习过程中不断发展创新思维和创造能力，进而小组成员共同完成合作学习任务。因此，小组成员的合作意识、责任意识、人际交往能力、创新思维能力等综合能力都会得到大幅提升。

(二) 合作学习法的依据

1. 社会互赖理论

社会互赖理论研究个体之间的合作与竞争的相互作用及其结果，即个体之间在合作性和竞争性的社会情境中相互影响的心理过程、行动效率、互动方式。社会互赖理论源于格式塔心理学关于"群体是一个动态的整体，成员之间的相互依赖可能有所不同"的观点。1949年，美国社会心理学家莫顿·多伊奇(Morton Deutsch)发表了《合作与竞争理论》《合作与竞争对群体过程影响的实验研究》两篇论著，界定了合作与竞争的概念及其逻辑框架，明确了存在于个体间的两种相互依赖类型，即积极依赖与消极依赖，并提出与此相关的可替代性(substitutability)、投注性(cathexis)和可诱导性(inducibility)三个心理过程，使社会相互依赖理论得以形成和确立。此后，这一理论受到广泛关注和推广，并应用于心理学、教育学、家庭治疗、管理实践等诸多领域。

美国教育学家戴卫·约翰逊(D.W.Johnson)和荣·约翰逊(R.T.Johnson)兄弟是将社会互赖理论运用于教学研究和实践的代表人物。他们认为，教学活动中的人们是相互影响的，当学生具有相同的学习目标，且每个人学习目标的实现与组内其他成员都有一定联系时，就会产生社会互赖，这种影响存在于师生之间和生生之间。戴卫·约翰逊将社会互赖分为积极的社会互赖、消极的社会互赖、缺乏的社会互赖三种情况，积极互赖(合作)产生促进性互动，群体成员彼此鼓励和促进学习上的努力；消极互赖(竞争)产生对抗性互动，群体成员彼此不鼓励学业上的努力，还会相互阻碍；在缺乏互赖的情况下，个人之间则不会有互动，个人都独立工作而不受干扰。约翰逊兄弟认为，积极的社会互赖能够使小组成员之间产生正向互动，形成有利于合作的氛围，共同实现一致的目标。

在合作学习过程中，教师要加强合作学习的设计，即事先设置好共同学习的目标，使之作为小组成员共同努力的方向，促进学生之间产生积极的社会互赖。同时，每个小组成员也要明确自己的责任，努力完成自己的学习任务，这就需要组内成员形成良好的合作关系和积极的心理认同，并相互监督、相互协作，共同完成学习目标。小组成员在遇到问题时，要互相帮助，积极解决问题，以促进小组学习目标的最终达成。

2. 最近发展区理论

20世纪30年代初，苏联著名心理学家、教育家维果茨基首次提出"最近发展区"(简称ZPD)的概念，即学生"实际的发展水平与潜在的发展水平之间的差距"，"实际的发展水平"取决于学生当下独立解决问题的能力，"潜在的发展水平"则是指在成人帮助下将要形成的解决问题的能力。维果茨基认为，"儿童独立解决问题的实际发展水平与在成人指导下或在有能力的同伴合作中解决问题的潜在发展水平之间的差距"就是"最近发展区"，即学生既可以通过主观努力，又可以在教师或同学指导或帮助下获得新知识，从而达到潜在的发展水平。

在最近发展区理论指导下，高校思政课开展合作学习时，教师要通过设立合理的学习目标，布置明确的学习任务，提出需要合作探究的问题，以充分发展学生的"最近发展区"。小组内的同学要围绕共同的任务，通过小组成员内部的讨论、辩论等方式，最后达成共识并分享成果。也就是说，问题的难易程度要适中，需要通过学生的相互帮助，使学生"跳一跳""蹦一蹦"才能解决，这种学习方法有利于学生对知识的"反刍"，并能促进学生挖掘其潜在的水平和能力。研究表明，年龄相近的学生在彼此的发展区内互相帮助、共同进步，这比他们单独学习有更好的学习效果，学生的接受度也会更高。

3. 建构主义学习理论

瑞士著名心理学家让·皮亚杰创立了建构主义学习理论，后经维果茨基、奥苏伯尔、布鲁纳等人发展，形成了较为完整的体系。建构主义学习理论认为，学生获得的知识是在与环境相互作用的过程中逐渐构建的，因此学习可以定义为学生在与环境相互作用的过程中，通过同化和顺应实现学生与环境的平衡，从而使学生内部的知识建构与迁移发生改变的动态过程。"同化就是学生将把外界刺激所提供的结果整合到自己原有的知识结构，也可称为做图式内化的过程；顺应则是认知结构的性质发生本质上的改变即图式改变。"[①]建构主义学习理论认为，学习是在教师引导下以学生为中心的知识构建的过程。"在这一过程中，学生是'主角'，是信息加工者、知识的主动建构者；而教师则扮演着帮助者、促进者的'配角'，既区别于传统教学方法的传授者和灌输者'主角'角色，而又要发挥好引导、管控的主导作用。"[②]学生不应该仅仅是被动地接受书本上的知识，而应积极主动探索新的知识。学生在对个体的知识和经验进行改组的基础上建构新的知识、内化新的知识，使其成为自己的知识和经验。建构主义学习理论改变了以往课堂理论讲授法注重教师单方面向学生传授知识，而忽视发挥学生主体性作用的不足，其更重视学生自我建构知识的过程。

在高校思政课中运用合作学习法，学生正是在教师引导下进行小组内的合作交流，在生生互动中重新完成对所学知识的接纳、吸收、完善，这就使学生不再是知识的被动接受者，而是成为问题解决者，能够主动建构信息、形成自己的学习成果。建构主义学习理论将学生对知识的建构与自身的个体经验相链接，在原有旧知的基础上建构和内化新知，使其获取直接经验。在这一过程中，学生要建构学习共同体，发挥主观能动性，积极参与学习，并在和谐的氛围中发挥学习共同体的作用。在合作学习过程中，小组成员针对教师给定的学习任务展开讨论，分别在本小组内部和小组之间进行交流，并形成统一认识，这样每个小组内的成员都能完成对所学知识的自我建构。

(三) 合作学习法的实施

1. 课前精心准备

第一，明确合作学习目标。教师在课前要依据教学目标制定明确、适度、具体的学习任务，以便于检测各小组的学习效果。我国学者王坦提出，在教学目标上，要注重突出教

---

① 张雪琪：《案例教学法在思想政治课中的应用研究》，硕士学位论文，渤海大学教育与体育系，2018，
　 第9页。

② 同上。

学的情意功能，要追求教学在认知、情感和技能目标上的均衡达成。合作学习目标的设定要根据学生的实际认知水平，要适应学生"最近发展区"，使学生通过努力能够达成目标，形成有意义的学习。

第二，科学划分合作小组。合理划分小组要根据教学班级的规模，小组成员以4～6人或5～7人为宜，教师也可以根据课堂学习任务的不同以及学生的学习状态及时调整人数。为确保小组成员都有均衡参与学习的机会，教师要把不同学习水平、不同性格特点、不同兴趣爱好的学生进行组合，确保小组成员能够相互取长补短，以达到合作学习的最理想状态。此外，各小组成员的学习能力和水平要相对均衡，要把能力强和水平高的同学均衡地分配到不同小组中，让他们发挥积极的带头作用，以提升小组合作学习效果。

第三，具体分配学习任务。为使每一个小组成员都能融入合作学习，教师要明确各小组的学习任务，且任务到人，并督促学生积极完成，最后汇总小组的共同建议，形成共同的学习成果。具体分配学习任务杜绝了部分同学的"划水"行为。为了促进大学生在学习过程中提高自己的能力，教师可以根据小组成员个性特点分配不同的职务，如小组代表、主要发言人、记录人等，并制定组内成员的定期轮换制度。组内每个人承担不同的职务，履行不同的责任，完成不同的学习任务。这样，既锻炼了学生自我发展能力，又增进了小组成员之间的相互理解与信任，使所有同学在合作学习中都能够共同进步。

2. 课中有效引导

第一，教师创设恰当的教学情境导入合作学习。以情境为载体导入新课是小组合作学习法实施的首要环节，教师通过播放视频、讲述故事等方式导入与情境紧密联系的教学内容，快速将学生的注意力带入特定的学习氛围，可以有效激发学生的学习兴趣。教师对照教学目标和教学内容，提出每一小组合作学习的任务，并明确需要通过合作学习解决的问题。然后，每小组在组长的组织下分别开始完成个人的学习任务，并正式开展小组合作学习。

第二，教师积极引导学生进行合作研讨。合作学习过程中，教师要了解各小组合作学习的情况，及时引导和鼓励以确保合作学习能够顺利进行。如引导小组成员各抒己见，表达自己的看法和观点，促进小组成员达成共识；随时观察学生的学习状态，鼓励平时不善表达的同学积极发言，调动他们的学习积极性；鼓励小组成员分享自己的学习成果并进行组内交流，实现小组成员共同进步；引导、鼓励各小组之间进行组际交流，激发学生的竞争意识和创新能力。

第三，引导学生多样式汇报学习成果。高校思政课兼具理论性与实践性、思想性与人文性，教师要引导学生采用多种形式汇报学习成果。较常见的汇报形式是以小组为单位，通过自荐、举荐、协商等方式，让组内一名同学进行口头汇报；还可以小组多名同学汇报，即一名同学主述，其他同学补充；还可以结合具体的学习内容，以角色表演、诗歌朗诵、歌曲联唱等形式进行汇报。这样既丰富了课堂教学形式，增加了思政课的吸引力，又提升了学生多方面的能力。

3. 课后科学评价

第一，评价全面。教师要对合作学习小组的整体情况和每个学生的学习态度都进行评价。评价整体时，重点在小组的向心力、协作力方面，如小组成员是否分工明确、是否互相帮助、是否共同解决问题、小组长是否发挥带头作用等。评价学生个体时，要对其学习态度、参与学习的程度等过程性情况进行评价，并找出参与热情度不高的原因，以掌握真实的学生学习情况，反思存在的问题。合作学习的小组是由多个学生组成的，对其进行评价既要关注学生个体，也要关注小组整体。

第二，语言丰富。大学生正处于青春期，心智尚未完全成熟，因此教师课堂的评价语言要丰富且幽默，切忌千篇一律，要发挥激励学生的作用，激发学生学习的动力。如使用充满鼓励、幽默、积极的语言，拉近师生间的心理距离，增加教师的亲和力。即使学生发表的看法和观点出现了错误，教师也应该用风趣的语言化解尴尬，维护学生自尊心，保持学生课堂学习的积极性。

第三，主体多元。多元化评价包括学生自评、组内互评、小组自评、小组互评和教师评价，教师可以根据课堂教学实际情况选取相应的评价方式。学生自评是学生自己对自己的评价，即针对自己在合作学习中的表现进行的评价，有助于学生总结学习收获或反思存在的问题，同时也可以使教师进一步了解学生。组内互评是小组内成员之间互相评价，这有助于学生正视自己的优缺点，更加全面地了解自己。小组自评是小组的每个成员对合作学习的整体表现进行评价，这可以检视合作学习的成绩和不足，也能够增进学习小组的凝聚力和提高学习效率。小组互评是指小组之间互相评价，即评价小组在合作学习中成果展示环节的表现，这有助于各小组彼此之间取长补短，增强学生的责任感和荣誉感。教师评价是最为常见的一种评价方式，是针对学生和小组在合作学习中表现的总体评价，评价也可以与过去进行对比，目的是激发学生参与学习的动力。

(四) 合作学习法的要求

1. 合理划分小组，实现优势互补

高校思政课运用小组合作学习方法，可以显著提高每一位学生参与学习的积极性。由于学生在成绩、智力、性格诸方面存在着差异，划分合作学习的小组一般是4～6人或5～7人，人数太多可能导致组内成员任务分配不均，或因个别同学学习任务少而缺少参与感；人数过少则可能使小组成员因承担学习任务多而感到压力大，容易失去参与学习的兴趣。划分小组时，也要考虑小组成员的能力水平，注意优势互补。可以由学生率先自行划分小组，然后再按照同质和异质的情况进行相互讨论，根据实际情况做出适当调整，确保小组成员能力互补，能够有效地开展合作学习。

2. 精选学习内容，提升学习效果

高校思政课教学内容并不是都适合开展合作学习，对于一些概念、原理等基础性理论知识，还是更适合采用课堂理论讲授法，因此教师要精心选择适合开展合作学习的教学内容，以取得最大化的教学效果。在合作学习过程中，教师要了解小组内成员的学习进度和学习情况，及时修正偏离研讨方向的学习内容，及时提醒进度较慢的小组加快进度，及时鼓励不善于发言的同学积极参与等，督促每位同学和各个小组顺利地完成合作学习任务，以提升大学生的思想境界、能力和素养。

3. 及时总结情况，客观评价结果

合作学习既要使所有同学在完成给定学习任务的基础上充分展现自己的能力，感受到

自己的价值感和归属感，又要使全体学生的整体学习水平和能力得到提升。因此，教师应及时对各小组的汇报进行点评和总结，使学生清楚了解本小组的学习成果。教师在进行合作学习评价时要确保客观、公平，从多角度、全方位考量合作学习成果，使大学生了解自己在合作学习中的成长与进步，完成自我教育，提高自己的思想道德修养。

四、叙事教学法

(一) 叙事教学法解析

1. 叙事教学法的内涵

"叙事"是文学创作形式之一，是"讲述"和"故事"的结合体，"叙事"可以说就是"讲故事"，用"讲故事"的方式进行教学可以看作是叙事教学的缘起。当叙事应用于教育领域时，以其教育内容的直观性、教育过程的自然性以及与个体生命意义的关联性，一直受到东西方教育者的青睐。学界认为，叙事教学的发展经历了三个阶段，形成了三种方式，即以故事为点缀、以故事为起点、注重教学过程故事化。

第一阶段是把故事作为工具，主要起到活跃课堂气氛、吸引学生注意力的作用，叙事教学往往零散地存在着。第二阶段是以故事作为起点，故事以多种形式呈现后，被作为模拟真实生活的典型情境或承载相关理论的形象载体而存在，从而发挥教育作用，叙事教学的运用增多。与前两个阶段不同，第三阶段开始更多地从教学意图出发，联系学生生活实际进行故事化创作，具有更深的理论性和创造性。故事化教学强调把整个教学组织看成一个多主题、多情节、多角色的故事延展过程，使大学生在生活化、情境性的故事中体验、感悟，引发思想的碰撞并得到启发，从而不断丰富和提升自己的认知和情感。从这一发展趋势能够看出，叙事教学对故事的使用越来越深入、细致，也越来越关注学生的主体地位。"叙事教学就是将故事作为课堂内容的起点、教学探索的主要来源和逻辑主线，将教学主体、教学内容和教学方法有机整合在一起，将教师主导性和学生主体性有效统一在教学叙事中。"①

叙事教学是对故事教学的丰富和拓展，它更多地从教学目标出发，联系学生生活实际进行故事化创作，体现出更多的创造性。叙事教学超越了故事教学中对故事和事例的简单运用，强调教育向生活世界的回归，是一种将现代教学理念、教学方法、教学技能有机融合的综合体。因此本书认为，叙事教学法是以叙事的方法组织、设计教学内容，发现和解释隐藏在其中的意义，引导大学生领悟理论生成及其主要内容的一种课堂教学方法。

高校思政课运用叙事教学法，教师以一定的叙事方式将抽象的理论知识以故事的形式呈现出来，并通过创设特定的教学情境，激发大学生的思想与情感共鸣，从而加深他们对马克思主义理论及其最新成果的深入认知和理解。在这一过程中，叙事是教学的主线，解决学生思想问题、坚定理想信念是教学目标，师生之间通过特定的故事呈现、促进价值理解是教学关键。因此，高校思政课叙事教学法是以叙事作为教学主线，通过对相关故事的建构、解构和重构来阐释教学内容，进一步促进大学生对马克思主义理论的深入理解，并增强对其思想认同的一种新的教学方法。

---

① 余保刚：《运用叙事教学提升大学生对思想政治理论课获得感——以"毛泽东思想和中国特色社会主义理论体系概论"课为例》，《思想教育研究》2018 年第 11 期，第 91 页。

2."叙事"的构成要素

"叙事"的构成要素主要包含谁来讲、讲给谁、讲什么、怎么讲四个方面，即叙述者、受述者、故事情节和叙述方式。

叙述者即讲故事的人。在高校思政课中，叙述者可以是教师、学生、道德模范、各行业的先进人物等，他们都可以成为叙说故事的"声音或讲话者"，教师可以根据教学目标进行选择，为大学生认识和理解故事提供多种线索。受述者即叙事中的受众，有时也可能成为所述故事中的一个参与者。故事情节即叙述的主要内容，一个完整的故事应由人物、时间、地点、事件、过程、结果等要素构成，且应呈现出故事发展的脉络，确保叙事的完整和精彩。在高校思政课的叙事选材中，故事可以是神话、传说、寓言等虚构的，也可以是历史史实、革命故事，以及人们日常生活的真实事件。故事应蕴含一定的寓意和哲理，反映与传递叙述者的人生经验和思想认识，从而潜移默化地影响和改变受述者的认知水平与思想观念，这是高校思政课叙事教学的基础和主线。叙述方式是指叙述者通过一套特定规则使故事以完整结构叙述出来的组织方式，如叙述线索、情节安排、话语序列等。一般而言，时间顺序和因果关系是组织叙事的两种主要方式，如时间上可以按照顺序、倒叙和插叙进行叙事，内容上可以按照详细和简略进行叙事，但不同的叙述方式会产生不同的表达效果。总之，叙述者、受述者、故事情节和叙述方式是构成叙事教学法的关键要素。

3.叙事教学法的优势

第一，增强高校思政课教学的情感性。叙事教学法形象生动、意蕴丰富，其叙述的故事中要注入丰富的生活体验，传递和分享其中蕴含的内在情感和道德内涵，在"小故事"中挖掘"大道理"，将马克思主义理论和社会生活实际相结合，将宏大的叙事与具体的生活相结合，使大学生的理论认知与道德体验和审美感知相融合，改变学生长期以来认为思政课教学枯燥、照本宣科的看法，增强高校思政课的情感性。同时，叙事教学法使学生由之前的被动参与、不感兴趣转变为主动参与、共同建构，不仅激发了大学生参与思政课学习的积极性，也使学生因跌宕起伏的故事情节而体验到愤怒、悲伤与怜悯等情绪，感受到中国共产党人的奋进、拼搏与希望，帮助大学生理解和接受马克思主义理论，感悟其博大精深的理论体系，理解中国特色社会主义的成功之道。因此，思政课叙事教学更能够充分挖掘故事中的情感因素，利用叙事者的真情演绎和情感抒发，在理论与现实之间、师生之间找到情感共通点，实现以情感人，让大学生在丰富的情感体验中对马克思主义理论真正入耳入脑入心。

第二，提升思政课教师教学资源整合能力。叙事教学法通常以教师为叙事主体，叙述的故事不仅要能够承载科学的理论知识、高尚的价值观念和深邃的思想情感，还要能够吸引大学生的注意力，这就对教师的教学资源整合能力提出了更高的要求。叙事教学法所采用的故事必须是真实发生的、具有典型性的、蕴含教育意义的事件，这类故事能够启迪大学生的思想认知。这就要求教师在教学实践中，要有意识地积累优质的叙事素材，通过网络检索、文献搜集或亲自访谈等方式，不断丰富故事资源库。此外，对叙事内容和叙事方法的选择和应用是思政课教师将教材内容转化为教学内容的过程，教师要充分调动自身的积极性，发挥好课堂主导作用，即在关注教材、关注学生的同时，更要关注自身的生活体验，将自身经验与生活故事转化为适用于思政课的教学资源。

第三，深化大学生对中国共产党历史的认知。习近平总书记在党史学习教育动员大会上指出："要抓好青少年学习教育，着力讲好党的故事、革命的故事、英雄的故事，厚植爱党、爱国、爱社会主义的情感，让红色基因、革命薪火代代传承。"中国共产党的百年历史，不仅是带领中国人民走出苦难走向辉煌的历史，也反映和折射出中国社会发展的历史过程，这就为高校思政课提供了丰富、生动、感人的叙事素材。高校思政课通过叙事教学法，让当代大学生了解中国共产党的历史，从党的百年奋斗史中汲取奋进的力量。教师以党史故事为教学载体，以党史内在规律为逻辑主线，选择中华优秀传统文化故事、革命历史故事、社会主义建设和改革的故事，通过鲜活的叙事把理论阐释融入生动的教学情境中，以真实客观的史实阐释中国共产党为什么能、马克思主义为什么行、中国特色社会主义为什么好，这不仅有助于学生了解中国共产党历史发展的脉络，更能够让大学生从中窥见社会历史发展的趋势，推进党史学习教育的大众化、普及化。因此，"通过党史叙事体系和话语建构，体现出积极的教育导向与正面的启迪引领，使青年学生在接受了党史教育之后，心有所得，行有所向。"①进而培育大学生正确的党史观，深化大学生对中国共产党的认知，从而有力抵制和驳斥历史虚无主义思潮对大学生的不良影响。

(二) 叙事教学法的特点

1. 叙事彰显理论性

叙事教学法使抽象的理论及其指导意义寓于故事情节之中，以"讲故事"的方式释论、讲道理、传思想，提升大学生的马克思主义理论素养，同时把叙述者的人生感悟融入其中，增加了思政课的真实性和亲和力，实现在叙事过程中讲清道理的目标。马克思在《＜黑格尔法哲学批判＞导言》中指出："理论只要说服人，就能掌握群众；而理论只要彻底，就能说服人。所谓彻底，就是抓住事物的根本。而人的根本就是人本身。"②马克思所说"理论掌握群众""理论说服人"需要通过一定途径和形式的宣传教育才能实现。作为对大学生进行马克思主义理论教育的主渠道和主阵地，高校思政课运用叙事教学法的"宗旨"就是要讲好马克思主义大"道"，而如何把道理讲深、讲透、讲活，是高校思政课落实立德树人根本任务面临的一个重大理论和实践课题。

叙事教学法在建构故事情节、创设教学情境、归纳总结感悟的过程中，要密切联系生活实际、学生思想实际和教材实际，结合"四史"教育，深入挖掘故事中的思想政治教育元素。以故事为主线揭示教学主题，渗透、链接和整合教材中的理论重难点、学生思想上的困惑点以及对现实生活中某些现象引发的疑惑点，在故事叙述中传递科学的理论知识、正确的思维方式和丰富的生活经验，使学生在学思践悟中坚定理想信念，厚植爱国主义情感。如在中国近现代史纲要课堂上，教师可以讲述党的百年奋斗史，使大学生深入了解我党带领人民从新民主主义革命到新时代的百年探索和奋进历程，深刻理解我国如何实现从站起来、富起来到强起来的伟大飞跃，从而引导学生理解马克思主义理论在其中发挥的作

① 谢迪斌：《高校思想政治理论课党史教学叙事话语的建构》，《思想理论教育导刊》2021 年第 6 期，第98 页。
② 中共中央马克思恩格斯列宁斯大林著作编译局主编《马克思恩格斯选集(第 1 卷)》，中共中央马克思恩格斯列宁斯大林著作编译局译，人民出版社，2012，第 9 页。

用。将理论知识、思维经验融入叙事情节中，能够生动呈现马克思主义的理论性、科学性和指导性。

2. 叙事激发情感性

叙事教学法相对于注重逻辑阐释的理论讲授法而言，是将抽象的理论知识寓于具体生动的故事之中，这不仅使理论变得丰富和形象，也使得教学过程变得有趣和吸引人。当学生在故事展开中体会到好奇、愤怒、羞耻等情绪情感时，说明他们对故事中的某个人物或情节产生了情感上的认同与共鸣，这更易激发他们心中的道德情感，以此实现以情感人。

精彩的故事具有吸引力和感染力，大学生沉浸于故事情节中产生的现场感，以及内心与故事主人公产生的情感联系，能够加深对先进、模范、英雄等人物价值观的认同。教师在叙事过程中充沛的情感表达以及与学生产生的情绪共鸣会给大学生带来直接的心灵震撼，如教师声情并茂地讲述在重庆、雅安大火中，以生命赴使命、以己力护苍生的消防队员，不顾个人得失、不计个人安危的少年摩托车骑手，重庆工贸职业技术学院"三救山火"的余秋鹏等人物先进事迹，让大学生深切感受到当代青年的英勇无畏、责任担当、无私奉献的高尚精神。也可以组织学生参观红色场馆，让大学生直接感受故事场景，沉浸到英雄的故事中，体会英雄人物的崇高情感，与他们产生情感上的连接和共鸣。

3. 叙事蕴含思想性

高校思政课承担着"为党育人、为国育才"的重大使命。叙事教学法虽然是以故事贯穿教学，但其目的不在于叙述故事本身，而是以故事连接理论与生活，将故事中所蕴含的正确的思想观念、价值理念和道德品质"滴灌"进大学生的内心，使他们从故事中感悟智慧和道理，在潜移默化中接受并形成科学的思想观念和正确的行为准则。

大学生要养成良好的道德修养，不仅需要具备正确的认知和高尚的情感，更需要注重行为习惯的养成，叙事教学法的运用在一定程度上为大学生提供了践行道德、提升修养的"体验室"。大学生可以是叙事的主体，还可作为故事中的角色进入故事人物的生活，置身于故事环境中进行行为体验，从不同视角体验故事人物的情感心理，获得对故事的独特领悟与反思，进而发挥故事在个体思想行为指导方面的独特作用。例如，在叙述长征的革命历史故事时，大学生可以通过扮演长征战士的角色，直接置身于模拟的长征情境中，沉浸式感受长征的艰苦卓绝，培养自己艰苦奋斗的精神和革命乐观主义精神。大学生作为叙事主体，不仅要扮演角色、体验角色的内心世界、领悟角色的高尚情操，更要从感性认识上升到理性认识，形成正确的思想认知。

(三) 叙事教学法的实施

1. 准备"叙事"材料

高校思政课运用叙事教学法首先要选择好"叙事"材料。教师依据教学目标、结合教学内容，立足大学生思想和生活实际，精心准备"叙事"材料，使之既能够承载理论知识、价值观念和思想情感，又能够吸引大学生的注意力，对大学生形成正确的人生观和价值观具有较强的教育性。

选取的叙事材料既可以是历史故事、神话传说，也可以是当下社会生活中发生的事件，但始终要坚持立德树人的价值标准，体现高校思政课的内容和特色，具有对大学生进行思想政治教育的功能；既要贴近当下的社会发展实际，又要呼应大学生的思想和心理需求。如中国历史故事、中国共产党革命的故事、社会主义革命和建设的故事、改革开放的故事以及展现新时代发展的巨大成就等相关内容，这些故事或包含重要的时间节点，或涉及历史上的杰出人物，或本身就是对中国社会发展产生重大影响的历史事件，这些都是优秀的叙事材料。此外，教师还可以对所选材料进行适当加工和改造，既能"走进"故事也能"走出"故事。"走进"故事，即思考故事中人物的思想、情感、行为与当下大学生的思想发展有何联系，哪些情节变换与教学内容息息相关，找出故事蕴含的意义及对大学生的教育价值；"走出"故事，即基于教学目标和教学内容，设置合理的故事结构，适当扩充、细化或删减、浓缩故事情节，凸显故事要点，赋予故事新的生命价值和教育意义，实现叙事材料教育意义的最大化。

2. 讲述"叙事"故事

"叙事"包括选择叙述的故事(叙事内容)和运用恰当的方式(对叙事内容的表达和呈现)。叙述故事如何展开关系到能否对大学生产生良好的教育效果，教师通过生动、形象、具体的叙述，合理设置叙事空间和运用多样化的叙事话语，突出叙事要点，使故事情节呈现出完整的逻辑关系。

教师通过设置合理的叙事空间，叙述故事发生的时代背景，为大学生更好地理解故事做好铺垫；也可以通过移动课堂、多媒体技术、虚拟技术等手段，建构新颖的叙述环境，增强大学生的情感体验。例如，借助多媒体技术还原战争场景，使大学生置身于真实战役的情境之中，感悟革命先烈崇高的英雄主义精神。教师在讲述时要突出故事要点，如蕴含深刻教育意义的故事细节、不同故事之间的联系与区别、易于引起大学生思考的关键点等，可以通过设置悬念和冲突，或以深度描写、提问追问、留白等技巧，在故事情节和人物命运的跌宕起伏中激发大学生深入思考，实现大学生对故事的理解、领悟、反思。教师按照一定的逻辑顺序完整地呈现故事，坚持叙事的客观性、真实性和全面性，使大学生的思维在故事情节与理论知识之间建立联系，加深对故事的理解、领悟与反思。

3. 升华"叙事"思想

教学故事是对现实生活的还原、整合、延伸与再现，蕴含着人们真实的生活经验以及对未来的无限想象，教师对故事的思想意义进行升华，引导大学生从不同角度形成对故事的深刻理解，进而感悟马克思主义理论的真善美，提升个人的理论认知水平和思想道德修养。

教师创设特定的故事情境，使大学生置身于故事之中，通过故事传播马克思主义理论，引发大学生的情感共鸣，提升大学生的思想境界。任何故事都有一定的因果关系，有助于增进大学生的生活经验，并将其内化为解决现实问题的能力。高校思政课叙事教学以现实生活为背景，引导学生认识、分析社会现象，提高解决社会问题的能力。针对故事中呈现出来的冲突、对立的部分，教师应指导大学生从不同角度进行分析、探究，以提升他们对生活世界的自主认知能力和分析解决问题的能力，增强对故事蕴含的思想理论的感悟，进而在思考中规范自身的行为。

(四) 叙事教学法的要求

1. 选择客观"事实"

选择客观"事实"是指选取的故事必须遵循实事求是的原则，从客观和真实出发，既不夸大，也不缩小，有史有论，有理有据。客观"事实"包括以下两种情况。

第一，是生活的真实或社会的真实，即该故事真实发生在人们的生活中，故事中涉及的人、物、事件都不存在任何虚构的成分。如选取"感动中国""时代楷模""道德模范"等人物的事迹，展现新时代以来取得的伟大成就的故事，都是真实发生在社会生活中的，能够让大学生真切感受到故事人物所体现的时代精神和社会的发展进步。教师挖掘身边的榜样故事，涉及日常生活、学习生活中的人和事，通过"小故事"讲述"大道理"的叙事方式，更能激发大学生的责任感和使命感。

第二，是艺术的真实，通常是指文艺作品中的故事以艺术化的形式呈现社会生活的真实，并对其进行典型化的塑造。虽然这些"事实"含有虚构的成分，但并不会削弱故事的作用和意义，反而因为其是经过了艺术化的塑造而能更精准地表达出故事中的思想观点，或蕴含更丰富的意义。如选取中国历史上富有教育意义的名人轶事，或是反映革命战争和改革开放的影视作品等。故事对客观真实的呈现并非是对事实性知识的呆板描述，细节放大、悬念递进等是构建故事的基本手法，而对人物活动的细节描写和内心世界的深度挖掘，可以更真实地再现人物形象，丰富人物的精神世界，使大学生产生心灵的震撼。

2. 立体呈现"故事"

对叙事内容的呈现是叙事教学法的关键，要尽可能完整、全面、客观地呈现故事。为了获得最佳叙事效果，需要在完整呈现故事脉络的基础上，针对不同的叙事情境，选择不同的叙述载体，运用多样化的叙述方式和手段来呈现故事情节，从而加深大学生对主题故事的记忆和理解。

第一，要选择多元化的叙事主体。通常，教师在教学过程中是"讲故事"的主体，但也要发挥学生的学习主体性，鼓励学生"讲故事"，特别是要鼓励大学生成为叙事主体，学生讲述故事往往从第一视角出发，若融入自己的思考，联想过往的经历，则会给大学生带来不一样的学习体验。例如，大学生可以将自己在抗疫过程中的亲身体验、所见所闻、所感所得进行分享，通过以小见大的方式感受中国人民的凝聚力和战斗力；还可以邀请社会公众人物讲述他们自己的故事，如邀请优秀党员干部、各行业成功人士等，让他们把亲身经历和经验，以故事会、专题报告会等形式分享给大学生，以增强叙事教学的育人效果。

第二，要运用多样化的叙述方式。如语言、图像、视频、模拟情境等，都可以作为呈现故事的方式，以此有效传递教育意义。高校思政课在运用叙事教学法时，要协同发挥多种载体的作用。例如，选择语言作为载体时，可以借鉴文学中的顺叙、倒叙、插叙等多种表达方式进行故事呈现，在平铺直叙、设置悬念、抑扬顿挫和矛盾冲突中，构建跌宕起伏的故事情境，增强叙事的故事性、语言的艺术性以及情感表达效果；可以利用图像、视频等多媒体作为载体，能够直观、鲜明、形象化地呈现故事，把故事从单薄的文字表达辅之以影、光、境的立体化形式呈现出来，充分调动大学生的主观感受，使他们能够以多感官的参与体验和扣人心弦的故事情节促成对故事意义的新感知和多角度理解；另外，进行实景模拟故事时，可以选取典型性强、教育意义好的故事改编成剧本，通过话剧、小品等形式演绎故事时，让大学生参与到角色扮演中，置身于故事发生的时空情境里，在角色扮演或观看表演中身临其境地体会、理解故事蕴含的意义，增强大学生的感受和体悟。

3. 建构学生"认知"

高校思政课叙事教学是以故事传递理论知识、思维方式、生活经验等，不论故事呈现的方式多么艺术化和技巧化，最终都是要通过故事"传道""明道"，以启发大学生掌握马克思主义理论，树立正确的世界观、人生观和价值观，增进对社会生活和生命意义的理解。在叙事教学中，教师通过故事启发学生，在解决矛盾冲突中巩固学生对科学理论的认知，在释疑解惑中升华学生的爱国主义情感，最终引导学生将教学内容融会贯通于心，并在实际生活实践中模仿和践行。

第一，教师的叙事要紧密联系社会实际，要以大学生的实际生活为切入点，用有温度、有亲和力的故事话语，阐释有高度、有深度的理论知识，多引用生活话语、网络新语，让学生感知到思政课的生活性、真实性和实用性。例如，从全国人民共同抗疫的故事叙述中，引导学生理解"集中力量办大事"的理念，感受中国特色社会主义的制度优势；从"双奥"的成功举办中感悟中华优秀传统文化，增强文化自信；从脱贫攻坚故事中，体悟新时代的伟大成就，明晰当代青年的历史使命，坚定实现中国梦的信心。

第二，在叙事教学法的运用过程中，教师要引导大学生加深对马克思主义理论知识的理解和掌握，能动地建构自己的思想，并以此指导自己的实践活动。例如，教师通过讲党史故事和革命故事，在全社会营造一种崇尚英雄的良好氛围，通过讲述"抗疫故事"使大学生感受到生命的价值与意义，提升自己对科学理论的认知、理解、掌握和运用。

第六章

高校思政课实践教学常用的方法

    高校思政课实践教学通常是指在课堂理论教学的基础上，有计划、有组织、有目的地通过多种方式开展的实践活动，以强化大学生对课堂所学马克思主义理论知识的认知、理解和运用，促进大学生知行合一。由此形成的高校思政课实践教学成为了实践育人的重要载体，是对大学生进行思想政治教育的重要途径。2018 年 4 月，教育部印发的《新时代高校思想政治理论课教学工作基本要求》明确指出："实践教学作为课堂教学的延伸拓展，重在帮助学生巩固课堂学习效果，深化对教学重点难点问题的理解和掌握"。这再一次强调了实践教学在高校思政课教学中的重要作用和现实意义，为高校思政课实践教学方法的进一步发展指明了方向。

一、实践教学法概述

    从广义上说，高校思政课实践教学包括课堂实践教学、课程实践教学、校内实践教学和社会实践教学，即教学计划之内的社会实践和教学计划之外的社会实践。教学计划之内的社会实践包括课堂实践教学、课程实践教学，教学计划之外的社会实践包括校内实践教学和社会实践教学。课堂实践教学是在课堂理论讲授的基础上，通过案例分析、合作探究、情境创设、合作学习等方式，鼓励大学生积极参与课堂学习的一种教学方法。本书第六章已作相关阐述，故在此主要阐述课程实践教学、校园实践教学和社会实践教学这三种实践教学方法。这三种实践教学方法与课堂实践教学方法的主要区别在于教学场域不同，但都是对大学生进行思想政治教育和提升高校思政课教学效果的重要手段，因此成为高校思政课不可或缺的教学方法及高校思政课教学方法的重要补充。

（一）实践教学法的特点

1. 实践性

    马克思指出："全部社会生活在本质上是实践的"[1]。理论联系实际是高校思政课教学的内在要求和基本原则，因此鲜明的实践性是高校思政课实践教学法的首要特征。大学生

---

[1] 中共中央马克思恩格斯列宁斯大林著作编译局主编《马克思恩格斯选集(第 1 卷)》，中共中央马克思恩格斯列宁斯大林著作编译局译，人民出版社，2012，第 135 页。

正确的思想认知、高尚的道德情感、坚强的意志品质和自律的行为操守，都是在具体的社会实践中逐步形成和发展的，也需要在社会实践中得到进一步的检验和提升。高校思政课对大学生进行的马克思主义理论教育只有与社会实际紧密联系，才能发挥这一理论的指导作用，并真正落实立德树人的根本任务。如果理论教育脱离社会生活实际，就会成为形式化的灌输，失去其活力与生命力。高校思政课实践教学依托特定的实践活动，如多种多样的校园文化活动、丰富多彩的社会实践活动等，建立起理论教学与社会生活实际的联系，丰富大学生的课外生活，帮助大学生走出"思政小课堂"，体验"社会大课堂"，进而丰富他们的情感体验和生活经验，提升他们理论指导实际的能力。

2. 主体性

从理论上来讲，主体性是一个哲学范畴，是指人在实践活动中与对象性客体形成的关系、地位、作用和影响的性质。在丰富的实践教学中，大学生作为实践教学法实施的主体，亲身参与其中，通过不同的实践形式与真实的社会生活产生联系，从而形成了与课堂教学不同的实践体验和实践经验。在实践教学中，大学生根据教学目标，结合实践主题，通过开展多样化的实践形式，如参与课程实践、校园文化活动、社会实践活动等，深化其对马克思主义理论的正确认知和情感认同。例如，结合建党百年，学生社团可以以"青春向党"为主题组织诗歌朗诵、演讲比赛、讲述党史故事、文艺展演等校园文化活动，通过大学生的积极参与，将党的百年奋斗的伟大成就转化为感人的实践教学资源，增强他们作为时代新人的责任感和使命感。

3. 体验性

实践教学法结合大学生的认知水平和生活经验，让大学生通过亲身参与、经历和感悟来体验社会生活，获得直接经验，以促进对思政课堂教学内容的内化和外化，提高大学生认识、分析和解决实际问题的能力。高校思政课通过实践教学法深化了大学生对课堂理论知识的学习和理解，把被动地接受学习转化为积极的主观体验，使大学生在参与中理解和深化理论，在体验中建构和升华情感。例如，高校利用寒暑假，组织大学生围绕乡村振兴等主题开展各种类型的社会调查、志愿服务等活动，让大学生在实践中观察社会，了解国情，体恤民情，从而帮助他们形成辩证唯物主义和历史唯物主义的世界观以及"服务人民、奉献社会"的人生观和价值观。

(二) 实践教学法的依据

1. 马克思主义认识论

马克思主义认识论是关于人的认识来源、认识的本质、认识的发展过程及其规律的科学理论，涵盖了科学的实践观、真理观和认识观。马克思主义哲学的核心概念是实践，实践的观点是马克思主义认识论首要的、基本的观点。实践是认识的基础和来源，在实践中人的认识水平和实践能力都会得到不断发展。实践也是认识的目的和归宿，通过反复实践，人们检验认识的真理性，然后再用真理性的认识更好地指导自身的实践活动。实践是认识发展的动力，对认识具有决定作用，而认识对实践又具有反作用。马克思主义强调一切从实际出发，在实践中强化和发展认识，再将认识运用到社会实践中。坚持认识与实践的统一是马克思主义认识论的本质规定。

人的认识的一般规律是由感性认识上升为理性认识，是一个由具体到抽象认知的过程，因此马克思主义认识论对高校思政课实践教学具有重要的指导意义。以马克思主义认识论为指导，高校思政课实践教学遵循认识和实践的辩证关系原理，强化实践教学对理论进一步认知、深化和发展的促进作用。大学生首先在课堂理论讲授的基础上对马克思主义理论形成了初步认识，在教师引导下，通过新旧思维的碰撞，大学生逐渐实现对理论知识的内化，把感性认识上升为理性认识，从而形成自己的正确思想。在实践教学中，大学生将自己获得的理性认识应用于社会生活实践，用课堂教学中获得的理论知识指导社会实践，并在解决实际问题的过程中深化对马克思主义理论的理解和运用。

2. 陶行知的生活教育理论

陶行知生活教育理论的核心内容是"生活即教育、社会即学校、教学做合一"，强调在做中教、在做中学、在学中做"三位一体"。"生活即教育"主张教育要依靠生活，教育既来源于生活又改造生活，这是生活教育理论的本体论。"社会即学校"是指社会本身就是一所大学校，主张教育要依靠社会的力量，适应社会的需要，这是生活教育理论的场所论。教学做合一强调在生活中教法、学法、做法是不可分割的。教法和学法都来源于做法，统一于做法，这是生活教育理论的方法论。陶行知认为，生活的内容可以作为教育的内容，教育只有通过生活检验才是有用的教育，生活是教育的手段，也是教育的目的。因此，教师要引导学生从生活中学习，培养学生的生活能力，把生活作为教育的出发点，离开生活谈教育没有意义。

高校思政课实践教学法就是通过一系列的实践活动，使课堂理论教学与实践教学有机衔接，让大学生在学和做的过程中体验真实的社会生活，实现思政小课堂与社会大课堂的有机结合，实现第一课堂的课堂教学、第二课堂的校园文化活动与第三课堂的社会实践三者之间的有效联动。社会生活实践是高校思政课丰富而鲜活的教学资源，如中国特色社会主义的伟大成就、中国共产党的百年历史、脱贫攻坚和乡村振兴的现实案例、各行各业的英雄模范及其先进事迹等，都可以作为优质的实践教学资源，使大学生在生动的实践中深化对中国化时代化马克思主义理论的理解和感悟。

3. 人的社会化理论

人的社会化理论在社会学中揭示了人是如何适应社会的。社会学理论认为，人的社会化是指社会成员不断内化社会价值标准、学习角色技能、适应社会生活的过程。人的社会化是贯穿人的一生并使之逐渐适应社会的过程，其主要内容包括学习生活常识，掌握生活技能，学习和内化价值观念和社会规范，促进个性形成和发展，培养社会角色意识。在社会生活中，个人与社会的关系是相互依存、密不可分的。社会为人的生存和发展提供必要的条件和环境，同时个人也要不断地适应发展变化的社会。因此，社会是个人获得生存与发展的必要条件，脱离社会的人是不可能生存和发展下去的，只有参与社会生活才能从中获得物质产品和精神支持。而要参与社会生活，除了具备基本的生活常识外，更要遵从社会规范和价值标准，并用其指导和调节自己的行为，这一切都需要通过社会化过程来实现。人的社会化是人们广泛参与社会实践的过程，是在实践中内化社会价值标准、遵从主流价值观、习得社会文化、成为符合社会发展需要的社会成员的过程。在人的整个生命周期中，青少年时期是社会化的重要阶段。

高校思政课通过对大学生进行马克思主义理论教育，培养新时代的大学生，使其具备符合社会发展需要的世界观、人生观、政治观、道德观、法律观，成为未来中国特色社会主义的建设者和接班人，成为实现中华民族伟大复兴的栋梁之材。这就需要大学生具备较高的思想道德修养、科学文化知识和健康的身心素质，能够学习和内化社会价值观念和社会规范，成为符合社会发展需要的社会成员。高校思政课运用实践教学法使大学生参与社会生活，为大学生完成社会化提供平台，在大学校园生活和社会实践之间架起桥梁，成为课堂理论教学的有效补充，并帮助大学生认识社会、了解社会、服务社会，不断提高自身适应社会的能力。

(三) 实践教学法的作用

1. 解决高校思政课教学中的知行矛盾

知与行是大学生思想品德形成和发展的两个重要因素，其中知是基础和起点，行是目的和归宿。知行合一既是高校思政课教学应该遵循的规律，也是高校思政课教学要完成的教学目标，即把马克思主义理论知识内化为大学生的行为操守，形成大学生解决现实问题的能力。高校思政课教学需要解决的知行合一的矛盾既是一种认识活动，也是一种实践活动，是需要师生双方共同参与的过程。当前，大学生在知与行方面主要表现为认知匮乏、认知错误、认知正确三种形式，认知匮乏是指教师的课堂理论讲授没有被大学生吸收，认知错误是指教师的课堂理论讲授被大学生错误理解，认知正确是指教师的课堂理论讲授已经内化为大学生的思想认知。这三种情况都需要大学生直接参与实践活动，在实践中丰富正确的认知，纠正错误的看法，深化对科学理论的理解。

高校思政课实践教学是课堂理论教学的补充和延伸，旨在深化大学生对马克思主义基本理论和中国化时代化马克思主义理论的理解和运用，这就要求教师利用课堂理论教学法完整、系统地讲授马克思主义理论知识，并使之内化于大学生的头脑之中。然而，理论讲授使大学生获得的是间接经验，如何把这些间接经验转化为大学生的直接经验，引导大学生修正错误认知、提升正确认知，并非仅靠认知活动就能达到，还需激发大学生的情感和意志，并通过他们的行为表现出来。这意味着大学生要完善自身的思想观念、品德情操、世界观、人生观和能力结构，将抽象的理论知识转化为实际行动，实现知行合一。这一过程是大学生在学好、用好理论的基础上，通过实践教学才得以完成的。实践教学能够有效促进课堂教学与社会实际的深度融合，引导大学生近距离地观察社会、了解社会，在生动的实践中感悟中国特色社会主义理论与实践的成功密码，从而增强"四个自信"。正如习近平总书记在看望参加全国政协十三届四次会议的医药卫生界教育界委员并参加联组会时指出的那样："思政课不仅应该在课堂上讲，也应该在社会生活中来讲"，"'大思政课'我们要善用之，一定要跟现实结合起来。"

2. 增强新时代大学生的社会责任感

社会责任感是在特定的社会里人的心理和感觉上对社会所具有的伦理关怀和义务。责任感是一种道德情感，是个人对国家、集体和他人所承担的道德责任。大学生作为未来社会发展的中坚力量，他们的道德情感不仅关乎着大学生的个人品德修养，更代表和影响着整个社会道德发展的方向。高校思政课实践教学通过组织大学生参与校园文化活动和社会实践活动，使他们在与他人、集体、社会的广泛接触中，在亲身体验中进一步认知社会、思考现实，增强自己的社会责任感，提升自己在社会公德、职业道德和家庭美德方面的素养，从而更好地履行新时代大学生的历史使命和社会责任。一名学生曾在社会实践报告中写道:"我们的社会是美好的,但也存在着不文明、不道德的现象。当我亲眼目睹现实社会中,有些人为了追求经济利益而不择一切手段制假售假,背信弃义;有些人为了满足个人贪婪的欲望而不惜损害国家和人民利益,贪赃枉法,欺压百姓,道德沦丧,我痛心疾首。我深知个人的力量有限,但我还是愿意尽自己的努力去践行社会主义道德的要求,捍卫社会道德的尊严。"①

在实践教学中,大学生的社会责任感是通过大学生思想品德的知、情、意、行的良性互动形成的。多种形式的实践教学,一方面,能够引导和帮助大学生用脚步丈量祖国大地,用心灵感受时代脉搏,亲眼见证、亲身感悟中国从站起来、富起来到强起来的过程中取得的巨大成就,用实际行动和亲身经历厚植爱国情怀;另一方面,能够使大学生了解真实的中国社会,明白实现中华民族伟大复兴不是轻轻松松、敲锣打鼓就能实现的,需要一代又一代年轻人的持续奋斗、不断拼搏,使他们形成强烈的社会责任意识和勇于担当的精神,用实际行动砥砺强国之志,成为"有理想、敢担当、能吃苦、肯奋斗"的新时代好青年。

3. 树立大学生科学的世界观、人生观和价值观

习近平总书记强调:"青年的价值取向决定了未来整个社会的价值取向,而青年又处在价值观形成和确立的时期,抓好这一时期的价值观养成十分重要。这就像穿衣服扣扣子一样,如果第一粒扣子扣错了,剩余的扣子都会扣错。"②大学阶段是大学生形成科学的世界观、人生观和价值观的关键时期。通过实践教学,大学生可以了解社会、国情和人民,亲身体验我国在社会经济、政治、文化等方面的发展成果。在实践教学中,大学生能够将课堂学到的理论知识同丰富的社会生活相联系,通过自己的理性思维进行比较并作出判断,从而加深对中国化时代化马克思主义理论的理解、掌握和运用。

实践教学法为大学生实现个体社会化提供了充分的社会条件,避免了"社会信息化"趋势下大学生知识自我与现实自我的分离,有利于大学生个体的社会化发展。实践教学提供的现实经验信息,既能够完善大学生的主体人格,又能够进一步丰富高校思政课堂的理论教学,打破了理论教学与实践教学的界限,使思政课教学与青年大学生的思想状态以及社会现实紧密相连,实现了知识传授、能力提升和价值塑造的有机统一。

二、课程实践教学法

(一) 课程实践教学法解析

1. 课程实践教学法的内涵

高校思政课课程实践教学法是在课堂理论讲授的基础上,教师围绕教学内容和当前国家的时政热点,设定若干实践主题,学生划分为若干小组,以每个小组为学习主体,选择特定的实践形式,完成某一主题的校内教学实践活动,以提升大学生理论联系实际能力的

---

① 夏绪仁:《论大学生社会实践活动的德育功能》,《上饶师范学院学报(社会科学版)》2004年第2期,第116页。

② 习近平:《青年要自觉践行社会主义核心价值观——在北京大学师生座谈会上的讲话》,《人民日报》2014年5月5日,第1版。

一种教学方法。一般来说，课程实践教学明确列入高校思政课教学大纲和教学计划，通常由大学生以调研报告、学术论文、思政微课、视频录制等形式完成。一些高校还对大学生的实践成果进行评比，鼓励大学生重视并积极参与到课程实践中来。高校思政课的课程实践教学法遵循理论联系实际的原则，是检验大学生能否利用所学理论指导自己的学习和生活实际的有效方式，对于更好地落实立德树人根本任务、对大学生进行思想政治教育、促进大学生实现知行合一具有重要的作用。

2. 课程实践教学法的安排

2018 年 4 月，教育部印发的《新时代高校思想政治理论课教学工作基本要求》明确要求："从本科思想政治理论课现有学分中划出 2 个学分、从专科思想政治理论课现有学分中划出 1 个学分，开展本专科思想政治理论课实践教学。学生既可通过参加教师统一组织的实践教学获得相应学分，也可通过提交与思想政治理论课学习相关的实践成果申请获得相应学分。""要制定实践教学大纲，整合实践教学资源，拓展实践教学形式，注重实践教学效果。"根据教育部的部署和高校思政课教学计划，各高校都结合各自的实际情况，在思政课教学计划中单独安排了特定的课程实践教学时数，一般为 6 学时。课程实践教学的时间安排或在学期中或在学期末。学期初，每门课程要制定单独的实践教学计划，并根据时事政治热点确立实践主题，统一布置给每个教学班。课程实践教学，一般以小组为单位完成，每个教学班的同学可以自行分组，任课教师也可以从中协调，实践小组以 5 个左右同学为宜，保证小组同学都能够参与到实践中。每个小组根据选定的实践主题，确定自己小组的实践计划，小组同学分工合作、共同完成。课程实践教学注重过程性评价，每个同学的实践成绩也与其完成的实践任务紧密相关，以此考察和检验学生理论联系实际的能力。

(二) 课程实践教学法的形式

1. 统一实施

"实践教学统一实施，是指思政课实践教学仅进行一次(一个或几个作业项目构成的一个实践)的组织实施模式，包括集中统一型和一课包揽型两种样态。集中统一型，主要表现为实践与现有具体思政课程分离，可独立成课。一课包揽型是以一门课程及其师资为主来完成全部实践教学的模式。统一实施模式，通常出现在学生规模较大，师资相对紧张的高校，有利于发挥思政课在内容、目标和方法上的整体性特征，使各门思政课合力实现整体教育目标；有利于出现成果聚集和品牌效应，形成宣传亮点；有利于专项资金的高效使用；有利于提高学生重视程度，营造学校和学生间总体的思政课实践氛围。但是，脱离了具体课程的统一实践教学，割裂了理论学习过程与实践的紧密联系，使日常思政课教学与实践无法形成及时且必要的互动，也容易割裂授课教师与学生间本可通过实践而亲密交流的渠道。覆盖全体学生的统一实践教学，其成果聚集往往是通过广种薄收的数量积累而实现，对细节和过程化的指导则往往力不从心。"①因此，一些高校思政

---

① 祁志钢：《高校思政课实践教学应解决的六个关键问题》，https://www.gmw.cn/xueshu/2020-11/26/content_34405926.htm.

课课程实践教学多是采取一课包揽型，也就是基于某一门课程，由教师负责自己讲授的教学班的实践教学，这样既有利于教师对课程实践教学进行有效的组织管理，又能把理论化的教学内容与特定的实践形式进行有机结合，提升大学生理论联系实际、理论指导实际的能力。

2. 分课实施

"实践教学分课实施，是指多门思政课的任课教师分别在其授课班级实施实践教学，学生的实践教学成绩与学分融合于多门思政课成绩与学分的组织实施模式。由于'思想政治理论课所有课程都要加强实践环节'，以及广大高校对提升教学效果的普遍关注，分课实施模式相对普遍，且多数出现在学校规模相对较小，师资相对充裕的高校。实践教学分课实施，实现了'所有课程都要加强实践环节'的要求，贯彻了理论联系实际、认识与实践辩证统一的精神。实践项目可以实现与学生专业最充分地结合，有利于形成更丰富的菜单式实践方案。由任课教师组织实施实践教学，既可增进师生了解加深情感，又可促进学生对思政理论的学习与接受。但是，分课实施使得教师的工作负担极大增加，并容易形成超标准学分要求的实际执行状况，而且分课实施和菜单式实践方案，因其多样性而不易形成规模性的统一成果，使总结与宣传出现一定难度。"①各高校思政课教师师生比的增加，大大加强了高校思政课教师队伍建设，使得实践教学分课实施成为当前高校思政课实践教学中较为常用的一种方式。这种方式有利于每门课程结合各自的教学内容开展实践教学，增强实践教学的针对性和指向性，更能够强化实践效果。

(三) 课程实践教学法的要求

1. 实践主题要突出理论指导

高校思政课旨在对大学生进行马克思主义理论教育，培养大学生形成正确的世界观、人生观和价值观，成为能够担当民族复兴大任的时代新人。遵循大学生思想品德的形成和发展规律，以及对大学生进行思想政治教育的规律，高校思政课一般在低年级开设"思想道德与法治""中国近现代史纲要"课程，在高年级开设"毛泽东思想与中国特色社会主义理论体系概论""习近平新时代中国特色社会主义思想概论""马克思主义基本原理"课程。不同年级的实践教学主题都是对特定教学内容的理解、阐释、深化、践行，因此实践主题要结合理论教学的内容，凸显出鲜明的理论色彩，深化大学生对马克思主义理论以及中国化时代化的马克思主义基本理论的理解和运用，实践教学主题是反映社会发展和时代需要的最强音。如结合党的二十大召开、"八八战略"提出二十年、第 22 届杭州亚运会召开等设置实践主题，让大学生在实践中用中国社会发展的生动现实阐释马克思主义理论的真理性、科学性和指导性，彰显科学理论的伟力，深化大学生对理论知识的理解、掌握和运用。

2. 实践形式要结合专业特点

习近平总书记在全国高校思想政治工作会议上的讲话指出，要把思想政治工作贯穿教

① 祁志钢：《高校思政课实践教学应解决的六个关键问题》，https://www.gmw.cn/xueshu/2020-11/26/content_34405926.htm.

育教学全过程，实现全程育人、全方位育人。思想政治理论课要坚持在改进中加强，其他各门课都要守好一段渠、种好责任田，使各类课程与思想政治理论课同向同行，形成协同效应。高校思政课是大学生的公共必修课，全体大学生均要参加学习，应鼓励和支持大学生结合其专业特点开展有针对性的实践教学。例如，文科专业可以撰写调查报告、学术论文；理工科专业可以制作专题视频、进行手工制作；艺术类学生可以通过绘画、谱曲、表演等方式。挖掘专业课程的思想政治教育功能，促进课程思政与思政课程同向同行，强化实践育人效果。教师要引导学生选择与自身专业相贴近的实践方案，以此促进学生在核心主题下的多样化实践教学参与。

3. 实践主体要全员全程参与

按照教育部的要求，高校思政课课内实践教学不仅学时固定、时间固定，还要覆盖到全体同学，且对每个同学的实践情况都要做出评定，并纳入思政课的总评成绩之中。这是课程实践教学的必然要求，也是实践教学重要性的体现。与社会实践教学不同，课程实践教学从属于"第一课堂"，是课堂理论教学的辅助，是社会实践教学的"预备"，主要围绕课程的理论知识开展实践活动，作为检验大学生理解和掌握理论、检验理论教学成效的重要途径，这就要求教学班级的全体同学都要参与其中。课程实践教学通过制定具体的实践教学计划，首先从教学要求上明确全体同学必须参与，并将其作为完成思政课教学目标的过程性考核之一。同时，教师也应明确实践教学成绩给定细则，细化每名学生的实践成绩构成，并在实践活动结束后以小组为单位进行实践成果展示。在课程实践教学中，教师要加强对大学生实践的过程化指导，积极鼓励和督促全员参加并按时完成实践任务。

三、校园实践教学法

(一) 校园实践教学法解析

1. 校园实践教学法的内涵

校园实践教学法，也称校内活动教学法，通常是指以大学生为主体，依托高校校园文化活动，对大学生进行思想政治教育，以培育和提升大学生思想道德修养的一系列活动方式。高校校园文化活动涵盖大学生活的方方面面，因此校内实践教学方法也各具特色。广义上说，高校校园文化活动包括物化、制度和观念三个层面。校园物化层面的活动是围绕建设优美的学校环境、组织学生社团、加强网络信息的管理、建设学校的纪念物与标志等展开的，它呈现为校园文化活动的物化形态、硬件部分。校园文化制度层面的活动是制定全校师生员工共同遵守且具有强制性的行为规范的过程，通常体现为教育教学的管理制度、工作标准、行为规范等。校园文化的观念层面是大学在长期的学校建设活动和教育教学活动过程中，受一定的社会文化、社会意识形态影响和制约而形成的，为大学的师生员工共同认同及信守的目标追求、价值观念、道德标准和大学精神，它是整个校园文化的深层内涵，是形成校园文化的物化层面和制度层面的基础，是校园文化的核心和灵魂。一所大学是否加强观念层面的校园文化建设，进而形成特有的大学精神，是衡量这所大学是否形成真正校园文化的主要标志。不同层面的文化活动因其不同的活动主题而具有不同的活动方式，依托这些活动方式形成的校园实践教学法，成为高校思政课实践教学的重要补充。习近平总书记在全国高校思想政治工作会议上强调："要更加注重以文化人以文育人，广泛开展文明校园创建，开展形式多样、健康向上、格调高雅的校园文化活动，广泛开展各类社会实践。"①校园实践教学法以丰富多彩的校园文化活动吸引大学生积极参与其中，让大学生在活动体验和感悟中提升思想素质和道德情感。

2. 校园实践教学法的形式

2021年1月，共青团中央办公厅、全国学联秘书处印发的《加强和改进新时代学联学生会工作实施方案》提出，要"丰富校园文化生活。广泛开展文明校园创建，开展形式多样、健康向上、格调高雅的校园文化活动，弘扬中华优秀传统文化、革命文化、社会主义先进文化，提升学生文化素养，涵养文化自信。举办国学讲坛、书香校园、青春诗会、艺术节、学生运动会等丰富多彩的活动，开展经典诵读、知识竞赛等活动，推出思想性、艺术性、参与性俱佳的文化精品项目。以推动校园优良学风建设和服务学术科研为重点，拓展学术沙龙、讲座指导等活动形式，营造浓厚的校园学术氛围。"这一方案指出了当前加强高校校园文化建设的重要性、方式、形式和目标，为开展新时代高校校园文化活动提供了指南。

校园实践教学法就是借助丰富多样的校园文化活动，如教学科研活动、教学管理活动、科技创新活动、文化艺术活动、学生社团活动等，将思想政治教育寓于多样态的校园文化活动中，拓展大学生对思政课教学内容的多维度理解。高校可以依托各教学院系、教学班级、党团组织、学生会以及大学生的文化、体育、科研、各种兴趣社团等，广泛开展多样化的、具有针对性和吸引力的校园文化活动，为大学生进一步深入理解、有效运用、积极外化科学理论提供有效载体。

(二) 校园实践教学法的优势

1. 践行"以生为本"的教育教学理念

校园文化活动的目的、规划和实施是以校园文化活动的主体——大学生为依据的，这是实施校园实践教学法的基本逻辑前提。校园文化建设以大学生为主体，从更高的层面上审视，是遵循和落实马克思主义哲学实践观关于人的主体地位的思想，是对"以人为本"的科学发展观的遵循和贯彻。高等院校深入贯彻落实科学发展观的本质核心，就是要把"以人为本"作为最高的教育理念，"以人为本"在大学生思想政治教育、校园文化建设中就是"以学生为本"，通过校园文化建设，确立当代大学生的主体地位，既是大学生思想政治教育的要求，体现了大学最高教育理念，更是对于大学生的需求、价值、权利、理想的尊重。通过校园文化建设，将当代大学生培养成为具备坚定政治信仰、掌握科学方法论、树立正确价值观、具有充分认识与实践能力的社会主义现代化建设和构建社会主义和谐社会需要的高素质、创造性的实践主体及栋梁之才，大学生思想政治教育、校园文化建设的目的和任务，最终落实到建立和提升当代大学生作为未来社会实践主体的认识和实践能力之上。

---

① 习近平：《习近平：把思想政治工作贯穿教育教学全过程 开创我国高等教育事业发展新局面》，《人民日报》2016年12月9日，第1版。

2. 开展有针对性的校园文化活动

在校园文化活动的设计和实施过程中，以大学生为主体，就要针对大学生的思想和心理发展实际。在校园文化建设的主导者与主体的矛盾关系中，矛盾着的任何一方的性质、状况都必然要受到自己的对立一方的性质和状况的制约和影响，这决定了校园文化建设的主导者必须认真地考察、联系作为校园文化建设主体的大学生特有的实际，并以此确定校园文化建设的内容和形式。新时代的大学生拥护中国共产党的领导，认同和拥护习近平新时代中国特色社会主义思想，关注国际国内经济政治形势和社会热点，爱国和民主意识强烈，支持改革开放，成长成才愿望迫切，获得各种知识信息的媒介较多，自身知识结构比较新，同时也存在着政治意识淡薄，价值观存有偏差，艰苦朴素作风淡化，道德伦理观念淡薄，精神文明素质较低，观念和行为具有功利色彩，行为轻率、心理脆弱的倾向，这决定了校园文化建设必须依据当代大学生的实际情况，选择内容，创新形式，改善手段，讲求方法，使校园文化活动契合大学生的特点与需求，以及成长成才需要。

3. 加强大学生自我管理和自我教育

提升大学生在校园文化建设中的自我管理、自我教育能力，就是要使大学生由被动变为主动，激发他们的主体意识，激活他们投身校园文化建设的热情、活力和创造力，使其成为校园文化建设的发起者、设计者、参与者。我们通过校园文化活动这一载体，将高校思政课的教学内容内化为大学生的思想认知和价值追求，并外化为大学生在实际学习和生活中的实际行动。忽视大学生的主体性，就会导致校园文化活动成为一个机械的实施过程，与大学生的心理特征、价值选择及其思想观念、道德范式形成、演化的规律相脱节，最终无法实现思想政治教育的目标。

(三) 校园实践教学法的要求

1. 发挥校园文化活动的载体作用

校园文化活动是校园实践教学法的重要载体。首先，要重视课程教学活动的作用。除发挥高校思政课作为大学生思想政治教育主渠道、主阵地的作用外，专业课程、通识课程等所有课程的教学活动都要承担起大学生思想政治教育的责任，并与高校思政课同向同行、同频共振。其次，要结合重大节日、重要时间节点和例行活动，如传统节日、纪念日，入学、毕业典礼，校园文化节、科技节等，开展主题鲜明的特色教育活动，通过这些活动增强大学生的道德体验、升华认知、培养能力，以增强大学生思想政治教育的针对性。此外，要重视非课程教学活动的作用，开展丰富多彩的课余活动，寓思想政治教育于课余活动中，如学术研讨、知识讲座、主题征文、主题演讲、形势教育报告、业余党校团校、志愿者服务、校校联建、高雅艺术进校园、文艺汇演、各类竞赛、辩论赛、文学创作比赛、科技创作竞赛、社会调查、勤工俭学、送知识送科技进街道下乡村等。

2. 发挥学生社团组织的载体作用

高校学生社团是校园文化活动的组织载体，要充分发挥其在校园文化活动中的重要作用。大学校园中的学生社团，是在大学党团组织领导下，在教师和专业人员指导下，由大学生自发组织成立的群众性团体，是校园文化中的重要角色。随着素质教育改革的不断深化和校园文化建设的不断发展，学生社团发展也呈现出规模日趋扩大、种类日趋增多、活动内容日趋丰富，呈现出多层次、多渠道的显著特点，如学术类社团、宣讲类社团、文艺类社团、体育类社团、实践类社团等。高校学生社团以其类型多样、各具特色、学生自主管理等特点和优势，在各项校园文化活动中一直发挥着"领头羊"的作用。在"大思政"格局下，应加强培养学生社团骨干，健全学生社团管理制度，为学生社团提供一定的经费和场地支持，促进学生社团健康发展，发挥其在开展校园实践教学、丰富校园文化活动中的载体作用。

3. 加强高校人文环境和制度建设

高校人文环境和制度建设是开展校园文化活动、实施校园实践教学的重要载体。高校人文环境主要凝结在学校建筑、人文景观、教学设施、空间布局、功能设计等物态文化中，人文环境建设要处理好传统与现代的关系，实现物质因素与学校发展目标、大学精神理念的有机结合，以开放的、多功能的、理性的、审美的、人性化的、体现以生为本理念的人文环境，为提升大学生的思想道德修养提供物理空间、营造精神氛围。高校中的各项管理制度，是校园文化观念层面的产物，高校在制定和执行各项规章制度时，要赋予其精神文化的内涵，充分彰显制度条文中蕴涵的目标追求、价值标准、大学精神、大学风尚、行为规范，使制度文化深入作用于大学生的心理层面，并引导、规范大学生的思想和行为，为大学生成长成才提供精神支持，实现真正的管理育人。

四、社会实践教学法

社会实践教学是指高等学校依据国家有关政策和法律规定，按照高等教育培养目标的要求，利用寒暑假时间对在校大学生进行有计划、有组织、有目的深入社会的教育活动，旨在让学生知国情、明社情、受教育、长才干、做贡献，它是新时代高校加强实践育人的一种重要方式。2016 年 4 月，习近平总书记就在知识分子、劳动模范、青年代表座谈会上的讲话中指出："所有知识要转化为能力，都必须躬身实践。要坚持知行合一，注重在实践中学真知、悟真谛，加强磨练、增长本领。"社会实践教学法是连接理论知识与实践能力的桥梁，是高校落实立德树人根本任务，帮助大学生提升社会化能力的重要途径。大学生通过多样化的社会实践活动，把理论知识学习与社会生活实际相联系，用科学理论指导自己的生活实践，有助于实现大学生的知情意行相统一。

(一) 社会实践教学法的主要形式

1. 参观教育型

2023 年 2 月，共青团中央、全国学联在《关于增强新时代大学生社会实践活动实效、深化共青团实践育人工作的意见》中指出："依托各地红色资源，开展重走红色足迹、追溯红色记忆、访谈红色人物、挖掘红色故事、体悟红色文化等多种形式的活动，以重要时间节点为契机深化仪式教育，持之以恒推进党史学习教育常态化长效化，引导大学生弘扬伟大建党精神，让红色基因、革命薪火代代传承。"因此，依托纪念馆、展览馆、博物馆、烈士陵园等爱国主义教育基地，积极开展"红色之旅"，组织大学生参观学习，了解中国革命、建设、改革开放和进入新时代以来的历史和伟大成就，增强大学生爱党爱国爱社会主义的情感。现在的高校大学生都是"00 后"群体，他们成长在新时代，对过去的中国社会不太了解，对今天的幸福生活来之不易也没有切身的感受。通过"红色之旅"的参观教育，他们能够更直观地了解中国革命的传统和过去，了解中华五千年的文化积淀和文化遗产，同时切身体验改革开放特别是进入新时代以来我们国家取得的巨大发展成就，增强作为新时代中国青年的自豪感和荣誉感，进而提升他们实现中华民族伟大复兴的使命感和责任感。

2. 服务奉献型

服务奉献型是指通过开展各种形式的志愿服务活动，如"三下乡""进社区"等社会公益活动，培养大学生服务人民、奉献社会的精神品质，寓大学生思想政治教育于具体的实践活动中；通过"乡村振兴""笃行计划"等专项行动，开展乡村产业发展、乡村治理、乡村公共服务等实践活动，让大学生深入田间地头和劳动一线，在实践中磨砺奋斗意志，练就过硬本领。自大学生"三下乡"社会实践活动开展 20 多年来，全国累计有 7000 多万青年学生参与，每届学生中约有 88%参加过"三下乡"社会实践。此外，全国各类院校也组建了理论普及宣讲、乡村振兴促进、党史学习教育、发展成就观察等实践团队，深入乡村、社区开展科技兴农、关爱帮扶、文化宣讲、政企实践等活动，培养大学生吃苦耐劳、无私奉献、服务社会的精神。

3. 专题调研型

专题调研是侧重某个实践主题进行较深入的社会调查后形成调研报告的实践活动，及时揭示现实生活中的矛盾，反映群众的意见和要求，研究急需解决的具体的实际问题，并根据调查结果提出意见和建议。一方面，可以结合大学生普遍关心的社会问题和社会现象，归结出一些题目，在专业教师的指导下，组成专题调研小组，到一些部门、单位、社区、乡村进行专题调研，并根据调查结果提出对策或建议。另一方面，大学生也可以直接参与教师的某些科研项目，结合专业实际解决现实生活中的具体问题，让大学生用学到的知识认识、分析、解决社会问题，并为相关部门制定决策提供参考和依据。杭州电子科技大学马克思主义学院一直以来注重研究生社会实践能力的培养，每年都选派研究生深入乡村、社区、企业开展专题调研，并撰写专题报告或资政建议。这一举措不仅锻炼了研究生用所学理论解决社会现实问题的能力，深化了他们对中国化时代化马克思主义的领悟和理解，而且使他们的学术研究能够紧密结合社会实际，把论文写在祖国的大地上，真正实现了理论与实践相结合。

(二) 社会实践教学法的优势

1. 推动理论教学与实践教学深度融合

实践育人是大学生思想政治教育的重要环节，实践教学是高校思政课理论教学的重要补充。实践教学法打通了思政课理论教学与实践教学的边界，使思政课的理论教学与大学生的思想及社会发展实际紧密相连，为大学生认识国情、体察社情、了解民情提供了宝贵契机。大学生通过社会实践，用脚步丈量祖国的大地，用身心体悟发展的成就，追寻红色足迹、传承红色基因，深入田地农舍、助力乡村振兴，调研国情社情民情、参与基层社区治理，宣传党的创新理论、理解变革背后的力量……实践教学法让大学生能够近距离接触社会、了解社会、洞察社会，在生动的社会实践中探寻中国特色社会主义成功的"密码"，体悟党的创新理论的实践伟力。如从 2007 年初开始，西安建筑科技大学的建筑、土木、管理等专业的一些博士生、硕士生陆续到陕西省丹凤县开展文化、科技、卫生"三下乡"活动，并帮助当地做社会经济发展规划。央视焦点访谈曾以"村里来了博士团"对西安建筑科技大学的社会实践活动进行了报道。在服务"三农"过程中，大学生利用自己学习到的专业知识、专业技术为农业发展、农村进步、农民致富贡献自己的知识和力量，实现了学校所学的理论知识与社会实践的深度融合。大学生的"三下乡"活动几乎覆盖了乡村振兴的方方面面，具有很大的发展空间。

2. 发挥思政小课堂与社会大课堂的育人合力

高校在社会实践法的运用过程中，通过整合高校与社会的各类育人资源，发挥高校思政课课堂教学与社会实践的合力，产生 1 + 1 大于 2 的育人效果。高校可以利用属地的优秀传统文化资源、红色文化资源、革命文化资源等，建立专门的社会实践基地，定期组织大学生开展社会实践活动，丰富实践教学法的运用。例如，天津首批设立 453 家"大思政课"实践教学基地，推进社会各领域育人资源共建共享，既为实践育人提供有力支撑，又显著提升了高校实践育人的质量。"南开大学坚持和发扬校训'允公允能'的特色要求，与周恩来邓颖超纪念馆等数十家企事业单位和政府部门签约建立实践教学基地，联合开展现场教学，为教学案例、课例编写提供最新素材。"[1]杭州电子科技大学马克思主义学院把湖州市安吉余村作为研究生社会实践基地，选派研究生到余村挂职，通过余村二十年的发展变迁，学生们对"绿水青山就是金山银山"这一生态文明建设理念有了更深刻的理解和感悟。更重要的是，他们通过深入实践丰富了阅历、锻炼了能力、增长了魄力，更深刻地认识到习近平新时代中国特色社会主义思想源自实践又指导实践，是在研究问题、解决问题中不断丰富和发展的，是在推动实践、指导实践中不断成熟完善的，并在指引我们认识世界、改造世界的过程中，展现出巨大的实践引领力。

3. 实现社会实践与专业教育相结合

每逢寒暑期，各高校大学生的社会实践活动相继拉开序幕。大学生积极踊跃参与到社会实践中，在活动中表现出积极热情、踏实肯干的精神状态，呈现出当代大学生良好的思想道德素质和积极向上的精神面貌。各地高校都结合自身的学科专业，扎根中国大地开展社会实践，以"小切口"展开"大纵深"，以特色性的实践服务推动中国式现代化、乡村振兴等国家重大战略的实施。2023 年 6 月，教育部办公厅下发的《关于深化高校学生暑期社会实践活动的通知》中要求："人文艺术类院校要走到各族人民群众当中，坚持文学艺术来源于人民大众，服务于人民大众；理工类院校要走向国家重点单位、专精特新企业，努力解决'卡脖子'难题，着力推动地方经济社会发展；农林类院校要走向田间地头，聚焦乡村振兴、生态文明建设，让大学生用专业所学解决实践所需；师范类院校要聚焦教育强国建设，开展乡村支教、顶岗支教、'爱心课堂''特岗计划'等实践项目，带动欠发达地区教育质量整体提升。"将大学生社会实践与专业教育紧密结合，引导他们了解社会发展实际，用专业知识和创新实践满足国家和社会发展的需求，也有助于提升大学生的就业和创业能力。

---

① 肖光文：《让社会实践成为学生成长成才的重要途径》，《光明日报》2022 年 10 月 19 日，第 16 版。

(三) 社会实践教学法存在的问题

1. 对社会实践教学法的认识还不到位

社会实践教学法是实践育人的重要手段，是实践育人的重要环节。但目前一些高校在一定程度上仍存在"重理论轻实践"的观念，忽视实践教学法的运用导致实践教学有时流于形式。特别是在高校思政课教学中，有时没有做好课堂理论教学与社会实践教学的有机衔接，为了实践而实践，导致思政课堂的理论教学与社会实践教学之间出现"两张皮"的现象，自然也很难达到实践育人的目的。此外，课堂的理论教学也没有为实践教学提供很好的指导，这也制约了实践育人工作的高质量发展。

2. 实践教学法的运用重形式而轻效果

"有媒体对上海部分高校大学生暑期社会实践进行调查和回访，发现一些轰轰烈烈的大学生实践活动正在偏离初衷，走向形式主义。报道说，一些团队计划'宏伟'，大有指点江山、改天换地的气魄，结果却草草收场。有的活动缩水变形，计划书上写明走访 5 个地方，最后只去了 3 个；有的原计划 10 天时间，后来仅用 5 天就'提前'完成任务；某团队揣着学校拨给的 2500 元项目经费，调研小城镇社会保险制度，结果成了'走走看看'的参观旅游。"[①]寒暑期社会实践活动是身处校园的大学生们难得的社会体验，他们可以借由这一实践的桥梁真实地观察社会，将理想的触角伸向外部世界，然而现在的一部分实践活动显然已与目标相差甚远，导致实践效果大打折扣。

3. 实践教学法的运用尚未形成合力

虽然高校实践育人已有明确的顶层设计和制度框架，但在具体的实际操作层面，却未形成多方合力。一些地方单位多基于利益考量，与高校实践育人的协同配合不够，很多时候都存在着高校一方发力而地方单位支持不足的现象，高校与社会共同推进实践育人的合力尚未完全形成、运行机制还不够完善。由于资金、设备等方面的缺乏，大学生社会实践活动的深度和力度有所局限，一些学校与地方签订的临时性、形式化的合作协议虽然多，但开展的实践活动却很少，实践地点频繁更换，实践基地数量相对不足，这也使得高校实践育人的需求难以得到满足，未能形成规范化、常态化、可持续的实践育人模式，降低了实践育人的成效。

(四) 社会实践教学法的要求

1. 立足传统，创新实践育人新范式

大学生社会实践活动开展二十年来，社会实践教学法在具体的实践活动中形成了比较成熟的范式，如理论宣讲、义务支教、科技下乡、送法下乡、结对帮扶、社会调查、志愿服务等，这些活动让大学生走出象牙塔，深入社会，深入群众，感知民情，体验生活，为今后走向社会、服务社会打下了较好的基础。当前，高校应进一步完善社会实践活动的长效机制，创新社会实践教学法的范式，为大学生广泛参与社会实践活动创造有利条件。可以结合国家、社会的发展需要和大学生成长的要求，赋予社会实践活动以新的时代特色。共青

---

① 刘成友：《大学生社会实践缺什么？》，《人民日报》2006 年 9 月 8 日，第 1 版。

团中央、全国学联在《关于增强新时代大学生社会实践活动实效、深化共青团实践育人工作的意见》中提出，要聚焦红色基因传承、理论普及宣讲、发展成就观察、服务党政大局、就业创业实践、基层志愿服务等六个方面丰富实践内涵。社会实践活动引导大学生以国情调研、社会服务、挂职锻炼、暑期支教、三下乡、返家乡等多种形式融入社会生产生活实际。高校社会实践可以结合上述六个方面，在已有的实践教学法的基础上，进一步丰富实践教学方式，创新实践教学方法。例如，组建理论宣讲团，深入到乡村、社区、企业、学校等地，宣讲党的创新理论和我国经济社会发展的巨大成就；结合红色旅游资源开展体验式、沉浸式情境教学，在传承红色基因中让大学生感悟科学理论的真理性力量；通过组织参观企业、开展访谈校友活动、举办专题讲座，引导大学生形成对所学专业的立体化认知，从实践的角度激发他们的专业学习热情，培养大学生的专业认同感，给社会实践活动注入新的活力。

2. 依托基地，打造实践育人新模式

社会实践基地既是实施社会实践教学法的有效载体，又是开展实践育人的平台。高校要加强社会实践基地建设，依托社会实践基地，打造实践育人新模式。共青团中央、全国学联在《关于增强新时代大学生社会实践活动实效、深化共青团实践育人工作的意见》中提出："坚持'类型多样、联合共建、常态运行、动态管理、注重实效、协同育人'原则，依托高新技术开发区、大学科技园、城市社区、农村乡镇、工矿企业、爱国主义教育场所、全国青少年教育基地等，建立社会实践、创业就业、红色教育、劳动教育基地，构建全国、省级、校级社会实践基地体系。"高校依托社会实践基地，要突出社会实践与"产、科、教"相结合，社会、企业、基地要为高校在协助科学技术转化为生产力方面提供条件、给予支持。高校也要发挥自身特色和优势，依托乡村振兴、对口支援等工作，建设和利用好主题明确、功能健全的交互式实践体验基地。要充分利用好"大思政课"实践教学基地，开展重走红色足迹、追溯红色记忆、访谈红色人物、挖掘红色故事、体悟红色文化等多种形式的实践活动，创新沉浸式、情景式、体验式、交互式等实践教学形式，打造政校企社多元协同实践育人新模式。

3. 实现结合，拓展实践育人新形式

高校要重视将社会实践活动与大学生的专业学习、就业创业相结合，充分发挥社会实践在大学生思想政治教育和专业能力提升方面的双重作用，积极拓展实践育人新形式。一方面，把社会主义核心价值观教育融入实践教学的各个环节，帮助大学生在丰富的实践活动中正确认识社会发展规律，把握基本国情民情，掌握科学的世界观和方法论，提升大学生思想政治教育的实效性。另一方面，在社会实践中加强专业知识的运用和实践转化，培养大学生的专业意识，激发大学生专业学习兴趣，引导大学生树立正确择业观、就业观，提高社会化能力和就业创业能力，使大学生在实践中爱国立志、求真力行、明理精工，把个人的理想追求融入到报效国家、服务人民、奉献社会之中。

4. 处理好规范化、制度化和科学化的关系

各高校应结合实际情况，强化顶层设计，加强实践育人组织领导，形成规范化、制度化和科学化的实践育人机制。要以习近平总书记关于教育特别是实践育人的重要论述为指导，认真贯彻落实"党委统筹部署、政府扎实推动、社会广泛参与、高校着力实施"的实

践育人协同体系的要求。建立健全党委统一领导、各部门密切配合、权责明晰的组织管理体系，紧扣实践育人总体目标，精心设计大纲和实施方案，遵循思想政治工作规律和大学生成长规律，实现多类别社会实践项目的整体设计和有效衔接。要积极探索依法管理的大学生社会实践新思路，形成国家重视、社会支持、高校努力、大学生积极参与的"大实践"局面。要不断加强实践育人的制度化、规范化建设，促进实践育人工作各环节、各要素达到结构合理、功能完整、关系和谐、程序严密、运行持久的状态。学校应组织广大教师和学生深入基层，探索有效的社会实践形式，逐步提高大学生社会实践的科学化水平。

第七章

高校思政课网络教学常用的方法

2013 年 12 月，国家教育部高教司下发《关于批准设立教育部在线教育研究中心的通知》(教高司函〔2013〕131 号)。2014 年 4 月，教育部在线教育研究中心在清华大学成立，该中心依托清华大学现有机构和学科优势，开展大规模开放在线教育理论、教学模式与学习方式以及课程共享应用研究，联合国内外研究力量，开展大规模开放在线教育培训和交流工作，推动基于网上开放课程建设和共享的教育观念、教育模式、教学方法和学习方式等教育教学方面的改革及制度创新，探索"互联网+"背景下的信息技术与教育教学的深度融合与创新发展，以提高我国高等教育的教学质量。在此背景下，网络教学方法被广泛运用于高校思政课的各门课程教学中，并形成了各具特色的网络教学方法。这些网络教学方法相互融通，契合了"00 后"大学生的学习需求，丰富了大学生内在的心理体验，对于提升高校思政课的教学效果发挥了积极的促进作用。当前，慕课教学、翻转课堂教学和线上线下混合教学是高校思政课网络教学常用的三种教学方法，本章着重对其进行阐述。

一、高校思政课慕课教学

(一) 高校思政课慕课教学概述

1. 慕课的由来

慕课作为一种大规模在线开放课程，是一种基于互联网的教学新模式，是共享教育与互联网融合的产物。虽然"MOOC"一词出现的时间不长，但关于其构想和实现却经历了长时间的发展。

1961 年，巴克明斯特·富勒(Buckminster Fuller)提出教育科技工业化的设想。1962 年，美国学者道格拉斯·恩格尔巴特(Douglas Engelbart)提出"扩大人类智力之概念纲领"，认为电脑将在学习过程中发挥重大推动作用，并预见到网络与电脑相结合将为信息和资讯的交换带来革命性进步。这种信息和资讯的交换运用到教育教学中，为慕课的出现提供了技术支持。

"2008 年，加拿大爱德华王子岛大学的网络传播与创新主任大卫·柯米尔(Dave Cormier)与国家人文教育技术应用研究院高级研究员布莱恩·亚历山大(Bryan Alexander)联合提出慕课概念。同年 9 月，加拿大学者乔治·西蒙斯(George Siemens)和斯蒂芬·唐斯(Stephen Downes)应用该概念开设了第一门慕课——'连通主义和关联知识'"[①]。这一课程吸引了来自曼尼托巴大学的 24 名大学生和全球 2400 余名跨越各个社会阶层的学习爱好者参与，这使得慕课在全球范围内开始传播和发展。2012 年，美国斯坦福大学教授塞巴斯蒂安·特龙(Sebastian Thrun)和彼得·诺米格(Peter Norvig)通过线上平台发布研究生课程"人工智能导论"，其受众范围遍及 190 多个国家的 160 000 多人，开创了慕课发展的新篇章，实现了慕课发展的一次重大突破。

2012 年 2 月，以"人工智能导论"为基础，塞巴斯蒂安·特龙设计并建立了 Udacity(优达学城)慕课平台。2012 年 4 月，安德鲁·恩格(Andrew Ng)和达芙妮·科勒(Daphne Koller)创建了 Coursera(课程时代)在线教育平台，吸引了众多高等院校的关注，这些院校逐步加入了这个平台的建设，仅数月时间，注册学生数量就突破了百万。2012 年 5 月，麻省理工学院和哈佛大学两所大学整合优秀师资，携手推出"电子与电路"(Circuits and Electronics)课程，标志着 edx(在线教育平台)的正式建成。edx 平台作为一个非盈利性组织，汇聚了众多世界著名高校，为学生提供了更加灵活、自由的在线课程学习体验。这三大学习平台的出现打破了学习者仅在校园中进行学习的局限性，为更多人提供了接触世界知名高校课程的机会，从而促进了高质量教育资源的分享。这三大平台的推广引领着教育新纪元。2012 年，哈佛大学、斯坦福大学、麻省理工学院等知名高校掀起了一股慕课热潮，慕课迅猛发展并在全球传播，成为一种被广泛普及的新型教学模式。2014 年，国家教育部批准成立了在线教育研究中心，开始在全国高校推广慕课教学。

2. 慕课的特点

与传统的课堂教学和网络公开课程相比，慕课的特点体现在以下几个方面：

第一，课程数量规模大，涉及学科范围广。慕课平台提供了大量丰富的课程资源，不仅涵盖了各种各样的学科类型，还提供了丰富多彩的在线课程。以斯坦福大学的课程平台 Coursera 为例，该平台提供了人文学科、数学学科、物理学科等各种学科的超过 2000 门在线课程。值得一提的是，我国著名大学复旦大学与企业合作构建的慕课平台——智慧树，提供的慕课课程涉及历史学科、工学学科、管理学科等近 200 种不同学科。此外，慕课平台还有着广泛的合作伙伴，据悉，全球最为庞大的慕课平台 Coursera 的合作伙伴遍及全球 29 个国家，数量近 150 个。而我国清华大学自主研制与开发的学堂在线慕课平台，虽创建时间略晚，但目前已与多所世界一流大学展开合作，提供课程种类涵盖各领域。其涉及的课程主要包括马克思主义基本原理、毛泽东思想和中国特色社会主义理论体系概论、习近平新时代中国特色社会主义思想概论、形势与政策等多个类别的思政课程。

第二，教育形式开放，教学内容共享。慕课平台中的课程内容为学习者开放，学习者可以通过用户注册快速、便捷地进行在线学习。在学习过程中，学习者可以根据自身的学习需求对学习内容、学习时间和学习方式进行自由选择，并且可在需要时进行相应更改。此外，在慕课平台上，教育者与学习者之间的关系是自由开放的，两者之间的角色界限也变得相对模糊，这种开放的关系甚至可以在特定情况下发生转换。与传统的线下面对面授课方式不同，教师在慕课平台上不再是知识的唯一传授者，学生也不再是知识的被动接收者。在

[①] 焦建利、王萍：《慕课，互联网＋教育时代的学习革命》，机械工业出版社，2015，第 3-4 页。

慕课平台中，教师和学生形成一种伙伴关系，共同参与课程设计和实施，共同解决课程中出现的问题，共同完成学业和项目。这种伙伴关系可以有效促进教师和学生之间的互动交流，有助于提升教学质量和学习效果。慕课平台的出现使教育资源更加开放，教学内容得到共享，无疑是对传统教学方式的一种补充，也是对教学资源共享的新尝试。教学内容的共享，使教学资源能够被更加高效地利用，为学生提供了更广泛的学习选择。慕课平台为学习者提供了来自不同国家、不同学校的无限制获取的教育资源，帮助学习者拓展国际教育视野，并更好地满足了学习的需求。同时，通过慕课平台，教师们不仅能够分享自己的教学资源，让更多的学习者看到并使用，进而能够激发教师的创新思维，提升教学水平。因此，慕课平台中的共享教育内容展现了一种开放的教育理念，不仅为传统教学模式提供了新的发展机遇，更推进了教育资源共享和开放式发展。

第三，免费在线课程学习，凸显教育公益性。作为一种教学新模式，慕课从产生到发展，虽然时间相对较短，但对教育教学所发挥的作用却是极大的，这主要是因为慕课可以让学习者大范围免费学习，从而凸显了教育的公益性。作为一种公益性的教学资源和教学方式，慕课与其他的课程资源相比存在较大区别。以往的课程教学受制于时间、空间等多种因素，授课对象覆盖的范围非常小，且受教者需要支付一定的课程费用以获取知识。[①]依托先进的互联网技术，慕课平台致力于发展共享和开放的课程资源，并以此为目标，实现了大规模开放、免费在线课程学习，从而向更多学习者传播优质的教育资源。慕课平台所呈现的课程类型多样、教学内容丰富，且教学效果良好。这些特点能在一定程度上减少因受教育者经济差异等因素而产生的教学差别对待问题，以此促进教育公平发展，同时也可以满足学习者多样化的教学需求，全方位地展示个性化教学的理念。

3. 慕课的优势

第一，慕课平台的推广能够有效促进教育公平的实现。教育公平是社会公平的基石之一，是社会文明进步的重要体现。慕课平台的开放性、共享性和公益性，为学习者们提供了更多平等接触优质教育资源的机会。慕课不仅让学习者可以自由选择符合自身兴趣爱好的学习内容，还解决了很多学习者因某些客观原因被迫放弃学习的问题。作为一种免费线上教育课程，慕课可以提供持久的教育资源，具有满足终身教育所需绝大多数要求的特点。因此，不论是处于哪个阶段的学习者，都可以根据其学习需要学习相关知识，从而实现终身学习的目标。慕课平台打破了传统高等教育的局限性，降低了接受高等教育的门槛，使更多人可以通过慕课平台获得高等教育的优质资源和服务。同时，慕课对推动教育公平具有积极的作用。在慕课平台上，无论身体健康状况、经济条件差异、区域位置限制等条件如何，学习者都可以通过平台接受高等教育。这就在实际上扩大了高等教育的普及范围，使包括弱势群体在内的更多人能够接受高等教育，在提升社会整体素质和知识水平方面发挥着显著作用。

第二，慕课能够更好满足大学生个性化的学习需求。慕课以其独特的优势使得学习者能够以极低的成本，根据个人需求与兴趣，在慕课平台上轻松获取到丰富且优质的教学资

[①] 赵卫军、陈默祺、王玉兰：《慕课、微课、翻转课堂特点及关系探析》，《课程教育研究》2017 年第 52 期，第 1 页。

源。这种学习方式赋予了大学生极大的自由度，他们可以根据自己的时间安排学习计划，选择心仪的教师和喜爱的教学风格，从而更加精准地满足个人的学习需求。这不仅有助于大学生将马克思主义理论知识内化到自己头脑中，更能通过实践活动促进其外化。对于高校思政课教学而言，慕课平台的引入无疑能够推动实现教学效果的最大化；而对于大学生而言，慕课则能够激发他们的学习积极性和主动性，有效推动高校思政课教学目标的达成。当前，高校思政慕课的普及和思政慕课平台的开发，为马克思主义理论知识的传播提供了更为广阔的渠道，进一步拓宽了马克思主义意识形态的受众面，同时也增强了高等教育在社会中的影响力。教育研究者们为推动高等教育与社会和谐融合，在研究和推广慕课平台的过程中，不断探索打破高等教育局限性的方法，并且有效地解决了这一问题。如此，高等教育的意义已经不再局限于获取学位证书，而是成为人们提高思想道德素养、科学文化素养以及实现个人发展的重要途径。

第三，慕课能够推动高校思政课教学方法改革。慕课的发展给传统大学的教学模式带来了前所未有的冲击，它在某种意义上打破了大学教育的局限性，为广大学子搭建了一个开放、自由的学习平台。在这个平台上，大学生们可以接触到更为丰富、优质的课程资源，不仅有机会遇到学识渊博、风趣幽默的教师，还能寻找到与自己志趣相投的学习伙伴，从而大大增强了思政课教学的吸引力与趣味性。与此同时，慕课也为高校思政课的建设提供了强有力的技术支持。通过利用大数据技术，思政课教师能够收集到关于学生学习情况的数据，并结合学生的学习方法和兴趣倾向，以此为依据更有针对性地调整和完善教学方法，为学生提供更加个性化的学习指导。这不仅有助于提升思政课的教学效果，更有助于培养大学生主动学习的能力，推动高校思政课教学目标有效实现。"00 后"大学生自我意识强烈，追求个性化的价值理念和自主多元的学习方式，这使他们对于传统教学模式的接受度相对较低。相比之下，慕课以其独特的教学形式和灵活的学习方式，更能满足"00 后"大学生的学习需求，有效激发他们的学习热情。通过慕课，大学生可以根据自己的兴趣和需求选择课程，与心仪的教师互动，找到适合自己的学习节奏和方式，从而提高学习效率并改善学习效果，有效解决高校思政课课堂教学中"抬头率"和"点头率"不高的问题。慕课可以更好地满足大学生的个性化学习需求，提升高校思政课的教学效果，推动高等教育质量的不断提升。

第四，慕课助推高校之间的竞争与合作。传统的高等教育通常呈现出各自独立、开放度有限的局面。在这种背景下，高校间的竞争多聚焦于历史底蕴、科研成果和校友影响力等硬性指标，而课程教学层面的交流则相对较少。然而，慕课平台的兴起为高等教育注入了新的活力，它推动了各高校与世界顶尖学府之间的交流合作。以 Coursera 为例，与其合作的院校和科研机构数量已达数百所，这充分展示了慕课在促进国际教育合作方面的巨大潜力。顺应这一发展趋势，越来越多的高校开始组建慕课联盟，共同推动优质教育资源实现共享与交流。高校慕课联盟的组建，不仅推动了高等教育资源的开放、共享、交流，还促进了教学方法的改革创新。各高校开始重新审视并调整自身的国际化与市场化战略，特别是一些地方性高校积极寻求应对外来学习资源竞争的策略，依托政府部门或社会权威机构，建立起具有地方特色、服务本土的慕课平台，满足了本地学习者的需求，并成为展示地方高校优势学科和特色课程的重要窗口。慕课的兴起和推广促进了高校之间的竞争与合作，推动了高等教育资源的优化配置和均衡发展，为培养更多优秀人才、服务社会发展作出了更大的贡献。

(二) 高校思政课慕课教学的问题

1. 课程资源存在不适配性

在大数据时代下，大学生的阅读习惯日趋碎片化。而慕课的设计初衷正是迎合这一特点，使大学生能够通过移动终端随时随地学习慕课资源，并按照自己的学习计划规划学习进度。慕课教学资源以微视频的形式呈现，将大量信息压缩为精练的内容，进而以微视频的形式向学生传授更加易于接受的教学内容。然而，这种教学方式可能对学生系统掌握理论体系产生不良影响，弱化科学理论之间的内在关联性，导致学生难以系统掌握马克思主义理论的知识框架。这是高校思政课慕课教学应该注意的一个问题。

当前，高校思政课慕课资源尚显不足，且慕课平台的建设仍存在一些不规范的问题。对于教师而言，尽管慕课的开放性和共享性使其能够覆盖更广泛的学校和学生，但由于不同学校间的教学条件、教学大纲存在差异，以及慕课与线下教学时间不匹配等因素，直接采用慕课资源进行教学并非首选方式。由于慕课教学内容精练，导致其课时与传统教学存在较大差异，慕课资源的更新可能与教材和课件不同步，这些不可忽视的因素都可能影响直接应用慕课资源进行教学所期望达到的教学效果。而对学生而言，慕课资源的课程内容可能与自己学校的教学要求存在差异，面对众多的课程资源，学生往往难以判断和选择哪些课程对自己的学习帮助更为有效。这种课程资源的不适配有时会导致教学目标难以实现，无论是教师还是学生，都可能面临难以获取合适慕课资源的困境。

2. 主流意识形态易受冲击

慕课教学作为一种起源于西方的教育形式，其本质上具有文化传播的功能。在全球化背景下，这种教学方式不可避免地带来了西方"强势文化"的传播与渗透，影响国家主流意识形态的安全。高校思政课是立德树人的关键课程，其课程性质、课程地位和特点都体现了社会主义国家的性质，就是要传播国家的主流意识形态。当前，在高校思政课的慕课教学实践中，存在着一些令人担忧的现象：如所谓"价值中立"价值观大行其道。一些慕课素材本身无可厚非，也比较吸引眼球，但其观点却避重就轻，巧妙避开了主流价值观，甚至质疑国家大政方针。[1]慕课教学中有时存在着过于注重形式而忽略内容的状况，不仅弱化了思政课的教学效果，还可能误导大学生，影响他们正确思想道德意识的形成。高校思政课慕课虽然在知识传播方面具有独特优势，但它无法全方位、全过程关注大学生的思想、心理、情感等方面的发展，大学生正确的世界观、人生观和价值观的形成和塑造，也是线上单纯的慕课教学难以完成和实现的。

3. 学习评价机制不完善

高校思政课是对大学生进行马克思主义理论教育的重要途径，肩负着对大学生进行社会主义意识形态教育，传授党的基本理论、基本路线、基本经验和基本纲领的任务，以引

---

[1] 陈志强：《慕课式思政课？别光顾着赶时髦》，《解放日报》2017年6月23日，第9版。

导大学生形成正确的世界观、人生观和价值观。因此,高校思政课的教学内容具有鲜明的政治性和理论性,这决定了对大学生慕课学习中的效果评价必须基于严谨科学和客观公正的原则。当前,慕课学习的评价机制存在着一些问题,主要表现在以下几方面:

首先,评价内容不够全面。现存的思政课慕课平台多数只关注对学生知识记忆能力的测评,而很难对他们的学习态度、学习效果、行为养成以及合作式交流等方面进行全面客观的评估。其次,目前对于大学生学习过程的评价并未给予足够的重视。在思政课慕课教学中,以结果为导向的考试占比偏大,而对学生在学习过程中的讨论式、嵌入式或观看视频后的学习情况的追踪则显得不足,即便存在也往往占比偏低,这无疑影响了对学生学习的全面评价。再者,评价反馈机制尚待完善。虽然慕课网络测试能迅速给出答案,但也存在着反馈不及时的问题。尽管部分思政课慕课设有反馈平台,但鉴于学生数量众多,时常难以做到及时回应。最后,从学习效果的评价方法来看,尽管一些高校选修课等课程的考核方式较为多样,但必修课仍主要依赖笔试。思政课慕课的学习效果考核方式虽不如笔试复杂,但在题型和题量上与传统的笔试有相似之处,这也使得考核方式显得较为单一。综上所述,这些问题均凸显出思政课慕课的学习评价机制亟待改进与完善。

(三) 优化高校思政课慕课教学的路径

1. 完善思政课慕课教学的监督体系

随着科学技术的不断发展,当代大学生获取信息的渠道多样化,进一步促进了大学生思想的独立性和开放性。高校思政课教师需要深入了解当代大学生群体的思想和心理发展特点,以更加积极和主动的态度应对外部环境中的不良信息侵扰,加强社会主义主流意识形态的建设和传播,时刻筑牢国家意识形态安全的防线。为此,要完善思政课慕课监督体系,确保社会主义主流意识形态在高校思政课慕课教学中的主导地位。在教育主管部门层面,应构建一套严谨的思政课慕课审查机制,确保线上教学内容的正确性与可靠性。特别需要关注西方"慕课"潜在的意识形态渗透的风险,设立一套完善的思政课慕课教学内容过滤机制,以确保开放式思政课慕课的政治性,引导其树立正确的教学导向,实现可持续健康的发展。在此过程中,应聚焦于思想内容的把控,并运用技术手段对开放互动内容进行过滤,以杜绝不良思潮对学生思想的潜在不良影响。在思政课慕课建设方面,应运用创新的表达方式,结合社会实际生活中的案例,引导大学生树立正确的价值观,使他们深刻认识世界大势和中国发展成就,充分发挥思政课在互联网教学中的价值引领作用。同时,坚持其开放性和时代性,积极吸纳古今中外人类文明的优秀成果,不断丰富和完善高校思政课慕课的教学内容,以进一步提升其教育质量和影响力。

2. 建立思政课慕课教学的评价机制

应当充分考虑课程内容、教学方法、学生学习效果等多方面因素,以确保思政课慕课评价的全面、客观和有效。针对高校思政课慕课评价存在的问题与不足,可以从评价主体、评价方式与评价体系三方面完善考核机制。

第一,完善慕课教学评价主体。目前,高校思政课慕课教学评价仍较为单一,仅以教师评价为主。为提高思政课慕课评价的客观性和公正性,应当引入多种评价主体,如教师评价、学生自评、学生互评等进行共同评价。为此，建议建立学生学习效果与学习体验评价机制。其中，学生学习效果评价侧重于考察学生的学业成绩、知识掌握情况等方面；学习体验评价则关注学生对慕课学习平台的满意度、使用感受、学习收获等。通过学生学习效果和体验评价的反馈，教师可得到参考意见，帮助其更好地调整课程内容和教学方式，从而提高学生的学习效果及学习体验。此外，可以推行自我评价与教师评价相结合的机制。教师应定期对自己的慕课教学效果和教学质量进行评价，通过反思和总结教学过程，不断改进教学方法和课程内容。同时，学校或相关部门也可组织同行评议、专家评审等活动，对教师慕课教学水平和教学质量进行评价，以便为教师提供针对性的慕课技术培训和支持。

第二，丰富慕课教学评价方式。即适当增加过程性评价的比重，特别是注重平时教学中的过程性评价。为了避免过于形式化和走过场，在制定过程性评价和终结性评价比例时，应结合思政课的特点和教学实际情况，确定合理的比例。此外，为全面评价慕课教学的多样性、互动性和灵活性等方面，可以采用多种方式，如观看教学视频、听取学生反馈、对教学过程和教学设计进行综合评估等，这些方法能够全面评价教学过程及方法的有效性和创新性，有助于了解慕课教学的实际情况，以指导教学方式和教学设计的优化。

第三，完善慕课内容评价体系。为了全面提升思政课慕课的教学质量，必须进一步完善慕课内容评价体系。评价内容不仅应包含课程的丰富度和专业性，还需重视其时效性和逻辑性，以确保课程内容的知识结构完整。在评价过程中，可以结合专家评审的权威意见、学生评价的直观反馈以及教师自评深入反思，从多个角度综合评估课程内容的质量。在构建思政课慕课的评价机制时，需全面考虑课程内容的设计、教学方法的创新、学生学习效果的评估以及教师教学效果的反馈等多方面因素，兼具全面性、客观性和有效性，以确保教师和学校能够准确了解教学的质量和效果，进而为思政课慕课教学的创新发展提供有力支持。通过不断完善评价机制，推动教学过程的优化，提升教学质量，最终实现思政课慕课教学的持续进步与发展。

3. 提升教师开展慕课教学的能力

高校思政课教师需要适应慕课引发的教学理念和模式上的全新变革，重新审视如何在"互联网+"时代提高自身的教学水平并应对挑战。为此，教师需要持续学习现代媒体技术，深入掌握微视频制作、后台操作、网络设置等信息技术，提升网络和慕课的应用能力，促进教学与现代媒体技术的交叉融合，创新思政课的教学方式和方法，以增强思政课慕课对大学生的吸引力。思政课教师可针对教学内容的重难点，结合大学生的思想特点和心理状态，有针对性地探索慕课教学的多种策略和方法，灵活运用现代信息技术制作微课、微视频等融入高校思政课慕课教学，以提高思政课在学生中的影响力和受欢迎程度。

4. 实现线上与线下有机结合

慕课作为网络技术背景下高校思政课教学改革的一种创新方式，其核心目标是服务于高校思政课的教学内容。在运用慕课教学时，需妥善处理思政课内容与方法之间的关系，坚持以思政课内容为主导的原则，这是开展慕课教学的前提条件和基础。慕课教学本质上是一种教学方式，起到辅助高校思政课教学的作用，但并不能完全替代传统课堂教学的功能。因此，高校思政课慕课教学应与传统课堂教学相互借鉴，实现线上教学与线下课堂的有机结合。既要充分发挥线上教学的优势，积极引入慕课教学资源，同时也要不断创新传统线下课堂的教学模式。具体而言，可以围绕线上教学内容展开线下教学活动，引导学生进行思考、探究，形成线上与线下的良性互动，进一步有效优化慕课教学过程。

二、高校思政课翻转课堂教学

(一) 高校思政课翻转课堂教学概述

1. 翻转课堂教学的由来

对翻转课堂教学模式追根溯源，一般认为最早始于 20 世纪 90 年代初期，由美国哈佛大学教授埃里克·马祖尔(Eric Mazur)开创了同伴教学方法[1]，该方法将一部分知识学习移至课下进行，课堂上主要通过"提问—思考—回答"的方式来实现对知识的内化与吸收。一般来说，只要学生回答教师所提问题的正确率低于 70%，就需开展同伴讨论来进一步明晰知识内容，最后再由教师对重难点内容进行总结与概括。尽管这一学习模式在概念上并未直接提及"翻转"二字，但从整个教学过程来看，同伴教学方法与"翻转课堂"具有实质上的一致性。

1996 年，翻转课堂的设想首次被提出。莫里·拉吉(Maureen Lage)和格兰·波兰特(Glenn Platt) 在大学执教"微观经济学原理"这门课程期间，在实际操作中应用了"翻转课堂"的教学理念[2]。教师先将学习内容划分成几个固定的专题，学生需要在课下完成各个专题相应章节的阅读任务，同时通过观看教学录像的方式初步学习知识内容。在课堂上，教师需要有针对性地解答各个学生在自学过程中出现的疑难困惑，并在此基础上开展相应专题的实验，在实验结束时引导学生对所学知识的重难点进行梳理。至此，翻转式课堂已初具雏形。此后，韦斯利·贝克 (Wesley Baker)正式提出"翻转课堂"教学模型[3]，即课下以互联网为依托，通过课程管理工具与学习资料实现师生间的在线教学，课上通过互动进行更加深入的讨论与启发。更为重要的是，韦斯利·贝克首次阐明了翻转课堂教学的实质，即在翻转课堂教学中，教师不再是讲台上的权威者，而是要成为学生的指导者。该论断不仅在学术界受到广泛认同与支持，同时也为"翻转课堂"的深入发展奠定了坚实基础。

21 世纪初，可汗学院的成功实践使"翻转课堂"得到广泛普及，并被陆续引入美国的计算机科学、微积分等课程，但应用范围主要集中于大学课程的教学中。2007 年，美国林地公园高中的乔纳森·伯格曼(Jonathan Bergmann)和亚伦·萨姆斯(Aaron Sams)两位教师采用录制视频并上传网络的形式帮助缺席的学生补课，由此创造出"翻转课堂"的雏形。为

---

[1] Crouch C H, Mazur E, "Peer instruction: Ten years of experience and results", *American journal of physics* 69, no.9(2001): 970.

[2] Lage M J, Platt G J, Treglia M, "Inverting the classroom: A gateway to creating an inclusive learning environment," *The journal of economic education* 31, no.1(2000): 32.

[3] Wesley Baker.r," The 'Classroom Flip': Using Web Course Management Tools to Become the Guide by the Side," http://works.bepress.com/j_wesley_baker/21/.

了使学生都能够及时跟上课程进度，他们将实践教学中获得的经验与成果进行总结，形成研究专著《翻转课堂：每天抵达每一个班的每一名学生》(Flip Your Classroom: Reach Every Student in Every Class Every Day)①。"翻转课堂"在中学阶段的正式应用加速了其革命性的变革。此后，"翻转课堂"又开始应用于小学阶段的课程教学中。

2011年，重庆市聚奎中学结合自身情况，借鉴美国林地公园高中的教学模式，开始实施翻转课堂教学。近年来，随着互联网技术的发展和教育教学理念的更新，翻转课堂教学的应用范围不断扩大，所覆盖的学科数目也日益增多。时至今日，尽管翻转课堂教学研究和应用的本土化探索取得了一定成就，但学术界对于翻转课堂教学的实际效果仍存在一定分歧，如何通过"翻转课堂"提升教学的效率与效益，成为教学理论和实践应该探讨的一个问题。

2. 翻转课堂教学的特征

第一，实现师生角色转变。正如韦斯利·贝克所阐述的那样，在翻转课堂教学模式下，教师由原本以讲授为主转变为以指导为主。在传统的高校思政课堂中，思政课教师在教学中占据绝对主导地位，多采用"灌输"的讲授方式，偏向于"说理"，而较少关注学生的吸收及内化，导致学生缺乏学习的积极性与体验感。在翻转课堂教学中，教师不再是一味向学生灌输知识的主导者，而是成为学生学习的指导员和领路人。学生在课下通过自主学习教师发放的教学视频和相应课件来获取知识，教师则需要对学生在自主学习中所遇到的疑难问题作出解答，并在课堂上通过师生或生生互动的形式帮助学生更好地理解抽象的理论知识，引导学生对重难点知识进行梳理和总结。因此，教师不再是整个教学过程的中心，翻转课堂教学中教师和学生的角色发生了根本性转变。

在翻转课堂教学中，学生可以根据自己的实际情况自主调整观看教学视频和课件的时间、速度与次数。学生对于观看学习视频时不清楚、不明白的内容可以反复倒退、多次回看，甚至还可以通过调缓视频播放的速度以适应自己的观看习惯，方便对视频内容的理解。在此后的课堂教学中，学生可以通过与教师的一对一交流，或与其他学生协作完成探究活动等形式，逐步建构起相对系统和完善的知识体系。学生在学习过程中拥有更多的自主性、灵活性和适应性，在知识学习中以"主动学习"代替了"被动接受"，使学生成为了整个教学过程的中心。这种角色的转变体现了"以学生为中心"的现代教育理念，能够调动和发挥学生主动参与学习的积极性，提高高校思政课课堂学习的"参与率"。

第二，重构整个教学流程。在翻转课堂教学中，学习流程由原先的"先教后学"变为"先学后教"，思政课在这种"先学后教"的模式下开展教学活动，能让学生主动接触新知识，多了解相关的背景知识，有助于他们理解和掌握知识点，相较于"先教后学"也更容易发挥学生的学习主动性。祝智庭等学者认为，原先传统教学的流程从结构上包括"教、练、评"三环节，分别指的是教师传授知识内容，学生通过练习题加以巩固以及教师对作业或测试内容进行批改。②这样的教学流程存在着固有的弊端：在教的方面，由于每位学生原有

① Bergmann, J. &Sams, A. Flip Your Classroom: Reach Every Student in Every Class Every Day, *Washington, DC: International Society for technology in Education*, 2012.

② 祝智庭、管珏琪、邱慧娴：《翻转课堂国内应用实践与反思》，《电化教育研究》2015年第36卷第6期，第68页。

的知识储备和学习能力存在差异，导致在接受和掌握新知识方面也会出现明显不同，部分同学因跟不上课堂节奏而出现被动性、应付性学习的情况；在练的方面，学生少有获得教师一对一的指导，也很少开展学生之间的探究活动，导致缺少师生与生生之间的交流互动；在评的环节，教师反馈作业或测验的批改结果存在一定的滞后性，学生因此会错失思维转换和纠错的最佳时机。

翻转课堂教学的流程分为"学、测、研"三环节。[①]学生首先在课下借助网络和移动终端，自主观看教学视频和课件，对学习内容和重难点有了初步了解，然后再通过在线练习或小测验的形式检验学习效果，并通过"测练一体化"完成对新知识的掌握。教师则根据学生在线测验的反馈情况，进行课堂教学设计，明确重点需要解决的问题并制定课堂教学方案，在课堂上聚焦学生掌握不充分、理解不深入、仍存在困惑的重难点知识，通过一对一的师生互动或生生协作的探究学习活动，帮助学生突破重难点和疑点问题，进一步加深他们对教学内容重难点的理解。

第三，及时反馈教学效果。高校思政课教学效果突出体现为大学生能够做到"真学、真懂、真信、真用"马克思主义理论。高校思政课翻转课堂教学强调"学、测、研"三方面的针对性。在"学"的阶段，学生在课下自主学习的实际情况会通过在线测试或小练习实时同步至教师端，教师依据测验结果对学生学习和掌握知识的情况进行统计和判断，并据此进一步明晰教学重难点知识，有的放矢地开展"研"阶段的进一步讨论和学习。在此基础上，学生也能通过在线测验的正确率了解自己课下学习的情况，在认知层面对未完全掌握的知识点加以重视，并在课堂教学中集中注意力学习和攻克这部分内容。与传统教学在"评"阶段存在明显滞后性相比，翻转课堂教学能够为师生双方都提供实时的教与学的效果反馈，教师据此进一步优化教学内容，改进教学方法，提升教学质量。

此外，从评价方式上看，传统课堂教学主要是通过现场的纸质填写问卷的方式来考查和评价教学效果。而翻转课堂教学还包括学生对教师的满意度测评，以及学生与学生之间的互相测评等。这种多角度的教学评价在一定程度上提升了教学评价结果的真实性、客观性，有利于对教学效果及时作出反馈，提升教师的教和学生的学的针对性和指向性。

3. 高校思政课翻转课堂教学的优势

第一，有助于构建和谐的师生关系。师生关系是教师与学生在实现教学目标、开展教学活动中形成的相互关系。从一定意义上说，教学方法是整个教学过程中连接师生关系的中介，构建和谐的师生关系对于提升课堂的教学效果和学生的学习效果尤为重要。实际上，翻转课堂教学对传统教学流程的重构带来的是课堂时间的重新分配，即在课程教学总时间不变的情况下，教师单纯讲授的时间变少了，而学生进行思考、探究和交流的时间大幅延长了。"将原先课堂讲授的内容转移到课下，在不减少基本知识展示量的基础上，增强课堂中学生的交互性"[②]，这一方面有利于教师对学生进行一对一答疑释惑，更好地帮助学生突破理论知识的重难点，另一方面也增进了教师与学生之间的沟通和情感交流，使教师能够更好地了解学生的学习和思想情况。在这一过程中，教师充分尊重每一位学生，与学生平

---

① 同上。

② 张金磊、王颖、张宝辉：《翻转课堂教学模式研究》，《远程教育杂志》2012年第30卷第4期，第47页。

等交流对话，这不仅能使学生畅所欲言，也能使学生以同等的尊重回馈教师，增强对教师传授内容的心理认同。这种由"注入式"教学向"启发式"教学的转变，是教学模式上的与时俱进，是"以生为本"教育理念的实践，可以大大激发学生对思政课学习的兴趣与探究欲，师生关系也由原先的教师主导型向平等对话型转变，师生之间的关系更为和谐、平等、融洽。

第二，有助于促进理论知识的内化。"内化与外化是表示思想政治学科教学过程性质和阶段的概念"①。大学生完成对马克思主义理论知识的内化与外化的过程，就是实现知行合一的过程。而实现大学生从知到行的转变，需要内化理论与外化行为的合一。在传统教学模式下，大学生在课堂上不一定能全部完成对新知识的内化，甚至可能习惯性地死记硬背思政课的一些概念、原理等知识。尽管学生可以通过课后复习或作业来加深对知识点的理解和掌握，但这种知识的内化会存在一定程度上的滞后性，终究不是一种高效率且高效益的学习方式，尤其是在学生自律程度不足的情况下更加难以实施。在翻转课堂教学中，知识的内化分为两个环节：第一个环节是在大学生课前观看教学视频时，大学生原有的知识结构开始与新的知识产生碰撞、融合，新知识或被大学生全部接受、部分接受，或引起大学生的思考或疑问；第二个环节是发生在课堂教学中，即通过课堂的讨论或释疑，大学生进一步理解和接受课前观看视频所获得的理论知识。尤其是在课堂讨论过程中，学生的困惑通常都能得到教师或同伴的帮助与解答，进一步加深对知识的理解，完成对马克思主义理论知识的真正内化。

第三，有助于提升高校思政课教学的针对性和实效性。习近平总书记在《思政课是落实立德树人根本任务的关键课程》中明确指出："无论组合拳怎么打，最终要落到把思政课讲得更有亲和力和感染力、更有针对性和实效性上来"②。由于大学生对马克思主义理论知识的掌握程度不同，大学生的知识构成和生活经验各有差异，传统思政课堂的教学速度和进度并不适合所有的学生，会存在部分学生对知识点不够理解甚至不理解的情况；也会有一些学生认为教师讲的内容过于简单，自己已经完全掌握的情况，这就导致教学的针对性与实效性难以保证。如前所述，在课前阶段观看教学视频，学生可以根据自己的实际情况自主把握学习节奏，还能通过反复观看教学视频，加深对知识的理解与记忆。因此，翻转课堂教学能为学生带来更多学习的自主性、主动性和能动性。另外，通过课下自主学习，学生还能从不理解或困惑中认识到自己学习的薄弱之处，并在课堂教学中通过教师讲解或课堂讨论逐步弄清楚，这不仅提升了学生对于自身学习实效的认知水平，还培养了良好的学习习惯，提升了高校思政课教学的针对性。

(二) 高校思政课翻转课堂教学的问题

1. 教学资源有待丰富

信息化的海量教学资源是进行线上学习、实现技术媒体与思政课程融合的前提和保证。在翻转课堂教学中，学生在课下观看教学视频与课件这一重要的教学环节，在整个教学过程中发挥不可或缺的作用。因此教学视频质量如何、内容是否丰富都直接或间接影响

---

① 刘强：《思想政治学科教学新论》，高等教育出版社，2003，第53页。

② 习近平：《思政课是落实立德树人根本任务的关键课程》，《求是》2020年第17期，第15页。

着思政课的教学效果。然而，目前部分教师由于教学信息化素养不足，或信息技术的支持力度不够，导致存在录制教学视频困难、录制视频质量不佳的情况，对顺利开展翻转课堂教学提出了一定的挑战。如何做到使教学视频既要短小精悍又为广大学生所喜闻乐见，以何种更优的方式呈现教学内容，是高校思政课教师在翻转课堂教学时亟待提高的教学能力的体现。同时，翻转课堂教学对数字化的学习环境有较高要求，在缺乏完备的学习终端以及流畅的无线网络的情况下，课下的视频教学显然难以取得预想的效果。

2. 教师技能有待提升

翻转课堂教学对高校思政课教师的媒介素养、教学设计的精细化等方面都提出了较高的要求。但部分教师在教学理念、课堂活动设计、学生薄弱环节补救等方面都存在一些问题，引发他人对高校翻转课堂教学质量的质疑。在教学理念上，一些教师对翻转课堂教学存在认知上的局限性，没有完全理解翻转课堂教学的要求，仍然有部分教师采用传统的教学方式，如课中依然以教师讲授为主等，这本身就与翻转课堂教学提倡的培养学生自主学习的理念相悖。在教学设计上，还存在着一定程度的"新瓶装旧酒"的现象，只是表面上改变了授课模式，增加了视频教学，没有深入思考翻转课堂教学的精髓，如部分教师的教学设计仍然采取"一刀切"的方式，忽视学生的学习需求以及学习能力的差异，这显然不利于学生的个性化发展，使翻转课堂教学形同虚设。

3. 教学评价体系有待完善

教学评价既是对学生学习成效的价值判断，也是对教师教学水平的间接反馈。翻转课堂教学的评价指标，除了包括具有量化性质的结果性评价外，还应加强过程性评价，这样才符合科学的评价标准。然而，在实际教学评价过程中，或多或少会受到应试教育"唯分数论"的影响，较多关注对学生期末考试成绩的终结性评价，不太重视或忽视过程性评价。课堂探究环节是过程性评价的重要时机，但有时教师不重视组织学生开展合作学习、进行探究式教学，因此建立更加科学、系统、操作性强的翻转课堂教学评价体系势在必行。高校思政课的教学目标是由知识目标、能力目标和素养目标共同构成的，三个目标维度协同提升大学生的思想道德修养，单纯以期末考试成绩作为衡量教学质量的唯一标准缺乏科学性与可信度，应设立更加公正、合理、科学的评价指标体系。

(三) 优化高校思政课翻转课堂教学的路径

1. 重塑对高校思政课翻转课堂教学的认知

第一，要认识到翻转课堂教学是对传统教学理念和教学方式的双重革新。高校思政课运用翻转课堂教学，并不意味着要放弃传统课堂讲授，而是要改革传统的教学方式和教学理念，正确处理好传统课堂与翻转课堂之间的关系。事实上，翻转课堂教学融合了线上教学与传统的课堂教学，需要教师在教学设计上作适当的"留白"，使传统讲授与翻转学习在教学内容上紧密衔接，在思维建构上相映成趣，在价值塑造上遥相呼应[①]，以此实现传统教

[①] 李蕉、常莉：《给教学"留白"：基于思政课"翻转课堂"的几点思索》，《思想理论教育导刊》2017年第9期，第121-122页。

学方式与翻转课堂教学的相互促进，提升高校思政课教学的针对性和实效性。

第二，构建以教师为主导、以学生为主体的双向互动的师生关系。一方面，教师要充分发挥教学的主导作用，在课前设计、课中引导、课后回顾几方面做好组织与协调工作，为翻转课堂教学的顺利进行打下坚实基础；另一方面，学生要充分调动自身的积极性、主动性与能动性，真正全身心投入到学习中，在提升"学"的质量的同时，促进教学改革的顺利进行。在翻转课堂教学中，教师不再是知识权威的掌握者，而更像是学生学习的促进者与引领者；学生也不再是被动学习的角色，而是在"主动学"的过程中激发了自身的探索欲和好奇心，通过自主学习完成对理论知识的"知其然"且"知其所以然"，真正做到内化于心、外化于行。

2. 提升高校思政课教师的教学能力素养

习近平总书记强调："办好思想政治理论课关键在教师，关键在发挥教师的积极性、主动性、创造性。"[①]高校思政课采用翻转课堂教学，一方面能够增强师生之间的双向互动，为课堂教学带来更多活力；另一方面对思政课教师的教学水平与能力也提出了更高要求。作为落实立德树人根本任务的关键课程，思政课的特殊属性决定了思政课教师肩负着神圣且高远的育人使命。在翻转课堂教学中，教师要努力提升自身的教学信息化素养、视频制作技术和教学设计能力，以网络平台为依托，运用好各类技术软件辅助翻转课堂教学的顺利开展。

与之相适应，思政课教师要不断提升自身的人格魅力。思政课的教学魅力，"从根本上取决于思政课教师的人格魅力"，"思政课教师在课堂教学和生活实践中所展示的人格魅力，就成为思政课教师教学魅力的内核和底蕴"[②]。作为提升教学能力的一部分，思政课教师要塑造自身的人格魅力，必须要有坚定的信仰与信念作支撑，具有深厚的家国情怀。习近平总书记特别指出："情怀要深，保持家国情怀，心里装着国家和民族"[③]，思政课教师要自觉将对国家和社会的责任感融入到思政课教学中，融入到对学生的关爱中。高校思政课教师要处理好"情"与"理"二者之间的关系，以深厚的情怀为支撑，在对大学生进行马克思主义理论教育的同时，不断发扬仁爱精神，传递"情"，讲透"理"，真正将思政课变成学生喜爱的、有温度、有厚度的课程。

3. 完善高校思政课翻转课堂教学的评价机制

教学评价是高校思政课建设、改革与创新的关键环节，也是评估翻转课堂教学质量的重要一环。完善高校思政课翻转课堂教学评价机制，首先要重构评价指标。翻转课堂教学评价应秉持"过程与结果并重"的理念，既要关注实际的教学成效，又要重视整个教学过程，将教学活动过程中培养学生的健康人格、独立思考能力、自由精神等纳入评价范围，真正体现教学服务于学生健康成长的目的，因此教学评价指标应分为过程性评价与结果性评

---

① 习近平：《习近平：用新时代中国特色社会主义思想铸魂育人 贯彻党的教育方针落实立德树人根本任务》，《人民日报》2019年3月19日，第1版。

② 杨晓慧：《思政课如何才能有魅力》，《光明日报》2019年7月9日，第13版。

③ 习近平：《习近平：用新时代中国特色社会主义思想铸魂育人 贯彻党的教育方针落实立德树人根本任务》，《人民日报》2019年3月19日，第1版。

价两个维度。过程性评价可分为课前、课中及课后三方面，具体指标可以结合翻转课堂教学的实际课堂活动来设置，通过下设层层指标以达到科学、系统评价的目的；结果性评价可以通过在线答题、期末考试等环节进行，是对实际测验结果的呈现。

在评价主体的设置上应遵循多元化的原则。一方面，不仅要有教师对学生的综合测评，也要有学生对教师的满意度测评。教师对学生的评价是基于学生在课下、课中及课后三种维度的表现以及测验成绩的综合评价，是对学生学习实际效果的综合反映。学生对教师的满意度测评则是教师教学水平与能力的间接体现，对于了解学生的实际需求，改进思政课翻转课堂教学，提升教学质量有极大帮助。另一方面，在评价某一位学生时，评价主体不仅要有教师，还应包括助教、其他同学以及学生自评环节。仅有教师作为单一的评价主体进行评价，在一定程度上会使评价结果缺乏客观性，也难以让学生完全信服或接受。而助教作为教学过程中的一名观察者，能够更加直接、及时地关注到学生的课堂表现，将其纳入评价主体中来增强评价的客观性，提升评价体系的开放程度。在评价体系中纳入学生之间的互评，在一定程度上也能起到审视和监督自我的作用。除此之外，自我评价是学生对自身学习方法、学习效果进行的自我反省和自我提升，合理运用好自评环节，能让学生形成更加清晰的自我认知，更好地认识到自身的价值和优点，也能主动、及时地对薄弱之处进行改善。

(四) 高校思政课翻转课堂教学的载体：微课

1. 微课的由来

微课(microlecture)的雏形源自 20 世纪 90 年代，由美国北爱荷华学院 Leroy A.McGrew 教授提出的化学 60 秒课程(60-second course)[1]，即用来向非化学专业的本科生和一般公民普及有机化学的相关知识，从而使得学习者在某些非正式场合下也可以随时随地进行自主学习。McGrew 教授将 60 秒课程分为三大板块：概念引入、解释以及举例子，并提倡其他领域的专家也可借鉴此方法来普及自身的专业知识。此后，英国纳皮尔大学的 T.P.Kee 教授提出了一分钟演讲(The one minute lecture)[2]，旨在加强学生对核心概念的掌握，提高所讲内容之间的逻辑性，从课堂演绎的角度完善了微课的理念。2008 年，美国圣胡安学院的高级教学设计师戴维·彭罗斯(David Penrose)最终提出了当今热议的"微课程"概念并通过五个步骤从原先长达几十分钟的课程中提炼出要点，最终形成 1～3 分钟的课程视频，并命名为"知识脉冲"。

中国的微课起源于 2010 年。2011 年，广东省佛山市教育局的胡铁生老师最早提出了微课的概念。与学者戴维·彭罗斯相比，胡铁生进一步深化了微课的概念。他针对当下教育信息资源利用率不足的现状，首创性地提出："微课是指按照新课程标准及教学实践要求，以教学视频为主要载体，反映教师在课堂教学过程中针对某个知识点或教学环节而开展教与学活动的各种教学资源有机组合。"[3]随着信息与通讯技术的快速发展，特别是移动

[1] McGrew L A, "A 60-second course in organic chemistry," *Journal of Chemical Education, American Chemical Society* 70, no.7(1993): 543.

[2] Kee T P, "The one minute lecture,". *Educationin Chemistry*, 1995: 100.

[3] 胡铁生：《"微课"：区域教育信息资源发展的新趋势》，《电化教育研究》2011 年第 10 期，第 62 页。

数码产品和无线网络的普及，微课成为一种新型的教学方式，广泛应用于各类课程的教学实践中，并成为慕课教学的重要载体。

2. 高校思政微课的内涵

微课"作为微型视频课程的简称，通常是指时间在 10 分钟以内，有明确的教学目标，内容短小，集中说明一个问题的小课程。"①微课通过融入音乐、文本、图片等信息，围绕知识学习中的某个重点、难点、疑点或教学环节，以碎片化的方式呈现教学内容、教学过程及辅助素材，因此成为一种新型的教学资源。微课以课堂教学视频为主要组成部分，能够满足人们对于移动化以及碎片化学习的需求。随着微课被广泛运用于各类课程教学中，微课也成为高校思政课翻转课堂常用的一种教学形式和教学载体。

高校思政微课是指教师按照高校思政课的教学目标，以短视频为主要载体，针对某一个理论知识点开展的教与学活动所形成的有机教学资源。在信息化时代背景下，为提高思政课教学信息资源的利用率，增强思政课理论教学的实效性，高校思政课翻转课堂教学借助微课这一形式，通过一系列的微课视频，满足大学生碎片化、移动化、自主化学习的需求。目前，随着各种线上教学方式的广泛普及，高校思政微课在翻转课堂的教学中得到了广泛应用，在提高大学生的学习兴趣、拓展思政课的教学资源、丰富思政课的教学方式等方面，都取得了较好的效果。

3. 高校思政微课的特征

第一，短小精悍，指向明确。短小精悍是微课区别于其他网络教学形式的突出特征。微课制作基于视觉驻留规律，通常是时长为 5~8 分钟的教学视频，最长不会超过 15 分钟。这个时长符合学生的生理规律，有助于最大化地集中学生的注意力。与长视频的系统性讲授相比，微课主题更为突出，内容更为精简。传统的课堂讲授通常为 45 分钟一节课，而微课根据大学生的认知特点和学习方式，利用多媒体技术，主要围绕教学内容中难以理解或呈现的重点、难点或疑点等内容进行言简意赅的讲解。以教学视频为核心内容的微课虽然时长较短，但教学设计精良，不仅使教学内容井然有序地呈现，也更突出教学讲解的教学重难点，既调动了大学生自主学习的兴趣和积极性，也有助于大学生对教学内容进行自我内化。

第二，资源量小，易于获取。微课视频的容量通常不超过二十兆，主要以一些常用的流媒体格式为主(如 rm、wmv、flv 等)，大学生可以通过下载至手机、MP4 等多媒体设备实现移动终端学习，能够极大提高大学生远程学习、碎片化学习的可能性，增添教学的灵活性和便捷性，以满足大学生在线学习的需求。高校思政课对大学生进行思想政治理论教育的目的，不仅是让大学生掌握马克思主义理论知识，更重要的是要用科学的理论指导日常的社会生活实践，真正做到知行合一。微课的便捷性和灵活性，使大学生随时随地都可以接收和学习，资源获取更方便，也更易存储。大学生可以根据自己的喜好和需要进行个性化学习，这就大大提升了马克思主义理论知识的传播广度。

第三，师生、生生间交互明显。微课不局限于上传与浏览课程视频，还可通过大学生的"微留言""微评价"以及教师的"微反思"等形式优化教学过程，促进大学生之间自发

---

① 黎加厚：《微课的含义与发展》，《中小学信息技术教育》2013 年第 4 期，第 11 页。

地互相提问与解答，从而提升学习的主动性和效率。这一过程也可以反过来助推教师提升授课水平和能力，实现教学相长的良性循环。相较于传统的思政课堂教学，微课教学打破了教师单向度向学生传授知识的局面，缺少师生之间思想交流的"一言堂"模式。大学生观看微课的过程是其自主学习、发挥学习主动性、提升学习积极性的过程。此时，教师更像是一名引导者，引导学生进行自主探索、自我发现；学生之间也能够随时在线交流学习心得，解决疑难问题，这也有利于提升学生自主解决问题的能力。

第四，半结构化，动态更新。微课是高校思政课翻转课堂教学的重要教学资源，思政微课包含了与教学主题相关的教学设计、课件素材、教学反思，以及学生互动记录、教师点评记录等内容，形成了一个有序、完整、结构化的教学资源应用环境。在多媒体技术的加持下，以上多重资源要素是开放的，可以随时进行修改、扩充和再发布，因此呈现出半结构化的特征。思政微课可以根据不同阶段的教学计划和教学任务，以及即时的时政热点进行动态更新，使思政微课更开放、更丰富、更契合青年大学生的思想和心理发展需要。

4. 高校思政微课的优势

第一，为大学生提供自主的学习时间。微课基于互联网而存在，互联网的便捷性赋予了微课一定程度的灵活性。教师将思政微课上传至平台后，大学生可以随时通过各种移动终端进行观看、学习，极大满足了他们对于碎片化学习、移动学习、泛在学习的需求。大学生可以根据自身的实际情况，自主安排学习时间、学习内容、学习方式，随时随地学习马克思主义理论知识，这在很大程度上克服了大学生因长时间单一学习方式而产生的枯燥感，大大提升了思政课的吸引力。微课把理论教学的内容与社会热点相结合，向学生推送新颖的、个性化的教学资源，激发大学生学习思政课的兴趣和热情，丰富翻转课堂教学资源，从而提升翻转课堂教学的实效性。

第二，深化大学生对科学理论的理解。在高校思政课教学中，有一些较为抽象的理论知识，如果教师仅通过理论讲授法直接地讲给大学生听，部分学生可能会出现理解和掌握得不深不透的情况，时间一长，就容易引发他们对思政课学习的抵触心理。而思政微课则以微视频的形式，通过情景化再现营造出一个微教学的氛围。例如，教师收集各种生动形象的教学案例，并将其整合到微课的视频中，通过视频、动画、音频等形式进行播放，这样既能引导大学生关注将要学习的教学内容，也方便他们直观地了解和认知科学理论的内涵，从而深化对科学理论的理解和掌握。

第三，激发大学生的学习主动性。在翻转课堂教学中，以微课为载体，可分为课内教学与课外自主学习两部分。微课可应用于翻转课堂教学的前、中、后三个阶段，课前阶段起到引导学生主动预习的作用，并对学生易忽略的内容进行强调，这对提升课堂效率起到了一定的辅助作用；在课中阶段，运用微课可以吸引学生的注意力，调动学生的学习积极性，尤其是学生之间对视频内容进行研讨时，能够促进他们更加主动地参与到课堂学习中。在课后阶段，教师通过微课上传教学重难点的录制视频以供学生浏览、存储，帮助学生利用微课梳理、回顾所学知识点。同时，学生可以通过微课进行自主复习，教师也可以不定时地对学生的复习情况进行检查，这都有助于培养学生的学习自主性和积极性。

第四，提升教师教学水平和能力。高校思政微课制作不是一个简单的技术工作，如果思政课教师不能熟练掌握和运用，反而会浪费大量的时间、精力和资源，且应用范围也会受限，有的教师甚至感觉得不偿失。因此，通过共享平台上传思政微课资源，要求思政课教师具备较高的教学水平和能力。高校思政课教师可以通过微课共享平台观摩其他教师录制的微课，从中汲取有益的教学思路，激发教学的创意和灵感，同时也能将自身录制的微课与他人作品进行比较，借鉴他人的长处，优化自己的讲授风格。此外，教师还可以作为旁观者观看自己的微课，发现存在的不足和需要改进的地方，促进自身微课制作的各个方面不断进步。可以说，微课是教师提升自我教学水平和能力的一面镜子，既能映照出待改进之处，也能进一步彰显自己授课的闪光点，从而不断自我完善，推动教学方式方法的创新。

三、高校思政课混合式教学

(一) 高校思政课混合式教学的由来

1. 混合式教学的产生

混合式教学(Blending Learning)这一概念起源于西方国家，在其发展早期被称为混合式学习，即各种学习方式的结合，主要针对的是受教育者的"学"。后来随着国外众多学者的深入研究，又出现了混合式教学这个概念，它主要针对的是教育者的"教"。混合式教学最早应用于 20 世纪后期的国外大中型企业的培训领域，是一种将在线培训与离线培训融合起来，以满足员工多样化的时空需要，节省培训费用的方法。进入 21 世纪后，国际教育技术界赋予了混合式教学全新的内涵，即一种把传统课堂教学和网络教学(e-learning)相结合的教学方式。现代信息技术的日新月异催生了多样化、开放式的网络教学，打破了传统教学模式下课堂教学的束缚，更新了教学理念，线上与线下相结合的混合式教学在这种背景下应运而生。

在我国，混合式教学是由北京师范大学何克抗教授于 2003 年首次提出的。何克抗教授认为："所谓 Blending Learning 就是要把传统学习方式的优势和 e-Learning(即数字化或网络化学习)的优势结合起来，也就是说既要发挥教师引导、启发、监控教学过程的主导作用，又要充分体现学生作为学习过程主体的主动性、积极性与创造性。"[①]立足于学界研究，本文认为，混合式教学是一种结合了传统面对面教学和现代在线教学的教学模式，其核心思想是依托网络技术，将线上和线下教学环境有效结合，以实现更高效、更个性化的教学效果。混合式教学的发展和普及，是教育教学领域对运用信息技术来更新教育理念的一种积极响应。近年来，随着我国互联网和数字技术的进一步发展，线上教育资源日益丰富，为开展混合式教学提供了强大的技术支持。现代教育理念强调以学生为中心、开展个性化学习和终身学习，混合式教学恰好符合这些理念。随着我国高等教育的创新发展，高校混合式教学改革层出不穷，对提升教学实效性产生了深远的影响。

2. 高校思政课混合式教学的内涵

1994 年，高校思政课开始出现线上教学。随着信息技术的飞速发展和网络新媒体的广泛应用，"互联网+"成为赋能高校思政课教学创新的重要契机。2000 年，教育部出台了《关

---

① 何克抗：《从 Blending Learning 看教育技术理论的新发展(上)》，《电化教育研究》2004 年第 3 期，第 1 页。

于加强高等学校思想政治教育进网络工作的若干意见》；2004 年，中共中央、国务院发布《关于进一步加强和改进大学生思想政治教育的意见》，对高校网络思想政治教育工作进行了全面部署，推动了网络思想政治教育发展；2012 年，教育部印发了《教育信息化十年发展规划(2011—2020 年)》，首次在政府文件中提出"教育信息化"概念，并强调指出"信息技术与教育教学相融合"的基本发展思路。在教育信息化背景下，"2014 年 3 月 15 日由复旦大学牵头建设的全国首门高校思政课在线课程'思想道德修养与法律基础'在智慧树播出，开启了我国高校思政课在线开放课程的先河，为高校思政课'混合式'教学模式建立奠定了基础。"①此后，高校思政课线上线下混合式教学得到快速发展，南开大学、浙江大学、复旦大学、武汉大学等高校纷纷探索思政课混合式教学模式。如南开大学于 2014 年 9 月首次以慕课与线下课堂结合的混合式教学形式开设"思想道德修养与法律基础"课程；复旦大学于 2016 年、2017 年、2018 年在校内在线学习平台相继开设"思想政治教育研究""思想道德修养与法律基础""马克思主义的时代解读"等多门思政课程；2014—2022 年，浙江大学在"爱课程"网站先后上线"中国近现代史纲要"课程高达 9 次；2016 年，武汉大学马克思主义学院四门思政课慕课在"爱课程"网站正式发布，2017 年又同时在武汉大学网络教学平台"珞珈在线"面向校内师生推出四门思政课慕课，至今武汉大学思政课混合式教学实践已进行七年有余。除了上述高校外，其他高校也都广泛开展思政课混合式教学，且混合式教学形式多种多样，各高校思政课教学都呈现出自己的特色。

3. 高校思政课混合式教学的特点

高校思政课混合教学本质上是以网络虚拟技术和环境为载体，融合思政课线上教学和线下教学在教学时空、教学方式、教学资源、教学内容、教学环境、教学评价等方面的优势，形成一种以"学生为主，教师主导"的新的教学模式。目前，高校思政课混合式教学呈现出"课堂＋在线"的高位搭配状态，如以微课、慕课等为代表的在线教学形式与翻转课堂等，在这种高位搭配的混合式教学组合中，传统课堂教学与在线教学融合度很高，这种融合体现在以下六个方面：

第一，教学时空的融合。高校思政课混合教学突破了传统课堂教学的时间和空间限制，使大学生可以在任何时间、任何地点都能够接受马克思主义理论教育，同时传统课堂教学提供了面对面交流和即时反馈的机会，两者结合使大学生能够更加灵活高效地参与思政课学习。第二，教学方式的融合。传统的线下课堂教学与现代的网络在线教学相结合，形成了多样化的教学方法，从而可以充分发挥线上和线下两种教学方法的优势，有效提升了大学生的参与感和获得感。第三，教学资源的融合。数字化教学资源与传统的教材等教学资源相结合，为大学生提供更加丰富多元的学习材料。线上平台能够提供最新的教学资源，包括电子书籍、在线课程、互动模拟等，丰富了传统高校思政课的教学资源。第四，教学内容的融合。现代信息技术赋能思政课的教学内容，使其更加立体和动态。通过线上平台，教师可以实时更新教学内容，引入最新的案例，以确保教学内容的时效性。第五，教学环境的融合。物理的课堂环境与虚拟的网络空间相结合，创造了一个新的学习环境。大学生可以在线上和线下两个场域参与思政课学习，这样的混合环境为大学生提供了更加广阔的学习

① 李军刚：《高校思想政治课"混合式"教学模式探索》，《理论导刊》2019 年第 11 期，第 120 页。

空间。第六,教学评价的融合。传统的考试和作业评价方式与线上互动、过程考核、实时反馈相结合。这种教学评价方式不仅关注学生的考试成绩等结果性评价,更关注学生在线学习、参与讨论等过程性评价,使教学评价更趋于全面和客观。

(二) 高校思政课混合式教学的特征

1. 学习方式的灵活性

混合式教学在高校思政课中展现出灵活的学习方式,为学生提供更加自主和个性化的学习体验。相较于传统的面对面授课,思政课混合式教学的灵活性主要体现在以下几个方面:

第一,体现在学习时空的自由度方面。传统的面对面授课往往受到时间和地点的限制,而思政课混合式教学通过在线学习平台进行,学生可以根据自己的时间,利用手机、平板或电脑等设备,随时随地访问课程内容和学习资料,从而创造了灵活的学习环境。这种灵活性极大地方便了学生,使他们能够根据自己的时间安排和生活节奏来规划思政课学习,有效地平衡学习与生活。

第二,体现在个性化学习方法方面。每个学生对知识的吸收速度、兴趣点和学习习惯都有所不同,思政课混合式教学提供了多样化的学习资源,如视频讲座、在线讨论、模拟测试等,使大学生可以根据自己的学习习惯选择最适合自己的学习方法。这种个性化的学习方式有助于大学生深入理解课程内容,提高学习效率。

第三,体现在主动参与与互动学习方面。思政课混合式教学注重大学生的主动性和互动性。与传统思政课堂被动听讲不同,思政课混合式教学鼓励学生通过在线平台主动查找资料、参与讨论、独立完成学习任务。在这个过程中,学生不仅可以根据自己的学习节奏和方式进行深度思考,还可以与同学和老师实时在线互动,分享观点,解决疑惑。这种积极主动参与的方式激发了大学生学习思政课的兴趣,提高了思政课的吸引力。

2. 教学方式的多样性

思政课混合式教学的优势在于能够融合线上与线下的教学资源和教学方法,打破传统面对面教学的局限性,创造出更为丰富的教学方法。

第一,思政课混合式教学特别注重多媒体教学的应用。通过在线学习平台,教师能够综合运用文字、图片、音频和视频等多种媒体形式,丰富而生动地呈现教学内容,使理论知识更加直观地呈现出来,大大提高了大学生对所学理论知识的理解和记忆。例如,通过视频回顾历史事件,结合音频阐释理论知识,使大学生能够在多感官的体验中更深入地理解和记忆课程内容。

第二,思政课混合式教学鼓励学生参与研讨互动。在线讨论、线上合作、在线练习等教学形式,不仅有利于大学生主动参与到学习中,还极大激发了他们深入思考和积极表达的欲望。这种互动式教学丰富了高校思政课堂的教学氛围,使其教学过程更具活力和参与感。学生在讨论中分享观点,相互学习,通过实时反馈和互动深化对知识的理解。

第三,思政课混合式教学融合了多种教学方法,旨在培养大学生的问题意识,并提升大学生认识、分析和解决问题的能力。例如,大学生能够通过线上教学资源接触到丰富的教学案例,他们通过深入探究这些案例能够更加直观地理解如何将所学理论应用于现实生活，并在此过程中锻炼自己分析和解决问题的能力。

3. 教学环境的开放性

高校思政课混合教学环境的开放性主要体现在以下三个方面：

第一，技术的开放性。思政课混合式教学结合了线上与线下教学，利用思政网络平台和数字工具为大学生提供更加灵活和多元的学习方式。学生可以通过网络课程、视频讲座、在线讨论等方式，跨越时间和空间的限制，获取丰富的学习资源和交流机会。这种技术的开放性不仅丰富了教学手段，也使教学内容和形式更加多样化。

第二，内容的开放性。高校思政课混合式教学强调教学内容的多元化和实时更新。思政课网络平台能够快速整合最新的理论成果，及时反映社会热点问题，使教学内容更加贴近社会生活，具有鲜明的时代特色。教师和学生还可以共同参与课程内容的创新和构建，形成更具互动性和实践性的教学内容。

第三，学习方式的开放性。混合式教学鼓励大学生主动学习，自主探索。在这种教学环境中，学生不再是被动接受知识的对象，而是能够根据自己的兴趣和需求，选择适合自己的学习路径和学习资源，这有助于培养大学生自主学习和自主探究的能力。

(三) 高校思政课混合式教学的必要性

1. 教育信息化时代加强高校思政课建设的必然选择

2015 年 4 月，《教育部关于加强高等学校在线开放课程建设应用与管理的意见》(教高〔2015〕3 号)文件中要求深化高等教育的教学改革，推动信息技术与教学的深度融合，促进优质教育资源应用与共享，全面提高教育教学质量。2019 年 8 月，中共中央办公厅、国务院办公厅印发的《关于深化新时代学校思想政治理论课改革创新的若干意见》明确指出，要大力推进思政课教学方法改革，提升思政课教师信息化能力素养，推动人工智能等现代信息技术在思政课教学中的应用。这些文件为新时代推进信息技术与高校思政课深度融合指明了方向，也使得互联网技术与高校思政课结合成为教学改革的必然选择和发展趋势。互联网不仅丰富了高校思政课的教学内容，拓展了高校思政课的教学资源，创新了高校思政课的教学方式，还打破了传统高校思政课教学"在场"的限制，拓宽了高校思政课的教学场域。

一方面，教育信息技术为思政课混合式教学提供了更广阔的视野和更多样的教学内容、教学方式。教师可以通过网络技术及时把国内外最新发生的时政热点融入到教学内容中，利用视频、音频、动画等多媒体手段，使思政课的教学内容立体化、形象化，使抽象的理论变得直观易懂，使单调的教学形式更加生动活泼。另一方面，网络技术还为思政课混合式教学提供了一个线上教学平台，打破了传统思政课教学的固定场域。大学生可以通过线上教学平台更加积极主动地参与到思政课学习中来，在任何时间、任何地点都能进行思政课的学习与交流，如通过在线论坛、社交媒体等渠道进行在线讨论、在线提问、在线交流、在线测验，这种师生与生生互动的学习方式更有助于深化学生对理论的理解和应用。

2. 高校思政课教学方法创新的可行路径

在教育信息化时代，高校思政课教学创新的重要路径之一，就是借助网络优势改革高校思政课教学模式。长期以来，受传统教学理念的影响，教师在高校思政课教学中一直处于主导地位，主要表现为教师单向讲、学生被动听的状态，缺少教师与学生之间的有效互动和交流，导致学生学习的积极性、主动性没有得到充分发挥。如何调动大学生学习思政课的积极性，提升高校思政课的教学效果，一直是高校思政课教学改革的重难点问题，而混合式教学成为了一种行之有效的改革方向。

混合式教学将传统的面授教学与现代信息技术相结合，不仅为思政课教学内容注入了新的时代元素，也改变了传统思政课单一的教学方式，使教学形式更加多样、灵活、生动、有趣，从而提高大学生的学习兴趣和参与度。教师可以通过在线平台发布课程视频、讨论话题和互动作业，学生可以在课堂外自主学习并参与在线讨论，这样的教学方式既保留了面授教学的直接性，又增加了学生自主学习的空间。此外，教育信息技术赋能高校思政课教学，教师能够利用网络资源丰富教学内容，并使用多种互动工具加强师生交流，这些都大大增强了高校思政课的吸引力，提升了高校思政课的教学效果。

3. 契合新时代大学生学习特点的现实要求

"00 后"大学生是互联网的"原住民"，他们从一出生就生活在信息化、数字化的环境中，对于网络学习显示出了极高的熟悉度和适应性，高校思政课混合式教学契合了新时代大学生的这一学习特点。目前，大学生利用网络的范围已经深入到学习、生活和社会交往的各个方面，他们通过各种社交媒体、在线学习平台等渠道获取信息，尤其倾向于通过网络进行交流和学习。这种习惯不仅体现了他们的网络素养，还反映了他们对于网络学习方式的接受和运用能力。因此，高校思政课混合式教学符合大学生的学习偏好。

混合式教学通过结合传统课堂教学和在线学习，既保留了面对面交流的直接性和互动性，又利用网络平台的灵活性和丰富的教学资源，使思政课教学更加生动丰富，更能吸引大学生的注意力，提升他们对思政课的兴趣和参与度。对于大学生而言，网络已成为他们获取新知、交流思想的主要平台，他们习惯于在网络上开展学习，这种习惯使他们对在线学习内容的吸收和理解更加高效。因此，将线上教学融入高校思政课程，符合新时代大学生的学习特点，能够有效调动大学生学习主体的能动性，使他们积极参与到思政课学习中来。

(四) 高校思政课混合式教学的依据

1. 行为主义理论

20 世纪初期，美国心理学家约翰·华生创立了行为主义学习理论，格思里、赫尔、桑代克、斯金纳等学者进一步发展了这一理论，其中斯金纳更是将行为主义学习理论推向了高峰，使其在美国占据主导地位长达半个世纪之久。行为主义学习理论关注的焦点是如何为学生创造有利于学习的环境。这一理论认为，学生所获得的知识主要是通过后天学习获得的，学生会根据外部环境的刺激产生新的行为，而这些行为，无论是正常还是病态的，都可以通过学习来加强、减弱甚至消除。行为主义学习理论应用于教育教学上，则要求教师掌握塑造和矫正学生行为的方法，为学生创设一种环境，尽可能在最大程度上强化学生正常的和出色的行为，减弱和消除学生的不合适行为。

行为主义学习理论在高校思政课混合式教学中的体现，主要在于它对教师角色和教学方法的特殊要求上。这一理论尤其强调强化学生的正面行为、减少不当行为，即通过塑造和矫正学生行为来提升教学效果。在混合式教学中，高校思政课教师可以通过在线平台设置目标导向的任务和奖励机制，如设立奖励积分系统，以激励学生积极参与思政课学习，这种正向强化不仅能激励学生表现出积极主动的学习行为，还能调动学生对思政课的兴趣。同时，教师也可以通过在线实时监控学生的学习进度和学习状态，及时发现并矫正学生的消极学习行为。对于不经常登录学习平台或不积极参与学习的学生，教师可以采取相应的干预措施，如提供额外的指导或鼓励，以促使学生改正不积极参与思政课学习的行为。在混合式教学中，教师可以应用系统化的反馈机制来调整教学策略，通过在线作业、测验和讨论的即时反馈，精确地了解学生的学习状态，及时充实教学内容、调整教学方法，以确保大学生学习行为正向发展。

2. 认知理论

认知理论是心理学的一个重要分支，主要研究人类思维、知觉、记忆、学习等心理过程。认知理论形成于 20 世纪初，是对行为主义忽略个体思维和认知活动的一种反思和超越。认知理论的代表人物包括皮亚杰、维果茨基、伯纳斯基等。其中，瑞士心理学家皮亚杰提出了著名的发展阶段理论，强调儿童在认知上要经历一系列阶段，才能逐渐形成复杂的认知结构。认知理论的核心观点认为，人的认知活动是信息处理的过程，涉及感知、注意、记忆、思维等方面。因此，人的知觉和思维是主观构建的，个体通过主动参与社会生活来理解和解释信息。在教育教学方面，认知理论强调个体在学习中的主动参与和思考，认为教学应该注重激发学生进行深度思考，提供有意义的学习体验，引导学生主动构建知识结构。同时，教育者应该关注学生先前的知识和经验，以促进新知识的融合和理解。

认知理论对高校思政课混合式教学具有启发意义。混合式教学通过在线平台提供学习资源，大学生能够以个体化的方式参与学习，并通过在线讨论、在线思考题等方式与其他同学进行互动，培养主动学习的意识。混合式教学借助网络开展多媒体教学、在线互动等，为大学生创造了丰富的学习环境，使他们能够获得更为直接、深刻的学习体验，同时能够提升他们的思维能力。认知理论强调教育者应该关注学生先前的知识和经验，在混合式教学中，教师可以根据大学生的实际情况、学习偏好和需求，有针对性地推荐个性化的在线学习资源，促进大学生在已有知识和经验的基础上，完成新知与旧知的衔接融合，并更好地内化新知，进一步理解和掌握新的理论知识。

3. 具身认知理论

具身认知理论形成于 20 世纪中叶，是心理学研究的一个新领域。其形成过程涉及哲学、心理学、神经科学等多个学科的交叉，并涌现出许多重要的代表人物。认知科学家乔治·莱科夫和马克·约翰逊是具身认知理论形成的关键人物。具身认知理论主张，抽象概念和理解源于身体经验，人们通过隐喻来理解抽象概念。它强调身体和心理的统一，重视身体经验在心理认知中的作用，并依据具身认知理论来探索合适的教学和学习方式。情境对于学习至关重要，因为人的认知与周围环境紧密相连。具身认知理论对教育教学产生了深远影响，它提示教育者应采用更具体、生动的隐喻来帮助学生理解抽象概念，并在教学实践中注重创设学习环境。

具身认知理论强调，人们对知识的认知是身体和心理的统一。在高校思政课混合式教学中，教师可以借助多媒体、在线资源等手段，创设沉浸式体验场景，为大学生提供体验式学习氛围；可以通过虚拟角色扮演、模拟活动等，让大学生"亲身体验"所学理论蕴含的价值观念和道德情境。这种教学情境是一个融视、听和感觉为一体的教学环境，也可以是以实体环境为主、以网络虚拟环境为辅的混合现实学习环境。基于具身认知理论，高校思政课教师要用生动的隐喻来讲解抽象的概念、原理、原则等理论知识，方便学生理解、记忆和运用。

(五) 高校思政课混合式教学应厘清的关系

1. "导"与"学"的关系

高校思政课混合式教学要处理好教师的"导"与学生的"学"之间的辩证关系。在混合式教学中，这种关系不是静态的，而是动态的、互动的过程，其中教师和学生的角色都发生了根本的变化。教师的"导"更多体现为教学过程中的启发和引导，教师不仅是知识的传递者，还是学生学习过程中的引导者和协助者。他们需要运用多种教学方法和教育信息技术调动和激发大学生的学习兴趣，引导他们主动探究和深入思考。因此，教师不仅要具备现代的教学理念、丰富的专业知识和教学技能，还要具备较高的网络素养，能够根据大学生的特点和学习需求，设计适合的教学活动。在混合式教学中，学生的"学"更多是通过自主学习、合作交流、参与讨论、实践体验等多种方式，从被动接受知识转变为主动探索和构建知识。这不仅仅是理论知识的积累，更是综合能力的提升，包括主动探究的能力、解决问题的能力、团队合作的能力、人际交往的能力等。为了实现这一转变，学生需要培养自主学习的习惯，学会如何有效利用资源，如何与他人协作，以及如何独立思考和解决问题。在"导"与"学"的辩证关系中，教师与学生之间的有效互动成为混合式教学的关键。教师需要通过观察、反馈、辅导等方式，及时了解学生的学习进展和困难，调整教学策略和内容，以更好满足学生的学习需求。同时，学生也需要主动与教师沟通，表达自己的想法和困惑，参与到教学设计和改进中来。

在高校思政课混合式教学过程中，"导"与"学"的辩证关系存在着教师角色定位模糊、学生学习习惯难以改变等问题。一些教师有时仍固守传统教学模式，难以适应引导者角色的转变，缺乏激发学生自主学习的策略；学生也习惯于被动接受知识，缺乏积极主动学习和探究的精神，对于自主学习和深度思考有时存在抵触情绪。因此，在高校思政课混合式教学中，教师要树立现代教学理念，努力提升适应混合式教学法的教学技能和网络素养，从传统的"讲授者"转变为"引导者"和"协助者"。同时，着力培养大学生的自主学习能力，通过设计互动性和探索性的课程活动，激发学生学习思政课的兴趣，逐渐引导学生从被动学习转向主动探索，以此发挥作为学习主体的主动性。

2. "线上"与"线下"的关系

高校思政课混合式教学表现为线上教学与线下教学相互融合的互补性关系，其中线上教学发挥着至关重要的作用。线上教学是指教师通过网络平台，运用网络教学资源，突破传统课堂教学在时间和空间上的限制，使大学生在任何时间、任何地点都可以通过电脑和移动终端访问这些教学资源，并根据自己的学习节奏进行自主学习，从而使高校思政课教学具有灵活性和便捷性。大学生可以通过网络拓宽学习的深度和广度，接触到更丰富的知识和实践案例，更好地理解教学内容。高校思政课的线下教学在思政课中同样具有不可替代的作用。在线下教学中，通过师生面对面的交流和互动，教师能够直观感受到学生的学习状态和思想状况，从而及时有针对性地进行学习引导和心理辅导。线下教学中的案例教学、角色扮演、小组合作学习等多种教学方法，增加了课堂教学的互动性和实践性，同样提升了高校思政课的教学效果。

高校思政课混合式教学中，线上教学和线下教学在发挥互补作用的同时，也面临着一定的挑战。如何平衡线上资源的丰富性与线下交互的纵深度，是高校思政课混合式教学需要解决的问题。要平衡线上资源的丰富性与线下交互的纵深度，就需要明确线上教学与线下教学的功能分别是什么，应合理运用线上和线下两个教学资源，充分发挥它们各自的优势，实现教学资源的优化配置和教学效果的最大化。线上教学侧重于通过丰富的网络教学资源和更新的思政课教学内容，提高教学方式的灵活性，提升学生学习的自由度；而线下教学应重点强化师生之间的互动交流，增强学生主动学习的能力；教师要利用线下的课堂教学组织大学生展开深入讨论，引导大学生积极思考、主动质疑、创新思维，学会正确认识、分析和解决问题。

3. 内容与方法的关系

如何处理好教学内容与教学方法之间的关系，是高校思政课混合式教学需要着重注意的问题。思政课的教学内容包括马克思主义理论的概念、原理、原则等，这些内容为大学生形成正确的价值观和人生观奠定了基础。教学方法是指教师传授教学内容的方式和手段，包括教学方式、教学手段、教学工具等。教学方法是传达教学内容的载体，只有教学内容和教学方法完美契合，混合式教学才能达到预期的效果。

在高校思政课混合式教学过程中，协调好教学内容与教学方法的关系需要解决一些问题：一是教学内容与新方法融合不够，存在网络教学方法与传统思政课教学内容不完全匹配的问题，导致教学效果不理想；二是过度依赖信息技术，忽视思政课教学的本质，过分依赖技术手段追求教学方法创新，而忽视了思政课的教学目标，即价值观的培养和思想引导；三是教学资源整合不足，虽然网络和多媒体技术提供了丰富的教学资源，但如何有效整合这些资源，使其服务于思政课的教学目标，仍然是一个需要解决的问题。要解决目前存在的这些问题，一是要加强教学内容与新方法的匹配，教师应根据思政课的教学目标，选择合适的教育技术和教学方法；二是突出思政课的教学本质，明确技术和方法不是目的，只是促进教学的工具和手段，不能全部用来替代传统的课堂教学；三是高效整合教学资源，利用网络和多媒体技术整合外部资源，如在线课程、互动平台等，以丰富思政课教学内容。同时，也要注重内部资源的开发和利用，如教师的学术研究成果和个人生活经验等，都可以作为教学资源融入到教学中，这更能增强思政课的感染力和亲和力。

4. 守正与创新的关系

守正与创新，是对中华民族几千年来恪守正道、革故鼎新的文化传统的承袭，体现的是变与不变、继承与发展、原则性与创造性的辩证统一关系。高校思政课混合式教学要处理好守正与创新的关系，有机融合线下与线上教学的优势，形成有特色的混合教学模式。守正不是墨守成规、一成不变，而是结合教学实际和学情实际，运用恰当的教学方法，这本身就体现出一种创新；创新不是无本之木、无源之水，需要汲取传统教学方法的经验，使线下教学方法与线上教学方法互为补充、相得益彰。只有在创新基础上的守正，才会与时俱进；只有在守正基础上的创新，才会推陈出新。高校思政课混合式教学坚持守正与创新的辩证统一，就是要以守正为创新凝心铸魂，以创新为守正注入活力，着力加强高校思政课建设，发挥其立德树人、铸德育魂的作用。

立足于高校思政课在人才培养中的特殊性质和独特地位，一方面，要坚守思政课的传统教学模式，发挥传统教学方法的优势，促进大学生全面完整掌握马克思主义理论、中国化时代化马克思主义理论的知识体系，理解其理论内涵和实质，并指导社会生活实践。另一方面，要树立现代教学理念，在灵活运用传统教学方法的基础上，充分利用现代信息技术手段，丰富线上教学内容，并结合大学生的学习需求创新线上教学方法，以提高大学生学习思政课的积极性和主动性。高校思政课混合式教学要在守正与创新之间找到平衡点，既要保持传统教学方法的优势，又要引入线上教学方法，以此创新思政课的教学模式，提高教学的针对性和实效性，促进高校思政课教学方法在传承中发展，在创新中进步。

第八章

高校思政课教学方法的艺术

　　高校思政课教学既是一门科学，也是一门艺术。思政课教学既要讲究其科学性，也要探索其艺术性。高校思政课的教学艺术是教学理论与教学实践相结合的产物，是教师教学风格的成熟体现，是一种具有审美意义的教学。思政课教师通过对教学方法的高超娴熟运用，把抽象的理论内容艺术性地表现出来，展现高校思政课的理论之真、道德之善、育人之美，使大学生在思政课教学过程中体悟到真、善、美。因此，高校思政课教学方法的艺术性，更突出地表现为思政课教师在教学过程中综合运用教学技能和技巧而呈现出的特色。习近平总书记指出："推动思想政治理论课改革创新，要不断增强思政课的思想性、理论性和亲和力、针对性。"[①]高校思政课教学以其教学方法的艺术化运用，显著提升了高校思政课的思想性、理论性和亲和力、针对性。

一、高校思政课教学方法艺术释析

(一) 高校思政课教学方法艺术的内涵

1. 高校思政课教学方法艺术的内涵

　　教学方法是教师在教学过程中为达到教学目的而采取的一系列手段和方式。教学方法艺术是指教师在教学过程中，遵循教育教学规律，按照审美标准，为取得最佳教学效果而创造性地运用多种教学手段和技巧的行为，体现为教师在教学过程中运用教学方法的创造性、审美性和巧妙性。从方法艺术本身来看，高校思政课教学以艺术化的方法对大学生进行马克思主义理论教育的过程中，更能够提升马克思主义理论的逻辑性、审美性和价值性。因此，可以理解为，高校思政课教学方法艺术是指教师为实现教学目标，灵活、娴熟、巧妙地运用多种教学方法而形成的教学技能、教学技巧的艺术性体现。

　　高校思政课教师通过运用审美及艺术手段，创造富有艺术性、审美性、感染力和说服力的教学方法，既满足了大学生的心理需求和审美需要，又激发了大学生的学习兴趣，使他们能够在艺术的氛围中愉悦地接受思想政治教育。教学方法艺术是从艺术的视角，创新思政课

[①] 习近平：《习近平：用新时代中国特色社会主义思想铸魂育人　贯彻党的教育方针落实立德树人根本任务》，《人民日报》2019 年 3 月 19 日，第 1 版。

教学的方式方法，形成更具审美性和艺术性的教学风格和教学技巧的创造性活动。它体现为教师娴熟自如地运用各种教学方法，讲深、讲透、讲活思政课的"大道理"，展现马克思主义理论的科学性、真理性、指导性，提升高校思政课教学的亲和力和感染力，达成知识、能力和素养等多维教学目标的协调发展，实现高校思政课教学过程合规律性与合目的性的统一。

2. 高校思政课教学方法艺术的构成

高校思政课教学方法艺术在思政课教学过程中体现的鲜明艺术性，主要包括语言的艺术、选择的艺术、协调的艺术和创新的艺术。

第一，语言的艺术。语言是教学过程中师生之间相互交流的媒介。苏霍姆林斯基曾说："教师的言语——是一种什么也代替不了的影响学生心灵的工具。教育的艺术首先包括说话的艺术，同人心交流的艺术。"[①]他在《给教师的建议》中又强调："教师的语言修养在极大的程度上决定着学生在课堂上的脑力劳动的效率。"[②]教师的语言贯穿整个教学的全过程，是教学方法的重要载体。交流是教学方法艺术的起点。因此，教学方法艺术首先体现为教师语言运用的艺术，这是教学艺术的重要内容和表现。高校思政课教学语言的艺术，以教师对教学内容的深刻理解为基础，表现为教学语言的逻辑性、启发性和创造性的高度统一，体现在学生有效接受思政课教学内容的审美体验中。高校思政课教学语言的艺术既是说理的艺术，更是言教的艺术。思政课教师以富有哲理、幽默、风趣、形象的表达方式，通过简练优美、生动形象、通俗易懂的语言讲授思政课的教学内容，使大学生在教学过程中既能够接受思想上的启迪，又能够获得心灵上的愉悦。通常，高校思政课的教学内容具有较强的理论性和逻辑性，艺术性的话语表达有利于提高教学内容的吸引力与感染力，调动大学生参与学习的兴趣。如在"毛泽东思想和中国特色社会主义理论体系概论"的教学中，教师可以结合中国共产党的百年奋斗历程，在运用多种教学方法时选择不同的语言表达方式，情感化地呈现出马克思主义中国化理论的形成、发展及其对中国社会发展的指导意义。在运用理论讲授法时，可以用逻辑清晰的语言讲清楚马克思主义中国化理论的形成背景、发展过程与时代价值；在运用叙事教学法时，可以用情感充沛的语言讲明白中国共产党不断取得成功的"密码"；在运用案例教学法时，可以用娓娓道来的语言启发大学生思考中国化的马克思主义理论为什么是我们取得胜利的法宝。教学方法的语言艺术正是通过情理交融且深入浅出的话语表达，把马克思主义理论讲"活"，使思政课具有深邃的理论魅力和高远的人生指导意义。

第二，选择的艺术。教学方法的选择不是一种非此即彼的简单选择，而是一种综合性的选择，要考虑到多种教学要素。在高校思政课教学过程中，思政课教师要以教学目标、教学内容、教学对象、教学条件等为依据，合理选择恰当的教学方法，完成教学任务，实现教学目标。高校思政课的教学内容具有鲜明的政治性、思想性和理论性。新时代高校思政课教学的大背景是世界百年未有之大变局和"两个一百年"的历史交汇期，展现的是"大时代"下的"大成就"和"大道理"，体现的是马克思主义理论教育的真、善、美的主题。教师选取的教学材料要顺应大时代，紧扣社会现实，反映中国特色社会主义的伟大成就，体现人类社会发展的规律，使教学内容既有理论性又有生动性，既有说服力又有吸引力，使大学生真正理解中国共产党为什么"能"、中国特色社会主义为什么"好"，根本原因在于

① 苏霍姆林斯基：《教育的艺术》，肖勇译，湖南教育出版社，1983，第32页。

② 苏霍姆林斯基：《和青年校长的谈话》，赵玮、刘启娴、纪强等译，教育科学出版社，2009，第80-81页。

马克思主义"行"、中国化时代化的马克思主义"行"的大道理。同时，还要选择与教学内容相匹配的教学载体，结合现代信息技术，巧用善用多媒体与网络载体。如借助视频影像等作品，"情景式"再现党史故事和英雄人物的事迹，丰富大学生的视听体验，增添思政课教学的生动性，使大学生在情景交融中深化对科学理论的认知。还可以开展实践教学，如以校园文化活动为载体，丰富大学生的文化生活，陶冶大学生高尚的道德情操；以志愿服务为契机，厚植大学生的家国情怀，引导大学生在回望历史、参与实践、体悟真理中感悟个人成长与国家富强、民族复兴的紧密联系，以知促行，培养大学生立志成为"有理想、敢担当、能吃苦、肯奋斗"的新时代好青年。

第三，协调的艺术。现代教学理论认为，教学就是环境的创造。多样化教学方法的共同目的是促成或创造一定的教学环境和教学情境，使学生在这种教学情境中得到熏陶与启迪、成长与发展。教学情境千变万化，教师面临的问题和挑战也是多方面的，这就要求高校思政课教师根据教学实际协调好不同的教学方法与教学情境的适配性，遵循教育教学规律，协调运用好多种教学方法。当然，这种协调不是多种教学方法的简单拼凑或相加，而呈现为"互补"或"生成"。目前，高校思政课涵盖了马克思主义基本原理、毛泽东思想和中国特色社会主义理论体系概论、习近平新时代中国特色社会主义思想概论、中国近现代史纲要、思想道德与法治、形势与政策六门主干课程，以及多门选修课程，构成了一个内在严密的课程教学体系。针对不同的课程、不同的教学内容、不同年级的学生，思政课需要运用多种教学方法，形成相互衔接、和谐一致的方法系列，协调好不同教学情境中教学方法的有效运用。在课堂讲明白、讲清楚、讲透彻理论知识的基础上，还要考虑到学生的多元化需求，鼓励学生参与课堂学习，如辅助运用"合作学习""互动教学""案例教学"等教学方法，发挥大学生作为学习主体的能动性作用。同时，还要协调好理论讲授与实践教学之间的关系，在课堂教学中以富有创意的教学方法，寓价值观教育于知识讲授之中，使理论性的授课更具吸引力；课后还要通过校内外的实践活动，将理论知识有效融入社会生活，用理论关照现实，在生活实践中展现科学理论的魅力，提升科学理论对实际生活的指导作用。

第四，创新的艺术。在一定意义上，高校思政课的教学过程是师生之间在思想和精神方面交流的过程，是师生教学相长、共同发展的过程。日本当代教育家斋藤喜博认为："教学倘是真正创造性的、探究性的，那么，它就会达到艺术般的高度，给人以艺术般的魅力。"[①]这种创造性既是教学方法艺术的出发点，又是教学方法艺术的最终归宿。教学方法艺术的创造性是以教师的专业知识和教学能力为基础，以学生的思想品德、能力素养、人格发展、价值观确立为标志的。创新高校思政课教学方法是展现思政课魅力、激发思政课活力、提升思政课效力的重要方面。创新的艺术具体表现在教学方法和教学手段的运用上，如课堂上的理论讲授法、案例教学法、叙事教学法、合作学习法等多种教学方法交叉或叠加使用，使教学过程充分体现出以教师为主导、以学生为主体的教育理念，提高大学生参与学习的积极性和主动性；如依托 APP 开展"微宣讲""微学习"，打造高校思政课"微课堂"，创新线上思政课教学，使深奥的理论以可视化、交互式图音再现的方式，提升思政课的"热点"和"热度"；如通过组织大学生参观红色纪念场馆，营造特定的教学氛围，开展"实地"思政课教学，让大学生感受到革命英雄主义的崇高壮烈之美，增进他们

---

① 筑波大学教育学研究会编《现代教育学基础》，钟启泉译，上海教育出版社，2003，第 274 页。

对科学理论的情感认同。高校思政课教师运用新理念、新技术，遵循"因事而化、因时而进、因势而新"的理念进行因材施教，彰显出教学方式方法的创新，大大提升了高校思政课的教学效果，也使高校思政课呈现出艺术性和审美性。

3. 高校思政课教学方法艺术的实质

高校思政课的教学内容具有思想性、理论性、知识性；教学方法具有形象性、情感性、逻辑性；教学效果具有亲和力、感染力、合一性，从而实现教学内容、教学形式、教学效果和谐统一，这是教学方法艺术性的最高境界。观察高校思政课诸多教学方法艺术化运用时，可以发现其中贯穿着一种精神或理念，即教师在教学活动中体现出的人格精神和教学理念，而这种人格精神和教学理念构成了多种教学方法艺术化运用的灵魂。

思政课教师肩负着"为党育才，为国育人"的神圣使命，正所谓"办好思政课关键在思政课教师"。古人云："经师易求，人师难得。"高校思政课教师要帮助大学生把握好人生方向，在学生心灵中埋下真善美的种子，引导大学生扣好人生的第一粒扣子。这种强烈的使命感和责任感，使思政课教师表现出一种更深沉、更悠远、更理性的仁爱，这种爱渗透着社会的期望，是能够孕育出科学和文明的最纯洁、最高尚的情感。教学方法艺术的实质就是教师把这种爱和情感贯穿到教学活动中，把自身的使命感和责任心贯穿于思政课教学实践，进而达成"塑魂育心"的目标，这种使命感和责任心的高度结合，即为教学方法艺术的实质。当然，这种精神不是一朝一夕形成的，通常要经历长期磨炼和不断积累。因此，高校思政课教师在日常教学活动中要不断提高自己的专业素养和教学艺术水平，按照思政课教师的"六要"标准涵养自身，在德、才、识、情等方面为大学生树立标榜。

教学方法艺术追求和体现的是思想升华、人文精神、人格养成等方面的教育效果。就高校思政课教学而言，教师运用高超且艺术化的教学方法，把深奥的理论内容生动形象地融入教学过程，呈现给学生崇高的思想、科学的理念、生动的现实情境，使抽象的理论转换成大学生个体的审美意识和审美观念，实现以美启真、以美储善、以美育人，启迪大学生的人生智慧，塑造大学生美好的心灵和人格。因此，高校思政课教师教学方法艺术的实质在于通过方法之真彰显道德之善和理论之美，即在高校思政课教学活动中，通过多种教学方法的艺术性运用，以理论的逻辑性征服学生，以思想的魅力影响学生，以高尚的情操感染学生，引导大学生从历史、理论、现实等多个层面认识世界、读懂中国、把握时代，从而形成正确的理论认知、高尚的道德情操和审美追求。

(二) 高校思政课教学方法艺术的特征

1. 形象性

高校思政课教学方法艺术的首要特征就是其表现形式的形象性。思政课教师将抽象的理论知识以形象化内容表达出来，使其具有一定的艺术效果，以增强高校思政课教学的形象性，进而激发大学生的学习兴趣，使他们对所学知识形成更深刻的感悟和体验。教学方法艺术以其生动的感性形象和理性的思维光芒，使大学生在审美愉悦中产生对科学理论的认同感，并受到感染、熏陶和教育，这就使得高校思政课的教学过程不仅具有科学性，还能体现出艺术性，打破了人们对思政课的"刻板"印象。

高校思政课教学方法艺术是感性形式和理性形式的统一。形象性的特征主要表现在具体教学过程中的语言、情景、氛围等方面，以感性形式作为美的载体和表现形式，直观、生动地展现教学内容的美。例如，教师课堂讲授时抑扬顿挫、娓娓道来的语言美，借助影视作品展现的自然美和社会美，通过多媒体技术情景式再现历史场景的教学情境美等。教师声情并茂的教学过程，使大学生感受教学内容中包含的崇高情感之美、理论深邃之美、道德高尚之美，吸引着大学生感知美、欣赏美、追求美，形成对中国化时代化的马克思主义理论的高度认同。

2. 情感性

知与行是大学生思想品德形成与发展的两个重要因素，知行统一是高校思政课教学应该遵循的规律。在大学生思想品德从知到行的形成和发展过程中，情感则是其"加速器"，因此教学方法艺术不仅要"以理服人"，更要"以情化人"。高校思政课的教学内容深刻揭示了社会发展的一般规律和发展趋势，具有科学性、真理性和透彻的理论解释力。在高校思政课教学中，通过教师艺术化的教学方法，可以激发大学生的情感认同和情感共鸣，进而提高他们对科学理论的接受度和理解力。

教学方法艺术在思政课教学过程中的情感性特征体现在教师根据教材内容设计教学，紧扣情感价值目标，将理论知识点与大学生的思想实际和心理发展紧密结合，深入挖掘教学内容中的美育元素，以提升大学生的情感认同来提升大学生的思想认同。例如，教师可根据教学内容引入或设定特定的场景，在运用叙事教学法时，巧妙融入理论教学内容和教师自身人生感悟，厘清其中蕴含的理论知识和价值观念，以"情景式"再现的方式渲染课堂教学的情感氛围，在情境中讲透道理、传播思想、升华情感；也可以借助播放党在不同历史时期的影像视频，以及展示党的百年历程重大题材的文学作品等方式，让大学生感受到中国共产党百年奋斗的艰辛与坚毅，进一步彰显马克思主义理论的时代价值，实现高校思政课教学的情理交融。

3. 创新性

"做好高校思想政治工作，要因事而化、因时而进、因势而新"[①]，这是习近平总书记提出的高校思想政治工作的新理念，为加强新时代高校思政课建设提供了科学遵循。高校思政课的教学方法艺术要与时俱进，不断实现教学方法的创新，这种创新是在高校思政课教学实践中形成和发展的智慧结晶。高校思政课教学方法艺术的创新性是对多种教学要素相互融合的创造性应用。

第一，教学是教师和学生共同参与的双向互动的过程。在教与学的环节中，教学方法艺术应坚持教师主导和学生主体相统一。教师在主导讲授过程中，可结合案例分析、小组讨论、角色扮演等形式，激发学生主动参与和积极思考；运用翻转课堂、融媒体等方法，充分调动大学生学习的积极性和主动性，实现教学信息的良好传递和反馈；同时，教师还需及时分析学生的反馈信息，不断调整和优化教学方法，注重加强学生的参与和互动，拉近师生距离，用真情实感影响学生，让思政课更具有亲和力和针对性。

第二，坚持课堂教学和实践育人相统一。教学方法艺术重视思政课的实践性，要求创造性地把"思政小课堂"同"社会大课堂"相结合。课堂是高校思政课主要的教学场域，而社会实践是对课堂教学的扩展与延伸，这有助于增强大学生的学习体验感，推动理论内化

① 习近平：《习近平：把思想政治工作贯穿教育教学全过程　开创我国高等教育事业发展新局面》，《人民日报》2016年12月9日，第1版。

于心、外化于行。例如，在"中国近现代史纲要"的教学过程中，教师在课堂上开展探究式和互动式教学，让各小组围绕特定的学习主题，在讲述历史的过程中，深入了解党的曲折探索和艰苦奋斗的历程，探究中国人民选择中国共产党的历史必然性；教师还可以挖掘属地的红色教育资源，将其打造成"第二课堂"，组织大学生通过参观、调研，使其身临其境地感受革命先辈的英雄事迹，体会党的光荣传统和优良作风，从而在社会实践中坚定信仰，厚植爱党、爱国、爱社会主义的情感。

(三) 高校思政课教学方法艺术的作用

1. 创造和谐的教学氛围

高校思政课是铸魂育人、启智润心的关键课程。教学方法的艺术性可以营造轻松愉快、积极向上的情感氛围，促进师生之间的互动和沟通，从而创造和谐有爱的教学氛围。在这样的氛围中，教师采用情理交融的方法阐释教学内容，大学生更容易积极地接受理论知识，增强对知识的感知力、记忆力和理解力。在高校思政课教学过程中，教师可以充分挖掘教学内容中的情感因素，运用生动活泼的语言、鲜活丰富的素材，创设情感充沛的教学情境，激发学生的情感体验，通过情感共鸣达到思想共振，使教学内容真正入耳、入脑、入心。例如，借助多媒体手段，将党史故事融入课堂教学，情景式再现重要历史事件的发生发展过程，把大学生带入特定的历史氛围，通过"史论结合"讲透理论之道，激发学生的情感共鸣；或以社会实践的方式开展"行走的思政课"，让大学生在社会发展变迁中感受中华优秀传统文化、革命文化和社会主义先进文化，强化大学生情感感悟与体验，在崇高的审美愉悦中产生对马克思主义理论的强烈认同和坚定信仰。

2. 激发大学生的学习动机

高校思政课教学方法的艺术性运用，可以激发大学生学习思政课的兴趣和热情。如前所述，高校思政课学方法艺术的形象性、情感性，使高校思政课教学过程形成浓厚的审美和情感的氛围，构建出生动活泼、情景交融的课堂情境。在这种轻松愉快的教学环境中，教师应设计恰当的、富有创意的教学方法，引导大学生积极参与学习和研讨，引发他们的"头脑风暴"，激发他们的思想共鸣。正如习近平总书记指出的那样："思政课的本质是讲道理，要注重方式方法，把道理讲深、讲透、讲活，老师要用心教，学生要用心悟，达到沟通心灵、启智润心、激扬斗志。"[①]高校思政课教学方法艺术改变了传统思政课堂"满堂灌"的教学方式，通过艺术性地运用多种教学方法，不断增强学生的主体意识，发挥他们的主体性作用，提高他们自主学习的能力。例如，借助翻转课堂、合作学习等方式方法，将马克思主义理论知识与特定的社会实际相联系，从理论到实践，结合大学生的亲身经历说理，将基本原理变成生动的道理，使大学生能够结合个人的生活实践和审美体验，感悟马克思主义理论的博大精深，理解中国特色社会主义的成功之道，在美的教学过程中形成愉悦的情感体验，更加亲近、理解和接纳思政课的教学内容，实现大学生的理论认知、道德体验和审美感知的相互融合，在潜移默化中实现高校思政课的教学目标。

---

① 习近平:《习近平在中国人民大学考察时强调　坚持党的领导传承红色基因扎根中国大地走出一条建设中国特色世界一流大学新路》,《人民日报》2022 年 4 月 26 日, 第 1 版。

3. 提高思政课的审美体验

高校思政课是一门兼具理论性与实践性的课程，通过教学方法艺术可以提升高校思政课的审美价值和审美体验。教学方法艺术作为一种载体，能够消除传统思政课说教式教学方法的枯燥感，不仅能给大学生带来感官上的享受，还能提升他们的人文素养，在潜移默化中培养大学生的理性思维和审美品位。因此，高校思政课教学方法艺术有利于培养和发展大学生欣赏美、热爱美、创造美的意识与能力。高校思政课教师通过巧妙地运用音乐、影像等元素，可以让学生在感受和欣赏美的同时，更好地理解科学理论的内涵和实质，感悟科学理论的强大指导作用，体验科学理论的人文关怀。从艺术欣赏的角度来看，艺术的审美愉悦感以及它的情感性力量，能增强大学生的审美体验。如在思政课教学过程中，教师通过朗读诗词歌赋、开展书画鉴赏、讲述历史故事，以及融入人文地理变迁等，更容易打动大学生的心灵，使他们产生思想上的强烈共鸣。大学生在欣赏中国文化、回顾中国历史时，更能够感受到中国从落后挨打到"站起来、富起来、强起来"的翻天覆地的变化，有助于大学生形成正确人生观和高尚的审美观，提高自身的审美感知力和美的创造力。

二、高校思政课教学方法艺术的呈现

（一）体现规律之真

规律是高校思政课教学过程理应遵循的法则。新时代高校思政课教学方法艺术符合思想政治教育规律、符合高校思政课教学规律、符合大学生思想发展规律。

1. 符合思想政治教育规律

高校思政课是对大学生进行思想政治教育的主渠道和主阵地，高校思政课教学要符合大学生思想政治教育规律。

第一，从价值论的角度说，思想政治教育是合规律与合目的相统一的教育实践活动。作为大学生思想政治教育的主渠道和主阵地，高校思政课教学方法艺术同样需兼具合规律性与合目的性，即符合真善美相统一的规律。思想政治教育作为一种实践活动，是一种追求"真、善、美"理想人格的教育，体现了"求真""向善""审美"的内在统一。"真"是指客观性，"善"是指价值性，"美"是二者的和谐统一，真与善要通过美的形式表现出来。

高校思政课教学要达到求真、向善、审美的理想境界，其教学内容的科学性和真理性要符合客观事物发展的一般规律。高校思政课的教学目标是培养大学生的知识、能力与素养的三维统一，其教学方法艺术体现为以美的形式，将合规律性的知识教育的"真"和合目的性的道德教育的"善"统一起来，使高校思政课在具有理论性与科学性的同时，又具有艺术性与审美性，符合思想政治教育遵循真善美相统一的规律。

第二，教学方法艺术遵循了马克思主义思想政治教育以"美"塑造人的规律，体现出高超的教学技巧及审美品位。大学生思想政治教育以促进大学生自由而全面发展为根本目标，其目的是培养德智体美劳全面发展的人。高校思政课从不同角度阐释马克思主义基本理论、中国化时代化的马克思主义理论的内涵及其内在逻辑，剖析中国近现代社会的历史进程及其发展与变革的深层逻辑，探讨未来实现中华民族伟大复兴需要什么样的"新时代好青年"的标准，以及揭示当前中国社会发展的现实逻辑等内容。这些课程设置构成了完整的高校思政课教学内容体系，具有深刻的学理性、系统性和逻辑性。

大学生通过学习和掌握这些教学内容，能够深刻理解"中国共产党为什么能、社会主义为什么好、马克思主义为什么行"背后的深刻动因，进而在思想层面形成对中国化时代化马克思主义理论的高度理性认同。同时，教学方法艺术赋予高校思政课教学过程更强的审美性和艺术品位，让美的元素贯穿始终，使大学生在美的教学情境中接受科学理论熏陶，提高其精神境界，增强其审美意识，主动认识美、接受美并追求美。高校思政课通过教学方法艺术，提升大学生的思想道德修养，培育大学生追求高尚的审美品位。

2. 符合高校思政课教学规律

为契合新时代的教育教学理念，高校思政课教学要遵循教师主导性与学生主体性相结合，并随着教学形势的变化不断创新教学要素的规律。

教学方法艺术遵循教师主导性与学生主体性相结合的规律。在高校思政课教学过程中，教师与学生的关系是一种完整意义上的互动关系，是一种教学相长的关系。教师与学生作为教的主体与学的主体，双方从理论层面、知识层面、实践层面上，共同完成立德树人的根本任务。一方面，思政课教师作为办好思政课的"关键"人物，要真正"在马言马、懂马信马、传马护马"，不断夯实马克思主义理论之基，领悟马克思主义理论的立场观点方法，讲好马克思主义中国化最新理论成果，以及近现代以来中国社会发展的历史变迁，传好信仰之道，解决大学生的思想困惑。同时，针对学生的需求、学习思政课的情况，以及自身在知识、能力等方面的不足，教师要持续进行自我反思与提升，进一步扩大知识储备，挖掘理论深度，提升教学能力，从而能够更好地发挥出主导性作用。另一方面，学生通过积极参与思政课的学习发挥其主观能动性，接受马克思主义理论教育，掌握马克思主义理论知识，获得世界观、人生观和价值观的智慧启迪，增强自身的主体性作用。高校思政课教学方法艺术遵循教师主导性和学生主体性相结合的规律，能够在教学过程中形成师生互动、交流、提升的良性循环，显著提升思政课的教学效果。

教学方法艺术符合高校思政课教学各要素不断创新的规律。思政课教师充分运用现代信息技术，挖掘教学内容，创新教学形式，加强教师与学生之间的情感互动，可以增强高校思政课的吸引力与感染力，真正促进学生知情意行的高度统一。高校思政课教学内容以马克思主义理论为指导，其知识结构具有深厚的学理性和完整的系统性，这就要求高校思政课教学方法将授课内容的科学性和授课形式的艺术性有机统一起来，以提升教学实效性。例如，高校思政课的实践教学方法打破了课堂教学的局限，能够提高大学生用理论解决实际问题的能力；互动式教学方法打破了理论讲授只是教师"独角戏"的局面，推动学生实现自主发展；网络教学方法打破了教学内容和教学方法的局限，拓展了教学资源，提高了教学的灵活度，且贴近"00后"大学生的接受需求和学习习惯，促进了大学生自主学习意识的养成和个性化发展。

3. 符合大学生思想发展规律

大学生的思想发展受客观和主观因素的双重影响，遵循从实践到认识，再从认识到实践的循环发展规律。皮亚杰的认知发展理论认为，人的学习不仅是获取知识信息的过程，更是一种认知结构的构建过程。大学生思想的形成与发展既与外部环境紧密相关，也受到自身主观因素的影响。高校思政课教学方法艺术遵循大学生的思想认知发展规律，关注大学生的心理需求和接受特点，提高了思政课的科学性和有效性。

思政课教学方法艺术遵循大学生主动建构的规律。高校思政课教学方法艺术充分尊重大学生的主体地位，把大学生当作具有选择意愿和接受自由的能动个体，引导大学生积极参与教学活动，使他们的认知图式不断接受新的信息刺激，实现从"同化"到"顺应"，最终与周围环境达成和谐状态，从而建构起自身的理论知识体系。如在教学内容方面，高校思政课教学要选择贴近学生生活或学生关心的社会热点问题，利用课堂主渠道讲好"中国故事"，回应大学生的思想困惑和现实关切，引导大学生理解国家发展建设成就背后蕴含的深刻的马克思主义的世界观和方法论，将国家和社会的要求转化为大学生成长成才的自我要求，提高大学生的思想修养、道德判断、价值选择及自主发展的能力，促进大学生的政治认同、思想升华和道德发展。

作为影响大学生思想发展的一种外部环境因素，高校思政课教学方法艺术通过一系列的方式方法，将抽象深奥的理论知识转化为生动形象的感官信息，刺激大学生的视觉、听觉，使他们的感官产生联动效应，这也有利于启发大学生的思维发展，提升大学生的认知效果。习近平总书记强调："加大对学生的认知规律和接受特点的研究，发挥学生主体性作用。"[1]高校思政课通过理论讲授、案例教学、情境再现、角色扮演、社会实践等多种教学方法的巧妙运用，充分发挥大学生在不同教学场域中的学习主体性作用，增强大学生在教学过程中的体验性与互动性，使大学生在参与中体验、在体验中感悟、在感悟中提升；同时，提升大学生审美能力，促进他们的学习心理由被动向主动、由消极向积极转化，使思政课的教学过程有声有色，使思政课的教学内容入脑入心。

(二) 弘扬道德之善

道德是一种社会意识形态，是社会生活中人们共同遵循的行为准则与规范。道德是建立在信仰基础之上的，马克思主义信仰、中国特色社会主义信念、实现中华民族伟大复兴的信心，是先进道德的基石。2019 年，中共中央、国务院印发的《新时代公民道德建设实施纲要》明确要求，要"坚持以社会主义核心价值观为引领，将国家、社会、个人层面的价值要求贯穿到道德建设各方面，以主流价值建构道德规范、强化道德认同、指引道德实践，引导人们明大德、守公德、严私德。"[2]高校思政课是对大学生进行道德教育的重要载体，高校思政课通过艺术化的教学方法，引导大学生树立正确的道德认知，促进自觉的道德养成，积极投身道德实践，增强社会公德意识、树立职业道德观念、弘扬家庭美德和加强个人品德建设，传承中华传统美德，继承无产阶级革命道德，践行社会主义先进道德。

1. 传承中华传统美德

中华传统美德是中华文化的精髓，蕴含着丰富的思想道德资源，是高校思政课弘扬道德之善的不竭源泉。中华传统美德是千百年来传承下来的人生观、价值观经过历史沉淀累积下来的精神财富，对于提高大学生的思想道德素质和精神文化品质具有重要引领和导向作用。高校思政课通过艺术化的教学方法，深入挖掘中华优秀传统美德中的思政元素，将鲜明的中华传统美德标识转化为生动鲜活的案例、直观可见的数据、引人深思的故事，以大学生喜闻乐见的形式呈现出来，在学理、逻辑和实践层面赋予中华传统美德以新表述、新形式，并转化为大学生的精神追求和行为习惯，使中华民族传统美德基因与当代文化相适

---

[1] 习近平：《思政课是落实立德树人根本任务的关键课程》，《求是》2020 年 17 期，第 13 页。

[2] 本书编写组主编《新时代公民道德建设实施纲要》，人民出版社，2019 第 4 页。

应、与现代社会相协调，彰显其时代价值和永恒魅力。

第一，高校思政课教学方法艺术深入挖掘中华传统美德，将浸润于五千年中华文明的古迹遗址、诗词歌赋等文化载体中的美德事迹、伦理思想，作为高校思政课教学的道德素材，引导大学生从古诗词中体会"天下为公"的报国之志、"见利思义"的道义情怀和"兼相爱，交相利"的仁爱之心；从英雄人物事迹中学习他们的博大胸怀、坚强的意志和高尚的人格。高校思政课运用各类文艺作品进行教学活动，将文艺作品的创作背景以及时代价值同科学理论相结合、同历史背景相结合，让典籍里的文字、博物馆里的文物都能融入高校思政课教学，将思政课的理论教育、精神塑造和价值引领与悠久的历史贯通，与辉煌的文明相连，加深大学生对中华优秀传统文化的道德规范、人文精神的系统认知与理解。

第二，高校思政课教学方法艺术通过综合运用多种教学方法，如情境式教学、叙事教学、榜样教育等方法，促进大学生对中华传统美德的传承。以情境式教学创设沉浸式教学场景，如演绎黄道婆潜心织造、大禹三过家门而不入等经典的中华传统美德故事，让学生在"身临其境"的情境中领悟和体验"仁、义、礼、智、信"等中华优秀传统文化的内涵，增强传统美德的现实感染力。或以实践教学拓展教学场域，如组织爱老助残的志愿服务活动，培养学生孝老爱亲、乐善好施的道德自觉；通过经典诵读比赛、崇尚美德主题征文、美德故事演讲等活动，将爱国情怀和民族责任感厚植于大学生心中。高校思政课教学方法艺术的运用不仅要讲好中华传统美德故事，还要赋予这些故事以新的时代标准，以融入大学生的日常生活和精神世界，在提升大学生崇德向善的道德认知与道德情感的过程中，涵养大学生的爱国之情、强国之心、报国之志。

2. 继承中国革命道德

中国革命道德是指中国共产党人领导中国人民在中国新民主主义革命和社会主义革命与建设过程中所形成的优良道德，是马克思主义同中国革命与建设的伟大实践相结合的产物，是对中华民族的优良传统道德的继承与发展。"中国革命道德，以实现社会主义和共产主义的崇高理想为最终目的，以全心全意为人民服务为宗旨和核心，以集体主义为基本原则，高举爱国主义与国际主义相结合的旗帜，形成了无私奉献、顽强拼搏、艰苦奋斗、勤俭节约等革命精神。"[①]中国革命道德蕴含在中国共产党的百年奋斗史中。高校思政课教学方法艺术从历史的维度出发，以新颖的教学形式和方法，引导大学生学史崇德，从中体悟中国共产党人"对党忠诚、无私奉献的大德，一心为民、舍身为国的公德，严于律己、严守底线的私德"[②]，进一步坚定崇高的共产主义理想信念，使革命道德在新时代焕发出更加灿烂的光辉。

思政课教师通过理论讲授法、叙事教学法等，还原党领导人民革命和建设的整个历史轨迹，并适时补充教学案例、时事影像资料，例如通过观看红色电影，讲述党的故事、表演小品等形式，丰富党史文化教学资源。在愉悦的课堂教学氛围中，引导学生深入品读革命历史、聆听革命故事，精准结合革命历史中的重要事件与党史经典故事，使大学生切身感受中华人民共和国取得的伟大成就来之不易，更深刻认识到"中国共产党为什么要革命""中华人民共和国怎样建立起来的""中国式现代化何以生成"，从而更清楚地了解中国共产党

---

① 罗国杰：《中国革命道德》，中国人民大学出版社，2013，第 4 页。

② 孙赫泽、娄淑华：《党史教育融入高校思政课的价值意蕴与目标理路》，《学校党建与思想教育》2023 年第 9 期，第 73 页。

百年奋斗的历史，坚定为实现中华民族伟大复兴而奋斗的必胜信念。

高校思政课教学方法艺术通过不断创新教学形式，激发大学生的情感共鸣，增强他们的价值认同。如在课堂教学中通过开展朗诵、演讲、革命知识竞赛等主题活动，或还原特定的历史场景，引导大学生将中国共产党领导中国人民在不同历史时期取得的一系列辉煌成就，与鸦片战争后中华民族经历的百年沧桑进行比较，增强大学生的现实获得感，使大学生感受革命的艰辛与伟大，体会先烈先辈为了追求民族独立和人民幸福所表现出的不畏牺牲、艰苦奋斗、敢于斗争的高尚品德，在现实生活中践行革命先辈的革命精神品质，坚守崇高理想信念，传承英雄模范品行和勇担时代赋予的责任，在祖国和人民最需要的地方实现人生价值。

3. 践行社会主义先进道德

社会主义道德以为人民服务为核心，以集体主义为原则，是迄今为止人类道德发展史上最先进的道德形态。高校思政课是立德树人、铸德立魂的关键课程，"树"的是明大德、守公德、严私德之人，"铸"的是践行社会主义核心价值观的"有灵魂之人"。立足新时代新征程的育人目标，高校思政课教学方法艺术从现实的维度出发，把社会主义核心价值观贯穿教学全程，以强大的真理性力量，增强大学生对"善"的鉴别力。正如2015年10月习近平总书记在全国道德模范表彰活动中作出的批示那样："要持续深化社会主义思想道德建设，弘扬中华传统美德，弘扬时代新风，用社会主义核心价值观凝魂聚力，更好构筑中国精神、中国价值、中国力量，为中国特色社会主义事业提供源源不断的精神动力和道德滋养。"[1]

第一，高校思政课教学方法艺术通过引入"感动中国人物""道德模范"等的先进事迹，从社会主旋律、反映时代最强音中精心选择教学案例，将理想信念具象为具体生动的人和事，发挥榜样的示范作用，引导大学生从榜样身上汲取先进人物的精神品质和力量。例如，从袁隆平院士一生追逐"禾下乘凉梦"和"杂交水稻覆盖全球"的时代故事中体会他坚定追求理想信念、无私奉献家国的大爱和情怀；从冬奥冠军徐梦桃、武大靖的事迹中学习他们不断突破自我、勇往直前、为国争光、永不言败的拼搏精神。

第二，高校思政课教学方法艺术通过综合专题教学、体验式教学等教学方法的艺术性运用，启迪大学生塑造勇于担当、拼搏奋斗的精神品质。教师把国内外社会热点事件和大学生关注的热点话题融入理论教学中，调动大学生参与课堂讨论的积极性，紧扣中国化时代化马克思主义理论的重大成果、实践进程、历史发展的主题，灵活运用"大学生讲微课""翻转课堂"等形式，以智能化、信息化、可视化等特点，增强思政课堂教学的现场感和互动性，使大学生深刻理解"服务人民、奉献社会"是高尚的人生追求，激励大学生将这一人生追求融入日常生活、职业追求、社会服务等方方面面，与时代同频、与社会同向、与国家同行，在这一过程中彰显新时代大学生的青春之力和时代担当。

(三) 彰显育人之美

1. 认识理论之美，引导价值方向

高校思政课旨在对大学生进行马克思主义理论教育，使大学生树立正确的世界观、人生观和价值观，成为符合未来社会发展需要的、具有较高的思想道德素质的新时代好青年。高校

---

① 习近平.《习近平：更好构筑中国精神、中国价值、中国力量　为中国特色社会主义事业提供精神动力和道德滋养》，《人民日报》2015年10月14日，第1版。

思政课教学方法艺术的意义就在于，把具有理论性、科学性、真理性的马克思主义理论，以美的形式呈现在思政课教学过程中，讲清楚马克思主义理论的发展历史、整体结构、内在逻辑和总体内容，使抽象的理论知识内化为大学生个体的思维方式和审美观念，并外化为大学生的自觉行为。马克思指出："理论只要能说服人，就能掌握群众；而理论只要彻底，就能说服人。所谓彻底，就是抓住事物的根本。"①马克思主义揭示了关于自然、社会和人类思维发展的基本规律，着眼于实现全人类的解放，深刻回答了"人类向何处去"这一重大课题。中国社会发展的历程、中国特色社会主义的伟大成就，充分彰显和证明了马克思主义的科学性、真理性和实践性。

马克思主义理论深厚的学理性和系统性使高校思政课呈现出教学内容的结构美。马克思主义理论包含马克思主义哲学、马克思主义政治经济学和科学社会主义三个组成部分，每个部分之间联系紧密，是具有内在的逻辑性、科学性和系统性的科学理论体系。高校思政课教学方法艺术通过充分挖掘教学资源，将具有科学性、真理性的知识内容，以生动的美的形象和载体融入思政课的教学过程中，使抽象的理论知识巧妙地转化成个体的审美意识和审美观念，促使学生把这些理论主动地入脑入心。因此，在高校思政课教学过程中，教师要立足于中国社会发展实际，利用课堂主渠道讲好"中国故事"，充分展现中国特色社会主义的理论和制度优势，让学生理解其伟大成就背后的马克思主义世界观与方法论的指导作用。一方面，要将历史与现实相结合，从"四史"中延展"视域长度"，从"两个大局"方位拓展"内外广度"，从中华民族伟大复兴时代使命中突出"发展高度"，通过史论结合讲明白、讲透彻社会发展的规律，引导大学生坚定马克思主义信仰，坚定中国特色社会主义信念。另一方面，要强调形理兼备、情理交融，在"讲道理"的过程中，联系时代背景引入具有时效性的典型案例，将学生亲闻的社会热点和亲身经历的社会现实呈现在课堂上，通过展现祖国大好河山的自然之美，体现中华优秀传统文化的精神之美，在增强思政课吸引力和感染力的同时，充分证明马克思主义理论的人民性、实践性、时代性和开放性等特征，实现"哲理"与"学理"融会贯通，"道理"与"情理"双向互动，增强理论说服力，使大学生深刻感悟马克思主义理论的真理之美，从而确立正确的人生发展方向。

2. 体悟文化之美，坚定文化自信

中华文化博大精深、源远流长，蕴藏着极其丰富的哲学智慧、艺术魅力、人文精神和科学精神，为高校思政课教学方法艺术提供了丰富的教学滋养。中华优秀传统文化饱含着的美的精神品质丰富而深邃，如胸怀天下、鞠躬尽瘁的担当之美，不畏强敌、自强不息的风骨之美，仁爱正义、礼义忠信的道德之美等，这些美的文化蕴含在诗词绘画、名言警句、英雄故事等文艺作品中。高校思政课可以选取思想性、艺术性和观赏性相统一的优秀文化作品，充分挖掘中华优秀文化之美，将其创作背景及时代价值同科学理论的阐释相结合、同历史背景的回顾相结合，生动展现其所彰显出的精神气质及其蕴含的价值追求，使大学生领略传统文化的独特魅力，增强做中国人的底气、骨气、志气，从而积极传承中华优秀传统文化。

在中华文化五千多年的发展历程中，涌现出许多杰出的人才，其中不乏杰出的政治家、军事家和科学家，他们或奋力改革，或发明创造，或为民族复兴奉献生命，无不显示出博大胸襟、坚强的意志和高尚的品格，成为值得敬仰和学习的榜样。一方面，高校思政课教

---

① 中共中央马克思恩格斯列宁斯大林著作编译局主编《马克思恩格斯选集(第1卷)》，中共中央马克思恩格斯列宁斯大林著作编译局译，人民出版社，2012，第9页。

学方法艺术通过"深入挖掘中华优秀传统文化蕴含的思想观念、人文精神、道德规范"①，借助反映中华文化精神和中国人民审美追求的影视作品、故事、书籍等载体，传递促进社会和谐、鼓励人们向上向善的价值内涵。例如，在"思想道德与法治"课的教学中，要阐释好中国共产党百年奋斗的精神密码，讲清楚中国共产党人对中华优秀传统文化的继承和弘扬，进一步坚定学生的文化自信。另一方面，高校思政课教学方法艺术拓展了思政课的教学形式，如组织学生到红色纪念场馆、爱国主义教育基地参观学习，帮助大学生树立正确的党史观，正确评价不同时期的党史事件和党史人物，坚定大学生的马克思主义信仰和共产主义理想，以及增强他们为实现中华民族伟大复兴而奋斗的斗志和决心。

3. 运用艺术之美，提升审美素养

高校思政课教学的最高境界是通过传播马克思主义理论之"真"、弘扬社会主义道德之"善"、实现马克思主义理论教育的育人之美，也就是通过"合规律性"的教学过程，达成"合目的性"的教学目标，实现"有价值性"的教学结果，即实现真善美的统一。高校思政课对大学生进行马克思主义理论教育的过程中，"既有饱含哲学意蕴、人生哲理的学术之美，又有充满故事情节、人物形象的叙事之美，更有紧跟时代步伐、紧贴学生心理的现实之美"②，引导大学生能够从不同角度发现美、认识美、欣赏美、创造美。

第一，高校思政课教学方法艺术借助多种艺术形式传播美。文学艺术作品作为一种文化传播的载体，将其运用在高校思政课教学中，不仅能够增强高校思政课的吸引力，提升其艺术性，更能够增强大学生思政课的获得感，提升他们的人文素养和审美品位。例如，把红色文学艺术作品融入高校思政课教学，通过思想性、艺术性、观赏性有机统一的优秀作品，传播当代中国主流价值观，展现中华文化精神，反映中国人高尚的审美追求，这是最能直观地展现崇高美的一种教学方式；在"中国近现代史纲要"课的教学中，教师通过展示以党的百年历程重大题材创作的美术作品《强渡大渡河》，或从名人的诗文中选取反映井冈山、长征、解放战争时期的诗词等，促进学生对教学内容的深刻理解；教师还可以通过红色文学作品中的英雄人物形象、红色美术作品中的感人故事情节等，使大学生在美的熏陶中提升审美素养和对美的感知力。

第二，高校思政课教学方法艺术借助实践教学展现美，通过采用"寓教于乐"的形式开展校园文化活动、社会实践活动，将理性的思维与感性的现实相结合，在二者的融会贯通中实现育人目标。例如，组织大学生阅读红色经典作品、开展党史知识竞赛、"青春告白祖国"诗词朗诵等活动，使大学生在活动中获得人生观、价值观的智慧启迪；同时，将线上与线下、理论与实践等多种教学手段相结合，引导和促进学生开展研究式学习活动；还可以通过翻转课堂、学习小组等方式，激发大学生在充满美的愉悦情感体验中，产生心理上的共鸣和思想上的共振，形成对中国化时代化马克思主义理论的高度情感认同，进而树立正确的人生观、价值观和高尚的审美观。这样，不仅可以增强高校思政课的感染力与吸引力，还可以彰显思政课育人之美的效果。

---

① 中央文献研究室、中国外文局主编《习近平谈治国理政(第3卷)》，中央文献研究室译，外文出版社，2020，第33页。

② 刘云卿、刘晓哲：《真善美的统一：思想政治教育与文艺育德的旨归》，《西藏大学学报(社会科学版)》2019年第34卷第3期，第225页。

参 考 文 献

[1] 中共中央马克思恩格斯列宁斯大林著作编译局. 马克思恩格斯选集：第 1~4 卷. 中共中央马克思恩格斯列宁斯大林著作编译局，译. 北京：人民出版社，2012.

[2] 中共中央马克思恩格斯列宁斯大林著作编译局. 1844 年经济学哲学手稿. 中共中央马克思恩格斯列宁斯大林著作编译局，译. 北京：人民出版社，2018.

[3] 中共中央马克思恩格斯列宁斯大林著作编译局. 马克思恩格斯文集：第 1~2 卷. 中共中央马克思恩格斯列宁斯大林著作编译局，译. 北京：人民出版社，2009.

[4] 中共中央马克思恩格斯列宁斯大林著作编译局. 列宁选集：第 1~4 卷. 中共中央马克思恩格斯列宁斯大林著作编译局，译. 北京：人民出版社，2012.

[5] 中共中央马克思恩格斯列宁斯大林著作编译局. 列宁全集：第 55 卷. 中共中央马克思恩格斯列宁斯大林著作编译局，译. 北京：人民出版社，1990.

[6] 中共中央马克思恩格斯列宁斯大林著作编译局. 列宁全集：第 20 卷. 中共中央马克思恩格斯列宁斯大林著作编译局，译. 北京：人民出版社，1958.

[7] 中共中央毛泽东选集出版委员会. 毛泽东选集：第 1~4 卷. 北京：人民出版社，1991.

[8] 中共中央文献研究室. 毛泽东文集：第 6~8 卷. 北京：人民出版社，1999.

[9] 中共中央文献编辑委员会. 刘少奇选集：上卷. 北京：人民出版社，1994.

[10] 中共中央文献编辑委员会. 江泽民文选：第 1~3 卷. 北京：人民出版社，2006.

[11] 中共中央文献编辑委员会. 胡锦涛文选：第 1~3 卷. 北京：人民出版社，2016.

[12] 中央文献研究室，中国外文局. 习近平谈治国理政：第 1 卷. 中央文献研究室，译. 北京：外文出版社，2014.

[13] 中央文献研究室，中国外文局. 习近平谈治国理政：第 2 卷. 中央文献研究室，译. 北京：外文出版社，2017.

[14] 中央文献研究室，中国外文局. 习近平谈治国理政：第 3 卷. 中央文献研究室，译. 北京：外文出版社，2020.

[15] 中央文献研究室，中国外文局. 习近平谈治国理政：第 4 卷. 中央文献研究室，译. 北京：外文出版社，2022.

[16] 中共中央文献研究室. 习近平关于青少年和共青团工作论述摘编. 北京：中央文献出版社，2017.

[17] 习近平. 论党的宣传思想工作. 北京：中央文献出版社，2020.

[18] 中共中央文献编辑委员会. 习近平著作选读第：1~2 卷. 北京：人民出版社，2023.

[19] 教育部社会科学司. 普通高校思想政治理论课文献选编(1949—2008). 北京：中国人民大学出版社，2008.

[20] 中国社科院语言研究所词典编撰室. 现代汉语词典. 5 版. 北京：商务出版社，2007.

[21] 北京大学马克思主义学院组织. 北京大学马克思主义学院访问学者文库：第 2 辑. 北京：北京大学出版社，2016.

[22]　顾明远. 教育学大辞典：第 1 卷. 上海：上海教育出版社，1990.

[23]　张耀灿，徐志远，梁建新等. 思想政治教育学前沿. 北京：人民出版社，2006.

[24]　骆郁廷. 高校思想政治理论课程论. 武汉：武汉大学出版社，2006.

[25]　张耀灿，郑永廷，吴潜涛等. 现代思想政治教育学. 北京：人民出版社，2006.

[26]　郑永廷. 思想政治教育方法论. 2 版. 北京：高等教育出版社，2010.

[27]　陈万柏，张耀灿. 思想政治教育学原理. 北京：高等教育出版社，2015.

[28]　顾钰民. 高校思想政治理论课教学方法研究. 上海：复旦大学出版社，2012.

[29]　顾海良. 高校思想政治理论课建设研究. 北京：中国人民大学出版社，2016.

[30]　郑永廷. 思想政治教育学原理. 北京：高等教育出版社，2016.

[31]　余双好. 思想政治理论课程教学法探析. 北京：中国人民大学出版社，2018.

[32]　刘舒生. 教学法大全. 北京：经济日报出版社，1990.

[33]　刘强. 思想政治学科教学论. 北京：高等教育出版社，2000.

[34]　郑金洲. 教学方法应用指导. 上海：华东师范大学出版社，2006.

[35]　孟庆男. 思想政治学科教学原理. 北京：中国科学文化出版社，2003.

[36]　罗国杰. 中国革命道德. 北京：中国人民大学出版社，2013.

[37]　胡晓风. 陶行知教育文集. 成都：四川教育出版社，2008.

[38]　吴式颖，李子卓，诸惠芳. 马卡连柯教育文集. 北京：人民教育出版社，2005.

[39]　王宇. 马克思主义大众化视野下的高校隐性德育研究. 南宁：广西人民出版社，2011.

[40]　杨慧民. 高校思想政治理论课案例教学法研究. 北京：高等教育出版社，2007.

[41]　李宇卫. 普通高校思想政治理论课实践教学概述. 成都：西南交通大学出版社，2016.

[42]　焦建利，王萍. 慕课：互联网 + 教育时代的学习革命. 北京：机械工业出版社，2015.

[43]　苏霍姆林斯基. 和青年校长的谈话. 赵玮，刘启娴，纪强，等译. 北京：教育科学出版社，2009.

[44]　苏霍姆林斯基. 教育的艺术. 肖勇，译. 长沙：湖南教育出版社，1983.

[45]　巴班斯基. 论教学过程最优化. 吴文侃，译. 北京：教育科学出版社，2001.

[46]　约翰逊. 合作性学习的原理与技巧：在教与学中组建有效的团队. 刘春红，孙海法，译. 北京：机械工业出版社，2004.

[47]　乔纳森. 学习环境的理论基础. 郑太年，任友群，译. 上海：华东师范大学出版社，2002.

[48]　莱考夫，约翰逊. 我们赖以生存的隐喻. 何文中，译，杭州：浙江大学出版社，1980.

[49]　皮亚杰. 发生认识论原理. 王宪钿，译. 北京：商务印书馆，1981.

[50]　布鲁纳. 有意义的行为. 魏志敏，译. 长春：吉林人民出版社，2011.

[51]　华生. 行为主义. 潘威，郭本禹，译. 北京：商务印书馆，2019.

[52]　列恩. 公共管理案例教学指南. 郜少剑，岳修龙，张建川，等译. 北京：中国人民大学出版社，2001.

[53]　安德森，克拉思沃尔，艾拉沙恩等. 布卢姆教育目标分类学. 蒋小平，张琴美，罗晶晶，译. 北京：外语教学与研究出版社，2009.

[54]　马斯洛. 动机和人格. 颜雅琴，译. 北京：台海出版社，2021.

[55]　罗杰斯，弗赖伯格. 自由学习. 王烨晖，译. 北京：人民邮电出版社，2015.

[56] 班杜拉. 思想和行动的社会基础. 林颖，王小明，胡谊，等译. 上海：华东师范大学出版社，2018.

[57] 黄秀兰. 维果茨基心理学思想精要. 广州：广东教育出版社，2014.

后 记

桃李不言，下自成蹊。2022 年，恰好是我从教的第三十年。三十年，在历史的发展中只是弹指一挥间，但这三十年于我却是人生中最美好的时光。人的一生的经历离不开时代和社会发展的进程。由于各种原因，三十年间我先后辗转了四个工作单位，从"英雄之城"锦州到"人间天堂"杭州，家学的渊源使我一直从事并热爱着教师的职业。三十年来，传道授业解惑，既是父亲留给我的精神遗产，也是我一直秉承的信念。虽不能做到百分百，但却始终无愧于心。

从 1992 年参加工作至今，我一直坚守三尺讲台，累并快乐着。三十多年来，我见证了无数学生的成长和成才，有时也感到些许的遗憾和无奈。如何使莘莘学子成为有思想、有情怀、有大爱之人，是为师者的责任和使命，亦是高校思政课教学应该达成的目标，而有效的教学方法正是能够实现这一目标的推动力。这成为本书写作的初因，也算是我从教三十多年的小结。

本书的主要内容既有我的教学感悟，也包含着一些教学经验；既有理论上的思考，也有实践上的总结；既有对思政课教学的期许，也有对思政课教学的反思。书中包括我之前已经发表过的文章，也包括我和研究生们共同的研究成果，并对学界研究成果进行了参考和借鉴。由于本人水平有限，虽希望本书内容略成体系，但终有零散之感，不足之处，敬请同仁批评指正。

周方遒

2024 年 3 月 3 日　于杭州金沙湖畔

作者简介

周方道，辽宁锦州人，杭州电子科技大学马克思主义学院教授，硕士研究生导师，主要研究方向为思想政治理论与实践、思想政治教育与心理健康教育。出版著作1部，编写教材3部，主持、参与国家及省部级科研项目20余项，在各级各类学术期刊公开发表学术论文50余篇。